DIRIGER : un travail

Action et savoir – RECHERCHES

ACTION ET SAVOIR – RECHERCHES est une collection d'ouvrages de recherche s'adressant particulièrement à des professionnels et à des chercheurs intéressés par la théorisation de l'action dans les champs de pratiques, et par les rapports entre constructions des activités et constructions des sujets. Elle est fondée sur l'hypothèse de liens étroits et réciproques entre engagement de l'action et production de savoir. Elle est dirigée par J.-M. Barbier, P. Caspar, O. Galatanu et G. Vergnaud.

Dernières parutions

Anne-Lise ULMANN, *Dans les pas des contrôleurs de prestations sociales. Travailler entre droit et équité*, 2010.
R. WITTORSKI, *Professionnalisation et développement professionnel*, 2007.
J.-M. BARBIER, E. BOURGEOIS, G. de VILLERS, M. KADDOURI (Eds), *Constructions identitaires et mobilisation des sujets en formation*, 2006.
Françoise CROS (Ed.), *Ecrire sur sa pratique pour développer des compétences professionnelles*, 2006.
Maryvonne SOREL et Richard WITTORSKI (Coord.), *La professionnalisation en actes et en questions*, 2005.
J.-M. BARBIER et O. GALATANU (coord. par), *Les savoirs d'action : une mise en mot des compétences ?*, 2004.
Jean-Marie BARBIER (dir.), *Valeurs et activités professionnelles*, 2003.
M.-P. MACKIEWICZ (coordonné par), *Praticien et chercheur*, 2001.
B. MAGGI (sous la direction de), *L'atelier de l'Organisation, Un observatoire sur les changements dans les entreprises*, 2001.
G. RACINE, *La production de savoirs d'expérience chez les intervenants sociaux*, 2000.
J.-M. SALANSKIS, *Modèles et pensées de l'action*, 2000.
E. BOURGEOIS et Jean NIZET, *Regards croisés sur l'expérience de formation*, 1999.
F. CROS, *Le mémoire professionnel en formation des enseignants*, 1998.

Ouvrage coordonné par
JEAN-MARIE BARBIER, CHRISTIAN CHAUVIGNE, MARIE-LAURE VITALI

DIRIGER : un travail

L'Harmattan

© L'HARMATTAN, 2011
5-7, rue de l'École-Polytechnique ; 75005 Paris
http://www.librairieharmattan.com
diffusion.harmattan@wanadoo.fr
harmattan1@wanadoo.fr
ISBN : 978-2-296-55339-2
EAN : 9782296553392

Sommaire

AVANT-PROPOS 7
UNE JOURNÉE AVEC UN DIRECTEUR D'HÔPITAL 11

Première partie :
L'agir des dirigeants : un objet d'enquête 15

Chapitre 1
« L'AGIR DES DIRIGEANTS » : ENTRE MODÈLE D'ACTION ET ACTIVITÉ RÉELLE
Jean-Marie Barbier, Christian Chauvigné, Marie-Laure Vitali..17

Chapitre 2
CHERCHEURS ET DIRIGEANTS
Françoise Cros 35

Deuxième partie :
Agir sur l'engagement d'activité d'autrui 59

Chapitre 3
L'ACTION DE DIRIGER
Jean-Marie Barbier 61

Chapitre 4
FAIRE TRAVAILLER
Christian Chauvigné 85

Troisième partie :
Nommer pour orienter 117

Chapitre 5
QUALIFIER, UNE ACTIVITÉ MÉCONNUE DES DIRIGEANTS
Claire Tourmen, Patrick Mayen, Lina Samrany. 119

Chapitre 6
FONCTION SOCIALE DES ACTIVITÉS DE QUALIFICATION
Sandra Alvear 147

Quatrième Partie :
Marquer sa place..161

Chapitre 7
CONSTRUIRE L'ESPACE D'ACTION LÉGITIME
Emmanuelle Betton, Laurence Durat......................................163

Chapitre 8
DIRIGER AU JOUR LE JOUR : ENTRE MYTHE ET RÉALITÉ
Laetitia Laude, Daniela Rodriguez, Anne-Lise Ulmann 181

Chapitre 9
DYNAMIQUES D'INVESTISSEMENT ET CONFIGURATIONS D'ACTIVITÉ
Christian Chauvigné, Laurence Durat, Laetitia Laude 203

CINQUIÈME PARTIE :
Etre Dirigeant..217

Chapitre 10
COMMUNIQUER DES VALEURS PRODUIRE, FAIRE PRODUIRE, SE PRODUIRE
Joris Thievenaz 219

Chapitre 11
L'ÉPREUVE DU POUVOIR ET DE L'INCERTITUDE
Anne Lise Ulmann, Jean-Yves Robin.......................................241

PORTRAITS
Anne-lise Ulmann..259

BIBLIOGRAPHIE 263

AVANT-PROPOS

« Diriger » : ce pourrait être le titre d'un manuel de management ; c'est le titre d'un ouvrage de recherche.

Les chercheurs qui ont participé à cette recherche, formateurs par ailleurs, sont animés d'une intime conviction : les formes les plus élaborées de la formation et de la professionnalisation passent aujourd'hui par une analyse fine, menée souvent avec les intéressés eux-mêmes, des activités professionnelles effectives dans lesquelles ils se trouvent engagés dans toute son épaisseur « anthropologique » : sociale, culturelle, subjective, mentale, performative, affective, conative. Se trouve alors opérée une jonction de la recherche et de la formation, selon un paradigme différent et complémentaire du modèle d'articulation de la production et de la transmission de savoirs dans la figure de l'enseignant-chercheur.

Cette conviction a été partagée par ceux qui ont souhaité le développement de cette recherche et qui ont participé à toutes ses étapes : commanditaires, partenaires, interlocuteurs. Ce n'est pas un hasard si tous ceux qui sont concernés par la formation et la professionnalisation des dirigeants y ont tenu une place essentielle. Ce qui est vrai de ce que nous avons pu appeler les « métiers d'intervention sur autrui » l'est particulièrement de la professionnalisation au métier de dirigeant ; le vécu, l'élaboration de l'expérience et sa communication y jouent un rôle majeur. On peut même penser que ces métiers supposent spécifiquement une « expérience de l'expérience d'autrui ».

Ce choix nous a conduits, à l'évidence, tant sur le plan méthodologique que théorique, à privilégier tout ce qui peut concerner l'activité et les conditions sociales et subjectives dans lesquelles elle s'exerce effectivement. Ce choix transparaît certes à travers la définition de l'objet, significativement désigné en termes de verbe d'action mais aussi à travers les outils utilisés et les zones d'informations privilégiées. Dans tous les cas, il s'est agi de s'attacher à l'approche de « processus ». Ce choix apparaît encore dans la construction et la structure de l'ouvrage, porté par une perspective d'intelligibilité de l'action et par l'approche de cet agir spécifique que constitue l'activité de diriger.

Ce choix nous a conduits aussi à distinguer rigoureusement « activité » et « discours sur l'activité ». Souvent, en effet, parler de ses propres activités équivaut davantage à dire ce qu'on a eu l'intention de faire que ce que l'on a fait effectivement. C'est vrai de toutes les formes d'analyse de l'activité et plus particulièrement de celle des dirigeants, compte tenu de la prégnance de la figure sociale du décideur et plus largement du discours managérial sur l'activité de direction. La tradition du positionnement épistémologique des sciences sociales, nous a amenés à distinguer du point de vue du chercheur « concepts d'identification » susceptibles de rendre compte du sens et des significations que les acteurs donnent spontanément à leurs actes, et « concepts d'analyse et/ou d'interprétation » susceptibles de proposer d'autres significations que celles données par les acteurs eux-mêmes.

Cette recherche a notamment réuni plusieurs « disciplines » : sciences de l'éducation, sciences de gestion, sociologie de l'activité, psychologie ergonomique, linguistique pragmatique… qui ont en commun d'avoir pour objet et pour cadre des champs de pratiques professionnelles. Toutes sont confrontées au même défi de penser de façon congruente un appareil de recherche et un appareil de formation correspondant à cette situation. Elles peuvent avoir tout intérêt à y travailler ensemble, dans une perspective transversale. Il n'est pas étonnant dans ces conditions que la perspective de formation des adultes ait joué un rôle fédérateur dans cette recherche : il s'agissait de comprendre l'activité pour former à l'activité.

Cette recherche a donc pris la forme d'un travail collectif. Au lecteur de juger la pertinence de ses méthodes et de ses résultats au regard des grands enjeux scientifiques, professionnels et sociaux qui la justifient. Elle aura eu pour effet, pour tous ceux qui s'y sont trouvés engagés, chercheurs et professionnels, d'ouvrir les cadres d'interprétation liés au travail interdisciplinaire, d'organiser un dialogue critique, et peut-être, de produire une culture commune.

Une journée avec un directeur d'hôpital

Claire Tourmen, Patrick Mayen, Lina Samrany

Nous avons observé la journée d'un directeur âgé de 58 ans, en poste depuis 7 ans à la tête du Centre Hospitalier Universitaire (CHU) d'une ville de 200 000 habitants. Bien que cette journée ait été choisie en raison de la présence d'une réunion importante, la CME[1], le reste de la journée s'est déroulé de façon « ordinaire », de l'avis du dirigeant lui-même. Elle peut donc être considérée comme représentative de son activité la plus quotidienne, même si elle ne fait pas apparaître de situations de travail hors de l'établissement (ce qui occupe les dirigeants de 5 à 50 % de leur temps selon les profils, voir Laude et ali., 2008).

Nous sommes le 9 mars.

La journée débute à 7 H 45 dans le bureau du dirigeant par une entrevue avec sa secrétaire de direction. Le dirigeant l'informe de changements dans son emploi du temps et ils préparent la réponse à certains courriers.

A 7 H 55, un directeur entre-ouvre la porte du bureau du dirigeant et le salue. La secrétaire le quitte, le dirigeant s'installe à son bureau et nous parle de l'après-midi où aura lieu une réunion sur le paiement des heures supplémentaires des médecins, « *sujet difficile, un peu polémique* »[2]. Il ouvre le parapheur et signe des courriers à partir. Il lit aussi les courriers arrivés. Il lit une lettre et décroche le téléphone, demande si M. M est là, il n'est pas là. Il dit à sa secrétaire : « *Bon, vous lui dites qu'il m'appelle s'il vous plaît ? Merci* ». Il nous dit que ce sera une journée « *calme* » aujourd'hui, à part les réunions. Il reprend le parapheur et le donne à sa secrétaire. Il lui pose une question sur une lettre, elle lui explique. Il revient, signe, et lui ramène le parapheur. Il est 8 H 05.

Il lit ensuite les mails que sa secrétaire a imprimés. Il souligne parfois, met des annotations et les trie sur son bureau. Sa secrétaire entre dans le bureau pour lui faire signer une lettre. Le dirigeant continue la lecture des mails imprimés et les classe dans la pile des « vus ».

A 8 H 15, il hésite à décrocher son téléphone, amène les mails à sa secrétaire et lui demande d'appeler deux personnes. La secrétaire l'informe d'un changement sur son planning qui décale des dates. Le dirigeant acquiesce.

Il revient à son bureau, feuillette rapidement un magazine régional, puis un second (« DH magazine »). Sa secrétaire l'informe qu'aucun des deux numéros ne répond. Il continue à feuilleter la revue.

---

[1] Commission Médicale d'Etablissement.
[2] Tous les éléments en italique sont extraits des discours des dirigeants ou de leurs collaborateurs, tels qu'enregistrés ou observés sur le terrain.

A 8 H 26, la secrétaire l'informe que quelqu'un est là. Le dirigeant va l'accueillir. Débute alors une entrevue avec le coordonateur du pôle services économiques, techniques et logistiques. Ils évoquent l'attribution d'un marché et la réunion de la CME qui aura lieu le soir même. Concernant un dossier, « *les discussions vont pas être faciles* », « *il faut pas que ça dérive trop* ». Le coordonnateur quitte le bureau.

Le dirigeant se rend ensuite à une réunion, le CHSCT[3]. Il demande à sa secrétaire où est l'ordre du jour de cette réunion. Elle dit : « *Avec tout ce que je fais de mal en ce moment* ». Il dit : « *Oh, c'est pas grave* ». Il lit l'ordre du jour dans le couloir en montant à la salle de réunion.

(réunion non rapportée ici).

11 H 05 : le dirigeant revient dans son bureau après la réunion. Il signe de nouveaux courriers, lit des courriers arrivés. Il appelle le Président de la CME : il lui dit qu'à la CME de ce soir, ils vont présenter tel dossier. « *Il faut voir comment le présenter* » et qu'il faudra prendre une option sur le contenu. Il propose d'être moins ambitieux, « *j'ai peur que si on va trop vite et trop fort d'un coup, ce soit pas réalisable.* ». Il ajoute « *L'ARH acceptera* », et « *Il ne faut pas prendre des engagements qu'on ne sera pas sûrs de tenir* ». Il dit que les médecins poseront peut-être problème sur le dossier informatique. « *Donc je propose de faire un petit point entre nous, une petite réunion* ». Il dit qu'il faut « *éviter le débat polémique ce soir si par ailleurs il arrivait* ». « *Etes-vous d'accord ?* ». Il dit qu'il y a « *une inquiétude de la part de certains médecins, donc je préférais vous en parler avant qu'on soit pris de court* ». Il demande : « *Il y a d'autres points à voir ?* ». Il conclut : « *C'est un sujet polémique, je préfère qu'on prévienne* ». Il raccroche.

11 H 10. Il lit le courrier arrivé. Il met des annotations dessus. La secrétaire appelle et dit que le préfet demande une réunion, tardive. Le dirigeant dit : « *Bon ben si c'est demandé par le préfet, je peux pas refuser* ». Il vérifie son agenda et confirme à sa secrétaire.

Il appelle la représentante de l'Union Hospitalière du Sud Est au sujet d'un problème de date de réunion. Après avoir raccroché, il nous dit qu'il s'agit d'un changement de l'organisation de la Fédération Hospitalière. « *On est obligés de mettre en place une nouvelle organisation. Je suis obligé de le faire, je suis responsable régional. On va perdre un temps fou à le faire, au lieu de travailler* ».

11 H 40 : Il reprend sa lecture des courriers arrivés. Il nous commente le courrier : « *Il y a des choses variées* » : demande de congés de cadres et de dirigeants, courrier d'un professeur qui demande de l'aide pour l'organisation d'un congrès. Il note des choses sur son Palm Pilot.

---

[3] Comité d'Hygiène, de Sécurité et des Conditions de Travail.

11 H 46 : Il remet les documents à sa secrétaire. Puis il range son bureau. **Il va chercher le secrétaire général[4] qui vient dans son bureau.** Ils ont une entrevue. Ils échangent d'abord sur le nouveau directeur d'un Etablissement de santé, puis le dirigeant passe des courriers en revue : une réunion à la préfecture sur l'exercice grippe aviaire (« *il faut voir qui envoyer* ») ; un courrier sur la qualité ; une plainte d'une infirmière qui a eu un PV (le secrétaire général dit : « *classique* ») ; une pétition au maire au sujet du parking de l'Hôpital ; la lettre d'un cadre de soins qui manque d'effectifs ; le compte-rendu d'une commission régionale ; la lettre d'un médecin qui n'arrive pas à faire sortir un patient (« *on cherche une solution avec lui mais c'est pas facile* ») ; une lettre des assureurs ; une invitation à une réunion du recteur d'académie. Le dirigeant conclut : « *Ces jours ci, on a eu peu de courrier* ». Ils travaillent ensuite sur le bilan comptable 2005 de l'établissement. Un point est à retravailler avec le directeur financier. Le dirigeant appelle la secrétaire du directeur financier. Il n'est pas là. « *Dites lui de venir voir (le secrétaire général) à 16 heures, c'est urgent, c'est un document qui doit partir demain au ministère* ». Le dirigeant raccroche et dit « *c'est pas normal qu'on n'ait pas d'info dessus* ». Ils fixent un rendez-vous le lendemain. Le dirigeant est appelé par la secrétaire du directeur financier puis par sa secrétaire pour décaler un RV. Ils évoquent un dernier point : une réunion avec les IGAS[5] suite à un rapport sur la dialyse. Sujet « *délicat* ». Ils en discutent : l'Hôpital est peu concerné, mais quand même un peu. Le dirigeant dit : « *J'irai, il faut que j'y aille* ». Le secrétaire général dit : « *Ca va pas être confortable* ». Le dirigeant dit : « *Même si c'est pas marrant, c'est à moi d'y aller* ». Il ajoute : « *Ce qui est gênant, on n'est pas au point et ça m'embête. Le 21 mars, c'est bientôt.* ». Il dit qu'il faut faire une réunion en interne avant, avec l'ARH, « *pour pas y aller en ordre dispersé, pour bien préparer ce que je vais dire* ». Le dirigeant évoque une réunion avec les IGAS qui s'était mal passée. « *C'était pas tendre* ». Ils reparlent du dossier qui pose problème et organisent la rencontre interne. Le dirigeant allume son ordinateur (pour la première fois de la matinée) pour voir son agenda. Puis ils discutent de l'ordre du jour du prochain comité de direction. Le secrétaire général dit : « *Il sera chargé* ». Le dirigeant demande que les directeurs fassent un point sur leurs dossiers respectifs.

Le secrétaire général quitte le bureau et **le dirigeant va déjeuner** (en feuilletant des magazines). **Il est 12 H 15.**

Le dirigeant passe l'après-midi en réunion : une réunion de 14 H à 17 H avec des médecins sur le paiement des heures supplémentaires, suivie d'une CME restreinte avec quelques médecins et directeurs pour traiter de cas particuliers et confidentiels (*réunions non rapportées*).

Suit la CME en plénière à 17 H 45, dans la salle du conseil. Beaucoup de gens arrivent, certains sont déjà installés, il y a quelques rires dans l'assistance,

---

[4] Membre de la direction générale.
[5] Inspection Générale des Affaires Sociales.

on s'apostrophe et se salue. Une feuille d'émergement circule. Le président de la CME ouvre la séance : « *Bien. On va attaquer la CME en formation plénière.* ». Différents sujets sont traités.

La journée se termine à 20 H 20.

PREMIÈRE PARTIE

L'AGIR DES DIRIGEANTS :
UN OBJET D'ENQUÊTE

Chapitre 1

« L'AGIR DES DIRIGEANTS » :
ENTRE MODELE D'ACTION
ET ACTIVITE REELLE

Jean-Marie Barbier, Christian Chauvigné,
Marie-Laure Vitali

1. L' « agir des dirigeants » : entre modèle d'action et activité réelle

On le constate de façon générale dans la littérature de la gestion et du management, les fonctions de direction, socialement très valorisées, font en dominante l'objet de prescriptions et de modélisations. De nombreuses références sont faites à la « figure » du dirigeant ou à ce que les dirigeants « doivent faire ». Beaucoup moins nombreux sont les travaux qui s'attachent à décrire et à analyser de façon précise ce que ces derniers « font » réellement.

Porteuse d'un autre positionnement épistémologique et d'autres préoccupations théoriques et sociales, la tradition d'analyse du travail tend aujourd'hui à s'intéresser à des activités qui, comme celle des dirigeants, n'ont pas pour intention d'agir directement sur l'environnement physique mais sur l'environnement social, sur « autrui », et, plus précisément, sur les activités d'autrui. A partir d'une distinction élémentaire entre travail prescrit et travail réel et d'un recueil précis de traces d'activités, cette tradition souligne l'importance dans l'étude des « métiers d'intervention » d'une analyse précise des actions, interactions, couplages et associations d'activités des sujets en situation face à la variété des situations auxquels ils sont confrontés.

Les activités des dirigeants ont en réalité fait l'objet de peu de travaux de recherches. Cette activité demeure largement opaque. De ce fait, il est difficile de comprendre comment s'effectuent l'élaboration et le développement des compétences dans ce domaine, et de faire la part entre ce qui peut relever d'une « formation » et ce qui peut relever d'une « expérience ».

C'est tout le sens du programme d'études qui fait l'objet de cet ouvrage que de s'être confronté à ce défi. Son objet est précisément l'activité des dirigeants. Par activité on entend l'ensemble des processus dans lesquels et par lesquels se trouvent engagés les sujets humains dans leurs rapports avec leur environnement physique, social et/ou mental, et dans le même temps les transformations d'eux-mêmes qui s'opèrent à cette occasion. Par dirigeant, on considère exclusivement celles et ceux qui, au sommet de la hiérarchie des organisations, ont pour mandat d'articuler les différents espaces – temps d'activités mobilisés par les organisations en vue de leur « développement », et qui disposent du pouvoir institutionnel de le faire. La clarification de ces deux notions en fonction de leurs implications théoriques et méthodologiques a constitué l'un des premiers travaux des équipes engagées dans ce programme.

Une diversité des approches et des méthodes était souhaitable afin de pouvoir organiser un dialogue entre elles et un débat à propos de leurs résultats. C'est pour permettre cette élaboration collective que les études conduites se sont retrouvées explicitement sur quelques options fondamentales, parmi lesquelles :

– Les situations étudiées sont celles de dirigeants et non de l'encadrement : seuls les titulaires des fonctions évoquées plus haut entrent dans le champ du programme proposé.

– L'objet de l'étude est l'activité des dirigeants, appréhendée à partir des actions que ceux-ci conduisent dans leurs contextes de travail et dont on peut supposer qu'elles ne se limitent pas à un lieu, un cadre ou un « temps » institutionnel ; la caractérisation de l'activité au sens large tout comme les articulations entre sphère « privée » et sphère « professionnelle » sont notamment l'objet de la démarche de recherche.

– Les méthodes utilisées comportent nécessairement le

relevé de « traces » des actions (enregistrement, observations, documents…). Ces dernières ont fait l'objet de présentations spécifiques au sein des séminaires, afin de permettre des interprétations croisées entre les différentes approches, sur des matériaux identiques.

– Le cadre de chaque étude est défini par les commanditaires qui s'y engagent. Le cadre du programme est inter ou transdisciplinaire. Il est élaboré, à partir d'une proposition, par l'ensemble des équipes associées au programme d'études.

– Le programme vise à accompagner les recherches conduites, par des échanges entre équipes sur les approches théoriques et méthodologiques ainsi qu'à favoriser la discussion des résultats. Il permet également de mettre en question les différentes approches d'analyse du travail sur ce terrain particulier, et les interrogations qui en découlent pour les concepts développés par cette tradition (tâche, activité, action, travail réel/prescrit…)

2. Un programme coordonné de recherches à l'initiative du Réseau des Ecoles de Service public et de la Maison de la recherche sur les Pratiques professionnelles du Cnam

En 2001 un comité de pilotage chargé de développer des études et recherches sur la formation et la professionnalisation au sein du Réseau des écoles de service public (RESP) a décidé de créer un groupe de travail centré sur « l'analyse des pratiques professionnelles ». La Maison de la recherche sur les pratiques professionnelles (MRPP) qui vient d'être créée à cette époque, à l'initiative du CRF-CNAM et notamment de Jean-Marie Barbier, est identifiée comme un partenaire naturel pour développer cette initiative.

La vocation de la MRPP est de favoriser les échanges et les projets d'études entre chercheurs et professionnels sur les pratiques professionnelles sous des formes plurielles : soutien à des recherches et des publications, organisation de rencontres et de séminaires entre chercheurs et professionnels, mise en réseau de chercheurs et professionnels exerçant dans des champs divers, animation d'un site web, supports de communication... Le projet du Réseau des Ecoles de Service public peut y trouver sa place. Plus encore, la proximité de culture entre les deux organisations favorise le rapprochement. Le RESP développe une organisation en réseau fondée sur des principes de réciprocité, de responsabilités réparties dans la gestion de différents projets, de libre engagement dans les activités proposées. La MRPP se développe aussi selon une logique de réseau visant à faciliter les échanges, les projets, dans un cadre institutionnel peu contraignant. La Maison de la recherche affiche aussi la volonté de conjuguer transdisciplinarité scientifique (psychologie, sociologie, économie, sciences du langage, sciences de l'éducation, ergonomie...) et transprofessionnalité (gestion, organisation, formation, ingénierie sécurité, travail social...). L'existence même du Réseau témoigne de la pertinence de développer des démarches transprofessionnelles et la formation professionnelle proposée dans chacune des écoles du Réseau ne peut se concevoir sans interdisciplinarité. Les deux organisations ont un intérêt partagé pour développer des connaissances sur les pratiques professionnelles et pour réaliser une promotion de ces connaissances, même si cet intérêt peut renvoyer à des utilités différentes. Elles développent leurs travaux en favorisant les rencontres entre professionnels et chercheurs dans une perspective de recherche conjointe.

Cette collaboration a donné lieu tout d'abord à l'organisation d'un séminaire sur le thème : « Quelles recherches pour quelles pratiques ? Expériences, analyses critiques, développement » tenu au CNAM les 25 et 26 septembre 2002.

Un des premiers résultats de ce séminaire fut de constater le peu d'études sur les pratiques effectuées dans les champs professionnels couverts par les cadres formés dans les écoles du Réseau. Les quelques études qui ont été travaillées à cette occasion ont pu éclairer d'un jour nouveau les pratiques analysées, celles des magistrats, des directeurs d'hôpitaux, des contrôleurs du travail. Le développement des études sur les pratiques a paru constituer pour le Réseau des références nouvelles pour penser les formations. De même s'est imposée l'idée que l'étude des pratiques de direction dans différents contextes pourrait constituer un axe possible de travail intéressant les différentes écoles du réseau.

En 2003, le principe de développer un programme de recherche sur l'activité des dirigeants a alors été validé lors de l'assemblée annuelle des directeurs du RESP et la MRPP s'est chargée de mettre en œuvre ce programme coordonné de recherche, présenté ici.

3. La structure du programme coordonné de recherches

3.1 Son objet : l'analyse des activités

Le programme coordonné de recherches visait à analyser finement les activités des dirigeants dans différents contextes de réalisation et à pouvoir comparer leur mise en œuvre en fonction de ces contextes. Les objectifs de ce programme supposaient de développer parallèlement différentes études, chacune s'appliquant à un champ professionnel. Ces objectifs nécessitaient une coordination entre les équipes de recherche impliquées dans les études, afin de favoriser une mise en perspective des résultats obtenus par chacune en prenant appui sur la mise en comparaison de ces résultats.

3.2 Les terrains de recherche : en dominante dans la fonction publique

Compte tenu de la place prise par le réseau des Ecoles de Service public dans l'émergence du Programme de recherche, un privilège a été donné à l'analyse des activités de dirigeants dans le cadre de la fonction publique. Mais des investigations ont pu être faites également dans d'autres secteurs relevant du secteur privé (dirigeants de TPE ou PME) ou de l'économie sociale.

Au total, six recherches ont été engagées :
– Quatre études commanditées : Dirigeants de la fonction publique territoriale, Dirigeants de l'Inspection du travail, Dirigeants d'établissements publics de santé, Dirigeants de l'économie sociale
– Deux études sans commanditaire : Dirigeants de TPE et PME, Dirigeants d'explorations polaires.

3.3 L'unité observée : l'établissement

L'établissement est apparu en effet comme l'unité où était gérée explicitement l'articulation entre les différents espaces-temps d'activités concernés : production de biens et/ou de services, rapports avec l'environnement, gestion des ressources humaines, calcul économique et financier global, communauté sociale. etc. Ce choix a été identifié comme pertinent quel que soit le statut de l'organisation : public ou privé, marchand ou non-marchand.

3.4 Un programme coordonné

Une coordination du programme, assurée par la MRPP, a eu essentiellement pour mission de préparer les temps de travail communs, favoriser les échanges et assurer la mutualisation des éléments produits au sein du collectif de recherche. Elle prépare notamment un état de la question, tant du point de vue des travaux scientifiques que de la demande sociale. Les modalités de travail collectif ont été définies par les participants, lors du séminaire initial. Une formalisation des travaux a été assurée par la coordination et destinée à chacune des équipes participantes, afin de favoriser l'avancée des recherches.

Les chercheurs participant à chaque étude se sont engagés à échanger sur leur méthode et leurs résultats dans le cadre des activités de coordination de la Maison de la recherche sur les pratiques professionnelles, notamment lors des séminaires de travail organisés pour le collectif, à savoir, en moyenne une fois par trimestre, soit plus d'une vingtaine de rencontres depuis novembre 2003.

3.5 Un financement décentralisé

Ce programme a un financement décentralisé. Pour chaque étude, un commanditaire (une administration, une organisation professionnelle, une école nationale…) détermine le public-cible de l'étude et passe commande auprès de la MRPP-CRF. La convention entre le commanditaire et le prestataire précise le cadre de référence de la recherche tel qu'il est présenté en annexe du cahier des charges.

Chaque équipe de recherche a gardé la maîtrise de la valorisation de son travail et la liberté d'en publier les résultats. Les commanditaires ont bénéficié non seulement des conclusions de l'étude qu'ils ont financée mais aussi des fruits de la comparaison avec les résultats des autres études menées simultanément dans le cadre du programme de recherche.

Chaque étude menée dans ce cadre a bénéficié du label : « Maison de la recherche sur les pratiques professionnelles » et fait l'objet d'une publication commune sous la forme du présent ouvrage.

Fin 2008, toutes les études ont été réalisées et le réseau s'est engagé dans la rédaction de cet ouvrage collectif sur ce programme coordonné de recherches afin de faire apparaître les éléments transversaux à l'activité des dirigeants quelque soit son contexte d'exercice.

4. Les outils de l'enquête : les zones communes d'information à couvrir dans le recueil des données

Pour opérer des comparaisons transversales, des domaines d'information ont été déclinés de façon commune et à renseigner pour chacune des recherches engagées.

4.1 Les contextes d'exercice de l'activité du dirigeant

a) Le contexte organisationnel et l'exercice de l'activité du dirigeant dans leurs évolutions
– Indicateurs financiers et/ou budgétaires.

– Position de l'entité dirigée dans son environnement institutionnel : les entités avec lesquelles l'organisme a des liens et les types de liens (de type client, fournisseur ou partenaire…)

– Nature des activités de l'unité dirigée : production de l'entité ? Transformations effectuées ?

– Organigrammes hiérarchique, fonctionnel et organigramme des instances.

– Structure des qualifications et statuts des personnels.

– Eléments de la prescription d'activité du dirigeant (fiches de poste, lettres de mission, circulaires et autres prescriptions d'activité…)

– Modèles de dirigeant dans le milieu.

b) Trajectoire du dirigeant

– Expérience professionnelle, parcours de formation (initiale, continue) : CV…

– Choix de carrière et entrée dans la fonction de dirigeant.

– Contexte d'histoire personnelle et figures de référence.

4.2 Représentations du dirigeant relatives à son activité :

– Ce qu'il dit qu'il a à faire, de son point de vue (prescriptions et auto-prescriptions).

– Ce qu'il dit qu'il fait : modes opératoires, stratégies, priorités, etc…

– Ce qu'il dit qu'il a fait : moments significatifs, ruptures, sauts, anecdotes…

– Ce qu'il dit qu'il avait envie de faire dans ce métier (« idéal » versus « possible »).

– Ce qu'il dit sur le sens de son activité.

– Identification des unités pertinentes aux yeux du dirigeant (différents types d'actions, séquences d'action) par établissement de fiche remplie par le dirigeant comportant notamment : But, objectif ; acteurs concernés ; échéances, séquencement prévisionnel ; ressources, contraintes, stratégie.

4.3 Exercice effectif de l'activité : trois angles de vue pour la recherche

a) Description « exhaustive et de proximité » des activités des dirigeants par observation et recueil de traces, sur une unité de temps de deux jours minimum, et si possible une semaine.

b) Description « distanciée » de l'ensemble des activités du dirigeant.
– Cadre ou contexte de la configuration d'activités étudiée (réponse à un courrier ou à un courriel, traitement d'un point à l'ordre du jour d'une réunion…)
– Acteurs impliqués dans cette configuration.
– Descriptif des activités des acteurs et de leurs interactions.
– Durée et séquencement effectif.
– Type d'intervention du dirigeant (analyse, évaluation, suggestion, persuasion, arbitrage, décision…)

c) Identification des actes de direction par le dirigeant et le chercheur (autoconfrontation…).

Chaque équipe de chercheurs a respecté cette grille de recueil de données par le biais d'entretiens et de périodes d'observation s'étendant de 2 jours à une semaine, et en l'aménageant selon sa méthode de recherche.

5. Les études de terrain : Présentation synthétique des recherches effectuées

5.1 L'activité des dirigeants généraux des services de l'administration territoriale

Responsable : Laurence Durat, MCF-Université de haute Alsace, pour le Centre National de la Fonction Publique Territoriale (CNFPT) notamment l'Institut National des Etudes Territoriales (INET) –2004 à 2007

Cette recherche avait pour objectif de rendre compte de l'activité effective des dirigeants généraux des services de l'administration territoriale afin de compléter les études en cours sur les référentiels de compétences et permettre les ajustements des formations proposées dans le cadre du

CNFPT et particulièrement de l'INET à destination de l'encadrement de la fonction publique territoriale.

L'enquête a été menée par voie d'entretiens, d'observation et de recueil de traces auprès des directions générales de dix collectivités territoriales (Conseils régionaux, généraux, grandes communes).

Objectif final : effectuer une comparaison des différents modes d'exercice de la fonction dirigeante dans plusieurs secteurs de la fonction publique, voire entre public et privé, à l'échelle nationale et supranationale.

5.2 L'activité des cadres de l'inspection du travail

Responsable : Anne-Lise Ulmann MCF-CNAM, pour l'Institut National du Travail, de l'Emploi et de la Formation Professionnelle (INTEFP) –de 2004 à 2008

Dans le cadre du programme de recherche coordonné, il s'agissait d'analyser les pratiques professionnelles des directeurs départementaux et des directeurs de région. Cette analyse a été réalisée en s'inspirant de méthodes ethnographiques. Il s'est agi de suivre le travail quotidien d'un échantillon représentatif de directeurs, volontaires pour être accompagnés dans l'ensemble de leurs tâches durant plusieurs jours. Parallèlement à ces observations, d'autres méthodes d'analyse de l'activité, notamment des entretiens ou des observations courtes, sont employées pour compléter les résultats des observations de terrain et valider l'ensemble des résultats.

Les résultats de cette étude étaient conçus dans la relation contractuelle comme de nature à permettre aux commanditaires de disposer d'informations en vue de l'ajustement de la formation de ces dirigeants

5.3 L'activité des cadres hospitaliers

Responsable : Laetitia Laude, Enseignante-chercheure pour l'Ecole des hautes études de Santé Publique (EHESP, ex ENSP), de 2004 à 2008.

La légitimité professionnelle des directeurs des établissements publics de santé repose historiquement sur sa dimension statutaire et la constitution progressive d'un corps de fonctionnaires. Il s'agissait dans cette recherche d'analyser finement l'activité effective des directeurs d'établissements publics de santé afin de mettre en perspective le mouvement de professionnalisation à l'œuvre et les champs de tensions qui l'accompagnent. La combinaison de méthodologies qualitatives visait une analyse en profondeur d'un échantillon de dix chefs d'établissements publics de santé.

Une double finalité a animé ce projet de recherche :

– La première invite à clarifier le rapport que construit le dirigeant entre son activité effective et le contexte en mutation de l'exercice de la fonction. D'ores et déjà, il apparaît que les directeurs des établissements publics de santé se définissent comme incarnant la jonction de deux logiques différentes, et donc comme dépositaire de deux rôles : celui du représentant de l'Etat central chargé d'appliquer sa politique sanitaire ; et celui de chef d'établissement, décideur, confronté à un contexte d'action local aux caractéristiques propres, et qui doit agir dans le sens de l'intérêt de son établissement (Schweyer, 1999).

– La seconde a permis de poser la question des caractéristiques de la fonction dirigeante à l'hôpital et de les comparer aux dirigeants d'autres organisations publiques.

Les chercheurs de l'EHESP et ceux d'Agro Sup Dijon, de même que Sandra Alvear ont participé à cette étude (voir p. 29).

5.4 L'activité des dirigeants de l'économie sociale

Responsable : Emmanuelle Betton, MCF-CNAM, pour Le Centre de Coordination de la Formation Professionnelle (CCFP), de 2006 à 2008.

Dans le cadre du programme de recherche coordonné, il s'agissait d'analyser finement les pratiques professionnelles des dirigeants salariés de l'économie sociale et du mouvement social au-delà du caractère prescrit de la fonction. Plus précisément, il s'agissait de mieux identifier le champ des activités et des responsabilités des dirigeants salariés des entreprises de l'économie sociale et d'analyser les contours de leur identité professionnelle dans le partage du pouvoir avec les dirigeants élus de ces mêmes structures.

La méthodologie utilisée a articulé des entretiens approfondis avec des observations des dirigeants en situation d'exercice de leur fonction dans le cadre de réunions institutionnelles.

Cette recherche a été réalisée conjointement par une équipe de chercheurs : Emmanuelle Betton (responsable, MCF CNAM) ; Françoise Cros (Professeur CNAM) ; Fanny Largenton (CCFP) ; Daniela Rodriguez (Doctorante CNAM) ; Joris Thievenaz (Doctorant CNAM).

Les résultats de cette étude doivent permettre aux commanditaires de récupérer des informations afin d'ajuster la formation de ces dirigeants et de construire plus généralement un mode d'accompagnement à la fonction dirigeante dans ces entreprises.

5.5 L'activité des dirigeants de TPE/PME.

Etude conduite par Jean-Yves Robin, Professeur à l'Université Catholique de l'Ouest, laboratoire de recherche en éducation et formation (UCO/LAREF) avec le concours de Benoît Raveleau du Centre de Recherche de l'Institut de Psychologie et Sociologie Appliquées (CERIPSA - UCO) et de François Prouteau (LAREF), de 2005 à 2008.

A la demande du CRF, une étude portant sur une dizaine de dirigeants de TPE/PME (de 15 à 3200 salariés) a été engagée dans le secteur privé. Pour cette recherche, la méthodologie des entretiens a été mobilisée ainsi qu'une approche fondée sur l'observation au cours de journées passées avec les dirigeants. L'objectif de cette recherche était triple :

– Rendre compte des faces visible et invisible de l'activité des dirigeants en se fondant sur ce qu'ils font, ce qu'ils disent de ce qu'ils font ou voudraient faire tout en ne parvenant pas à le faire.

– Identifier la figure plurielle du sujet engagé dans une fonction dirigeante

– Dégager des résultats qui rendent possible une comparaison entre les dirigeants du secteur public et du secteur privé.

5.6 Les compétences « critiques » d'un manager de projet : le cas d'un chef d'expédition polaire

Etude conduite par Pascal Lièvre MCF, (CRET-LOG, Université Aix Marseille II, CRCGM, Université d'Auvergne), Géraldine Rix et Michel Recopé (LAPRACOR, Université Blaise-Pascal), de 2005 à 2007.

Cette étude est non représentée dans l'ouvrage collectif car elle est sortie du programme coordonné de recherches au moment du travail sur l'approche transversale de l'activité des dirigeants.

6. Les chercheurs

6.1 Plus de dix institutions de recherches soit une vingtaine de chercheurs engagés dans le programme coordonné

Alvear Sandra, Université de Talca Chili, Crf-Cnam
Betton Emmanuelle, MCF Cnam
Cros Françoise, Professeure, Crf-Cnam
Durat Laurence, MCF, Université de Haute Alsace, Crf
Laude Laetitia, Enseignante-chercheure, EHESP
Lièvre Pascal, Univ. Blaise Pascal, CRET-LOG, Université Aix- Marseille II et CRCGM, Université d'Auvergne
Louart Pierre, Professeur, IAE Lille
Masson Claire, doctorante, AgroSup Dijon
Mayen Patrick, Professeur, AgroSup Dijon
Mohib Najoua, MCF Université Louis Pasteur de Strasbourg.
Prouteau François UCO-LAREF
Raveleau Benoit, UCO Angers
Robin Jean-Yves, Professeur, UCO-LAREF
Rodriguez Daniela, doctorante Crf-Cnam
Samrany Lina, doctorante, AgroSup Dijon
Thievenaz Joris, doctorant Crf-Cnam

Tourmen Claire, doctorante puis MCF, AgroSup Dijon
Ulmann Anne-Lise, MCF Cnam

6.2 Six institutions représentées, commanditaires sur quatre terrains de la fonction publique

Chauvigné Christian et Jacques Orvain, ENSP devenue EHESP en janvier 2008

Christoforetti Jean-Daniel et Cano André, INTEFP

Da Costa Gilles et Will-Muller Evelyne, INET et Marzelier Christiane, ENACT avec Scrève Alain, INET-CNFPT

Lereste Michel, Centre de Coordination de Formation Professionnelle (CCFP)

6.3 La coordination du programme

Barbier Jean-Marie, Professeur, MRPP, CRF/CNAM

Chauvigné Christian, EHESP, Enseignant-chercheur associé UHB

Vitali Marie-Laure, Ingénieure, MRPP, CRF/CNAM

7. Les séminaires de travail collectifs : une organisation en collectif du travail de recherche

Dans un premier temps, c'est-à-dire au cours de la première année, il s'est agi principalement de :

– Organiser administrativement et institutionnellement le programme coordonné de recherches : contacts et échanges avec des commanditaires, établissement des conventions,

– définir les moyens et l'organisation de la recherche : interdisciplinarité des chercheurs, zones de recueil de données, critères pour les échantillons d'acteurs de terrain,

– échanger sur les apports théoriques, notamment des revues de lectures et des présentations autour des concepts d'activité et d'action, d'analyse d'activité,

– échanger aussi sur les apports empiriques, tels que les écrits et la littérature professionnels, les traces d'activités en lien avec la fonction de dirigeants : fiches de fonction, définitions de postes, notes d'orientation, objectifs à atteindre,

– constituer des points communs des recherches pour viser à une transversabilité des résultats du programme.

Ainsi, il a été convenu de privilégier des binômes de chercheurs sur chaque étude et d'identifier un/e responsable de recherche par terrain, de permettre aux chercheurs de réaliser plusieurs études, d'utiliser plusieurs méthodologies de recherches et diverses disciplines (sociologie, psychologie, sciences de l'éducation, sciences de gestion…) et d'établir une grille de recueil de données commune à toutes les recherches, chaque équipe de chercheurs l'adaptant en fonction de ses options méthodologiques et théoriques.

Par la suite, et jusqu'à la fin des études de terrains les séminaires collectifs de travail sur le programme coordonné de recherches ont consisté à faire l'état de l'avancement des travaux de recherche empirique par terrains, opérer des croisements d'outils d'analyse de l'activité des dirigeants et d'échanger sur les catégories d'interprétation et l'analyse transversale des données… bref un accompagnement collégial de chaque recherche, tout en laissant une place à des nouveaux apports conceptuels autour d'un thème comme par exemple :

- « Rapports entre sujets et action de diriger » (Jean-Marie Barbier),
- « Faire agir autrui dans/pour une organisation : l'activité dirigeante » (Christian Chauvigné),
- « L'éclairage de la théorie de l'activité de Leontiev » (Patrick Mayen),
- « L'approche « gestion » sur l'activité des dirigeants (Pierre Louart)
- « Mode d'investigation de l'activité humaine » (Pascal lièvre et Géraldine Rix)
- « L'entretien d'explicitation comme aide à la prise de conscience des éléments implicites de l'action » (Nadine Faingold)
- « La théorie des actes de langage » (Patrick Mayen)
- « Encadrer, un métier impossible » (Frederik Mispelblom Beyer)
- « Plaisir et souffrance chez les dirigeants d'entreprise »

(Marisa Ridgway)

Courant 2007, alors que les recherches de terrains et les rapports de recherche étaient quasiment tous finalisés, les séminaires collectifs de travail se sont centrés sur la préparation du séminaire de restitution des résultats de novembre 2007 (voir point 8).

Durant ce temps de préparation beaucoup d'échanges entre chercheurs ont pu être observés et ces derniers ont été amenés à synthétiser et à formaliser leur recherche, donnant lieu à des écrits intermédiaires de chercheurs tant sur la recherche que sur ses résultats, écrits dans les actes du séminaire, en ligne sur le site de la Mrpp depuis le début d'année 2008.

Ainsi après avoir déjà bien avancé sur l'approche transversale du programme coordonné de recherche par la réalisation du séminaire de restitution des résultats et la rédaction des actes du séminaire, le groupe s'est lancé dans la rédaction du présent ouvrage collectif, rédaction prévue dès le début du programme de recherche en 2003.

8. Le séminaire de restitution des résultats du Programme coordonné de recherche

La Maison de la Recherche sur les Pratiques professionnelles (Mrpp) du Conservatoire National des Arts et Métiers (Cnam) et le Réseau des écoles de service public (RESP) ont organisé conjointement les 28 et 29 novembre 2007 au Cnam un séminaire de restitution des résultats du Programme coordonné de recherche intitulé : « De l'analyse de l'activité du dirigeant à sa professionnalisation ».

Cette rencontre avait un double objectif :
– Faire valider les résultats de recherche par les acteurs.
– Faire un premier exercice de transposition praxéologique des résultats, par les acteurs.

Le public concerné par cette manifestation a été varié : Les dirigeants et chercheurs ayant participé aux études, les commanditaires et laboratoires de recherche, les acteurs impliqués dans la formation, la professionnalisation ou la gestion de dirigeants, les responsables du RESP et du réseau Mrpp et des invités.

Organisé sur deux journées ce séminaire a été articulé autour de deux tables rondes et d'un symposium de restitution thématique des résultats et des ateliers de travail :

Les actes du séminaire sont rédigés selon l'ordre du déroulement du séminaire :

- *Table ronde « Présentation du processus de recherche par des chercheurs et des acteurs de terrain :* comment observer une activité qui ne se voit pas ? Témoignages des chercheurs et des acteurs.

- *Symposium de restitution thématique des résultats : « Les dirigeants au travail », réalisé et rédigé par les chercheurs :* - « Agir sur autrui », « Donner à voir » et « Construire du sens ».

- *Travaux d'ateliers et table-ronde de clôture : « Nouvelles pistes de professionnalisation » :* Synthèse de travaux de présentation du travail en atelier, rédigée par les rapporteurs d'ateliers, acteurs de la recherche en qualité de dirigeants…

- *Table ronde : « Nouvelles pistes de professionnalisation », Communications écrites des chercheurs :* Les dirigeants territoriaux par L. Durat, les dirigeants de santé par L. Laude, les dirigeants « Travail, Emploi, Formation » par A-L. Ulmann, les dirigeants de l'économie sociale par E. Betton, F. Cros, J. Thievenaz et les dirigeants PME-PMI par F. Prouteau, B. Raveleau, J-Y. Robin.

9. La présentation des résultats de la recherche dans cet ouvrage

Plusieurs partis ont été pris :

– Mettre en valeur les résultats transversaux. Cette option est bien entendu une réponse à la commande initiale, mais elle correspond aussi profondément aux méthodes de travail utilisées tout au long de la recherche : favoriser la constitution d'une culture partagée dans une activité de recherche commune à partir de traditions différentes : gestion, psychologie ergonomique, sciences de l'éducation, sociologie de l'activité notamment. Cette option est apparue comme compatible avec une écriture personnelle, référée à ces traditions différentes. Elle nous a conduits aussi à un travail collectif très exigeant sur la conduite de la recherche et la structuration de ses résultats.

– Privilégier l'analyse de l'activité proprement dite. Sur ce point les recherches sur les dirigeants sont les moins nombreuses et les moins précises. C'est aussi probablement celui qui est le plus de nature à permettre à la fois un regard distancié et un regard proche des sujets : point de vue du chercheur sur le point de vue de l'acteur. Enfin cet objet peut aussi favoriser le plus l'intégration de différentes disciplines et le rapprochement entre champs de recherche correspondant à des champs d'activités. Le plan est une illustration de différentes dimensions de l'analyse de l'activité.

– Présenter des résultats susceptibles de transfert dans d'autres situations : même si à l'évidence les observations et analyses ont été faites en dominante dans la fonction publique, un grand nombre d'entre elles sont valables pour tous les dirigeants d'organisations : ce sont les contextes qui changent et les rapports entretenus avec ces contextes. Par ailleurs un certain nombre d'observations sont de nature à présenter des incidences sur l'approche d'autres métiers d'intervention sur autrui, comme les métiers de l'éducation, du soin, de la gestion des ressources humaines, du conseil, de l'accompagnement, etc.

– Lier le travail théorique et le travail empirique : même si dans cet ouvrage il n'était pas possible de présenter l'ensemble des résultats de recherche, offrir au lecteur la possibilité de disposer de matériaux empiriques significatifs et éventuellement de rappels théoriques est apparu important ; c'est le rôle en particulier du choix des vignettes, insertions, et encadrés, mode de présentation ayant plusieurs finalités : permettre au lecteur par une illustration de compléter et contrôler notre propos. Elles sont les traces et le symbole de l'itération entre théorie et empirie si caractéristique des démarches de recherche.

Chapitre 2

CHERCHEURS ET DIRIGEANTS

Françoise Cros

L'existence d'une grille de recueil des données commune entre les équipes de chercheurs de terrains différents a eu incontestablement un effet structurant pour l'ensemble des chercheurs. En effet, il serait tout à fait légitime de s'interroger sur les recoupements et recouvrements entre un dirigeant de moyenne entreprise et un responsable d'expédition polaire. Qu'ont à voir en commun, ces personnes et comment les chercheurs peuvent mettre en commun des objets aussi divers dans leur rapport à eux ?

Cette recherche se base sur le pari que, quel que soit le terrain sur lequel s'exercent le pouvoir et la responsabilité, des questionnements sont suffisamment communs pour que leur différence dévoile des spécificités de cette fonction. De plus, ce décalage autorise des interrogations et des apports de savoirs tout à fait originaux et pertinents pour au moins deux raisons : l'exercice du pouvoir et de la responsabilité au niveau le plus hiérarchique de l'organisation possède des caractéristiques propres qu'il convient de dégager en les *déreliant* du contextuel ; la variété des terrains permet de dégager la force et l'orientation de son influence sur ces caractéristiques.

1. Un objet rarement travaillé

Mais il est un facteur rarement travaillé dans les recherches en intelligibilité, non celui de l'implication à proprement parler du chercheur par rapport à son objet, mais celui du lien dynamique qui se tisse tout au long du processus de recherche entre le dirigeant et le chercheur. Notons que l'objet de la recherche est l'activité du dirigeant et non le dirigeant lui-même. Cependant, il est intéressant de souligner que l'activité professionnelle ne peut constituer un objet isolé comme le serait une cellule ou une composition chimique. Cet objet est le produit d'un sujet qui entre en relation avec le chercheur et une coproduction de sens est à l'œuvre. A ce propos, l'ouvrage coordonné par Charue-Duroc (1995) montre que les rôles idéaux du chercheur et du dirigeant se situent de chaque côté d'un continuum entre la connaissance comme objet d'abstraction et la connaissance comme corps et produit de l'action. Il laisse voir que, dans la réalité, les choses sont toujours mêlées.

« A cet égard, poursuivent les chercheurs ayant investigué auprès des dirigeants des établissements publics de la santé (Laude, 2008, 23), les gens du terrain sont des producteurs de théories « ordinaires », c'est-à-dire d'interprétations de l'action. Il serait aussi discutable de ne pas les écouter que de prendre leurs raisonnements pour argent comptant. Autrement dit, les interprétations des dirigeants sur l'activité ne disent pas la vérité, elles peuvent la contredire s'ils sont dans l'erreur de jugement, les biais cognitifs, l'information erronée ou la mauvaise foi. Cependant, elles contribuent à produire une réalité qui, indirectement et pour partie, est aussi le fruit de leurs représentations et de leurs actions ». Ces chercheurs témoignent d'une quête continue de leur place cognitive en lien avec une recherche, non de la vérité, mais de ce qui pourrait faire sens pour eux et, de ce fait, être en décalage avec les propres interprétations des dirigeants. Ce sont là deux constructions de sens qui, parfois, se recoupent et s'orientent dans deux perspectives opposées : celle du dirigeant en recherche d'efficacité de l'activité et celle du chercheur en recherche de production de savoirs nouveaux légitimés et validés par la collectivité scientifique. Ces constructions de sens s'inversent lorsque le chercheur est amené à restituer ses interprétations au dirigeant car le chercheur fournit au dirigeant une signification qui n'entre pas forcément dans ses cadres interprétatifs si bien que ce dernier aura tendance à jouer de son influence sur le chercheur. Cette méthode pose toute la question de la relation de pouvoir et de savoir entre le chercheur et le dirigeant dans deux espaces sociaux différents.

2. Les dirigeants, sujets de l'activité

Tout d'abord, les dirigeants ont manifesté un intérêt à cette recherche, et cela à un double titre quand ils ont été contactés et sollicités pour être « *sujets d'étude* ». D'abord parce que certains ont saisi d'emblée l'opportunité de parler de leur activité à un tiers comme soutien thérapeutique et d'avoir des échanges sur le quotidien professionnel, comme si la verbalisation allait ainsi leur permettre de se regarder, de les aider à s'auto évaluer, sans avoir tous reçus vraiment de formation d'écoute et d'appui. Cette étude et ce regard leur ont permis une espèce d'introspection très utile et salutaire. Ils estiment avoir donné à voir et à comprendre, et essayé en tous les cas, d'expliquer les choix ou les paradoxes. Ces explications se sont souvent traduites en justifications pour eux d'abord et pour le chercheur de manière à l'enrober dans leur forme de voir les choses.

Une telle enquête a permis au dirigeant une prise de conscience de ses activités et une sorte d'analyse de l'activité car si la majorité des dirigeants rencontrés ont un niveau de formation universitaire élevé, peu ont réfléchi à leur pratique professionnelle et l'incursion du chercheur les a mis en position de s'interroger eux-mêmes sur le sens de leurs multiples actions et sur leur coordination ainsi que leur efficacité. Un dirigeant a même parlé de réorganisation de ses activités à la suite de la venue du chercheur.

En fait, cela l'amusait de se dire qu'il était un sujet pour une recherche sur l'objet de laquelle il n'avait d'ailleurs jamais rien lu : l'activité des dirigeants. C'est pour cette raison qu'il pense avoir joué le jeu et pris beaucoup de plaisir à montrer et expliquer. Il y a eu, témoigne-t-il, de la confiance mais aussi une espèce de complicité et de connivence avec le chercheur. Ce dirigeant insiste, comme par une sorte de dénégation, pour dire qu'il n'est pas bavard et qu'il se souvient avoir beaucoup parlé. Analyser l'activité des dirigeants lui a alors paru très complexe, surtout, affirme-t-il, que ce que le chercheur a vu « *n'est que la partie émergée de l'iceberg* ». Il y a le caché, le montré, le déformé, les contraintes, les choix, les jeux et les enjeux, la stratégie, la vie personnelle, la gestion du temps, les collaborateurs, les obligations et les regrets. Cela ne se mesure pas… et puis, soupire un des dirigeants interrogés : « *qui dirige qui ?* »

Un des dirigeants souligne qu'il a des relations fortes avec le commanditaire de la recherche et que cela a largement facilité le contact avec le chercheur car il savait qu'il ne s'agissait pas d'une énième recherche dont le rapport se perdrait dans les cartons, mais d'une recherche ancrée sur des besoins et l'assurance d'une retombée concrète et à court terme sur la mise en place d'une formation à destination des dirigeants.

Un autre dirigeant insiste sur le retour de la recherche qui lui paraît fondamental car il sent dans la quotidienneté de son travail combien la tâche du dirigeant est faite de solitude malgré un travail collectif. En effet, « *quand cela marche bien, le collectif fonctionne mais quand cela ne va pas, le dirigeant se retrouve bien seul* ». La trajectoire du dirigeant n'est pas toute tracée, elle se construit progressivement. Il s'étonne sur cet entre-deux dont serait affublé le dirigeant d'après les chercheurs car, pour lui, diriger serait plutôt affronter l'imprévu tout le temps. C'est régler les problèmes au quotidien et finalement ne pas avoir bien en mains toutes les situations ; la prise de risques est plus grande face à des responsabilités parfois pas bien mesurées.

Un dirigeant souligne la perméabilité fréquente du dirigeant face aux décideurs politiques institutionnels, notamment dans le champ des collectivités territoriales. Il parle de deux situations du dirigeant : la période pré-électorale et la période postélectorale car il s'agit là d'un contexte politique très fort. Ce type de dirigeant, en réalité est un dirigeant qui ne dirige pas qui est plus de l'ordre de la « garde rapprochée » du politique, une sorte d'équipe fermée.

Autrement dit, le dirigeant a eu le sentiment que cette recherche a cheminé selon un processus de restauration identitaire pour lui : enfin, on reconnaissait la valeur de son travail, on y portait un certain intérêt. Et curieusement, il était loin de s'attendre à ce que ce soit une équipe de chercheurs qui joue ce rôle. En effet, l'habitude pour lui est de dialoguer avec une multiplicité de partenaires très dépendants de lui mais qui le situent comme un point aveugle. Il est indispensable et c'est bien pour cela qu'il n'est pas reconnu par d'autres catégories professionnelles. Seul son pouvoir statutaire vu de manière souvent caricaturale est vécu par ses collaborateurs. Son travail relève d'un type de travail domestique « supérieur », c'est à dire, à l'instar du travail domestique (souvent féminin et peu reconnu), le dirigeant règle toutes sortes de problèmes quotidiens indispensables à la bonne marche de l'organisation. Que des chercheurs, dont l'image pour lui est positive, viennent s'intéresser à ce qu'il fait était jubilatoire, même si le dirigeant a eu du mal à comprendre ce que cherchait vraiment le chercheur. Il ne fallait pas perdre la face tout en tirant le maximum du chercheur d'où des ajustements progressifs, des tensions réciproques où chacun a construit son propre espace de légitimité.

3. Une nomination réciproque

L'activité des dirigeants se situe, en effet, à l'interface de plusieurs logiques : administrative, économique, sociale, politique, domestique, etc. Elle est bien souvent assimilée à celle de l'exercice du pouvoir. Mais de quel pouvoir s'agit-il précisément et comment le chercheur peut-il le gérer dans son rapport à cet objet de recherche ? Nommer la personne comme dirigeant est déjà une mise en catégorie commune dont les chercheurs se sont emparés et qui mobilise, qu'on le veuille ou non, tout un capital symbolique. Cette nomination est symboliquement signifiante et efficiente dans l'espace de cette recherche dans une sorte d'« imposture légitime », comme le souligne Austin, attribuée par le chercheur et sans doute corroborée par le langage commun. En d'autres termes, en pastichant Bourdieu (1994, 123), « *Le dirigeant d'un organisme est quelqu'un qui se prend pour le dirigeant mais qui, à la différence du fou qui se prend pour Napoléon, est reconnu comme fondé à le faire* ». Cet auteur ajoute que la nomination (le dirigeant et non le directeur ou le responsable ou le patron) appartient à une classe de discours symboliquement efficients pour le chercheur parce qu'accomplis en situation d'autorité par des personnages reconnus par le chercheur comme tels. Le chercheur se trouve alors dans la posture d'attente du « dirigeant », reconnu par la nature hiérarchique et professionnelle du poste et non par la compétence propre de la personne. La nomination est une façon de faire advenir une relation : pour le chercheur, le dirigeant dirige et est habilité à le faire dans la structure organisationnelle qui est la sienne. Une telle situation oriente la relation qui se tissera entre le dirigeant et le chercheur. Ce dernier impute à autrui des intentions de mécanismes de direction dont il tente de découvrir les aspects. N'y a-t-il pas, de manière inconsciente l'idée (peur, inquiétude, défi, etc.) que le dirigeant pourrait aussi diriger le chercheur ?

Le chercheur n'est pas un dirigeant, il entre dans un espace social qui, habituellement, n'est pas le sien mais dont il possède des représentations. Les chercheurs impliqués dans la recherche sur les dirigeants de la fonction publique parlent d'ailleurs « *d'une phase d'acculturation au milieu à travers la participation* (du chercheur) *à différentes manifestations (colloques, jury de recrutement, etc., pour cerner les représentations collectives qui forment la culture territoriale et des enjeux qui la parcourent, notamment en matière de définition même du dirigeant, de place dans l'organisation, d'évolution de la carrière, etc.* » (Durat, 2007, 15)

La question réside dans ce qu'il reste de l'activité du dirigeant lorsque cette dernière est passée par le prisme du chercheur. Un philosophe disait une fois : « *Quand Paul parle de Pierre, il nous dit plus sur Paul que sur Pierre* » : l'équilibre se fait lorsque les « *propriétés structurales de celui qui perçoit ne dominent pas celles du perçu* » (Elias, 1983, 64). Il est arrivé que des chercheurs de l'équipe soulignent, à juste titre, que le dirigeant a une activité de requalification dont une des fonctions est de procéder à une évaluation des faits dont il informe ses collaborateurs à des fins d'infléchir la construction de sens de ces derniers, de manière à ce qu'ils agissent dans la direction voulue par le dirigeant lui-même. Ne peut-on également dire que le chercheur procède, lui aussi, à une requalification des significations offertes au chercheur par le dirigeant ? Le chercheur procède alors à un acte verbal de requalification des dires du dirigeant, requalification passée au tamis des références théoriques connues du chercheur et des attentes qu'il a construites de la communauté scientifique.

4. Un rapport de double intersubjectivité

4.1 Une intersubjectivité entre le chercheur et le dirigeant

Les chercheurs ont été frappés, surpris et déroutés par la multiplicité des tâches du dirigeant dans le temps et dans l'espace. Cette perplexité ne peut qu'être mise en lien avec l'expérience propre du chercheur. Les rencontres avec le dirigeant sont dans un rapport d'intersubjectivité où se produisent des étonnements, des révélations de part et d'autre, des ajustements selon les personnalités des gens et selon leurs attentes vis-à-vis de la recherche.

Les chercheurs, même s'ils sont des professionnels de la recherche, découvrent un terrain beaucoup plus familier aux dirigeants eux-mêmes. Il se produit alors des moments forts, des difficultés voire des questionnements.

Cette intersubjectivité, si elle permet de produire les données de la recherche, favorise en même temps la mise en œuvre de processus d'inférence propres à la recherche comme déclencheurs de nouvelles théorisations et interprétations. En effet, si la recherche en sciences sociales procède par cette activité mentale d'inférence, c'est-à-dire de construction d'un cadre interprétatif tiré de façon implicite en s'adossant sur des données extérieures, comme prise de risque intellectuelle féconde d'anticipations et de compréhensions, ces processus d'inférence se développent au cours de l'enquête, en continu. Ce n'est pas une fois dans son bureau que le chercheur active le processus inférentiel et interprétatif, il s'agit d'une construction continue de sens face à une situation qui lui est plus ou moins insolite. Cette inférence sollicitée en continu est très liée à ce que Holton (1982, 21) appelle des « *themata* », c'est-à-dire « *des prénotions inévitables pour la pensée scientifique, bien que, elles-mêmes ne soient ni vérifiables, ni réfutables* », orientant en quelque sorte non seulement l'activité mentale du chercheur sinon ses activités mêmes de recherche (par exemple, il ira plus interroger les documents écrits comme le calendrier de l'emploi du temps du dirigeant tandis qu'un autre chercheur orientera sa quête vers le nombre de réunion et leur durée)

A cela, il faut ajouter ce que certains psychologues appellent le transfert et le contre-transfert, qui se produisent indubitablement au cours des rencontres entre plusieurs personnes. Le chercheur n'échappe pas à cette situation comme partie du dispositif même de recueil de données et d'interprétation. La rencontre de la pluralité des chercheurs et des terrains conduit à une plus grande solidité des théorisations de la recherche.

En effet, comme le souligne Devereux (1980, 19), « *ce n'est pas l'étude du sujet, mais celle de l'observateur qui nous donne accès à l'essence de la situation d'observation* », car les données recueillies lors de la recherche sont un combiné de trois sortes : le comportement du sujet, les « *perturbations* » induites par l'existence de l'observateur et par ses activités dans le cadre de l'observation et, enfin, le comportement propre de l'observateur, à savoir ses angoisses, ses manœuvres de défense, ses stratégies de recherche et ses décisions. Car le chercheur n'est pas une caisse enregistreuse des phénomènes mais il attribue de manière continue un sens à ses observations, lesquelles constituent un système de pensée propre. Tout dépend de la façon dont le chercheur gère sa propre position : où met-il les frontières entre son intimité et sa position sociale de chercheur ?

Sans doute faudrait-il ajouter que ce rapport d'intersubjectivité n'est pas homogène, c'est-à-dire que chacun des interlocuteurs n'est pas égal à lui-même au cours des prises de données par le chercheur. En effet, on peut supposer que cette intersubjectivité se modifie au cours du temps, devienne amitié, rivalité voire inimitié. Se construit alors un roman de ressentis, de souvenirs qui vient interférer la séance suivante de rencontre. On dit fréquemment qu'un premier contact avec une personne est décisif dans les choix futurs d'actions réciproques des partenaires. A cela s'ajoute le registre de formulation ou langagier sollicité par le chercheur pour traduire et transmettre l'observation.

4.2 Une intersubjectivité entre les chercheurs eux-mêmes

Il est important d'ajouter que cette recherche s'est faite en trois étapes et que, jusqu'à présent, nous avons désigné une seule étape, celle où le chercheur est une seule personne en face du dirigeant.

Dans la majorité des recherches menées ici, s'est constitué au démarrage, un premier collectif de chercheurs pour un seul terrain, une sorte d'équipe qui a négocié la stratégie propre de la recherche, selon les tendances et préférences des chercheurs. Par exemple, le choix de l'organisation à suivre (un chercheur peut préférer rencontrer une femme dirigeante plutôt qu'un homme, ou bien préférer rencontrer un dirigeant de fabrique de petits pains plutôt que de voitures, ou, tout simplement pour une question d'éloignement géographique, etc.). Ces négociations préalables ont sans doute permis de recueillir des données plus impliquantes pour le chercheur que si le choix des terrains s'était fait au hasard. De plus, lors du traitement des données et de leur interprétation se sont déroulées des négociations entre chercheurs d'un même terrain. Les rapports de recherche sont la résultante de ces tractations et de ces accords majoritaires avec, en plus, la réinterprétation des consensus par celui qui a accepté de rédiger une partie du rapport, après acceptation plus ou moins molle des collègues chercheurs sur ce terrain. Autrement dit, sans doute, les résultats de la recherche traduisent, dans une recomposition complexe, la résultante à somme supposée nulle de cette construction collective. Cette dimension est loin d'être mineure dans la compréhension de la fabrique de la recherche, dimension peu étudiée dans les études sur les rapports entre le chercheur et son objet de recherche.

L'étape suivante a consisté à mettre en commun les premiers résultats de recherche de chacun des terrains. Cette seconde confrontation mobilisant un nombre important de chercheurs a conduit à dégager des dimensions interprétatives communes, de niveau générique et plus abstrait. Cette opération pourrait paraître simple : elle a cependant mis en jeu les perceptions identitaires des chercheurs entre eux, mobilisant certes leur statut (titulaire, responsable, doctorant, etc.) mais aussi et surtout, leur confiance mutuelle. Quelle théorie privilégier ? Comment entrer dans l'espace interprétatif de l'autre ? Cette lente maturation s'est faite au fil des ans, chacun abandonnant ses préférences pour autoriser une construction intellectuelle nouvelle, originale et commune.

Mais, plus précisément, qu'en pensent les chercheurs concernés par cette recherche ?

5. Les chercheurs face à cette activité

Les chercheurs se sont exprimés pour donner leurs sentiments, leurs étonnements et leurs ressentis face à une telle exploration.

5.1 Une position d'interlocution

Les chercheurs ont mis en évidence que l'activité des dirigeants était essentiellement une activité de relations sociales et, tenter de cerner la place des dirigeants dans des configurations relationnelles en observant les réunions, puis entendre de leur part ce qu'ils en disent, a compliqué le rôle du chercheur. Ce dernier a été souvent pris à parti comme exutoire de la justification des décisions réalisées par le dirigeant. Cette implication, moins fréquente dans d'autres activités sociales, conduit à mettre le chercheur dans une position d'interlocution où il est fortement invité à prendre parti : acquiescer, se taire (ce qui peut tendre la relation) ou esquisser une interprétation évasive. Certains chercheurs parlent même d'un rôle de « *confident solidaire* » face à la complexité de certaines tâches et à l'incertitude des conséquences des décisions

Cette activité de relations sociales génère des tensions voire des conflits avec des partenaires, mais en même temps, le dirigeant utilise une rhétorique de précaution qui peut étonner dans une telle situation. Cette apparente contradiction est gérée dans un subtil jeu entre les différentes entités dont la somme est loin d'être nulle. Chaque partenaire est placé sur un échiquier et le dirigeant, au cours de ses relations sociales, anticipe les effets en cascades du conflit ou de la précaution oratoire. Ces tensions sont d'ailleurs au cœur même des interprétations des activités des dirigeants dans les résultats de recherche synthétisés dans les parties de cet ouvrage.

Les chercheurs ont également observé que les relations du dirigeant peuvent se diviser en deux : d'une part, les relations internes, c'est-à-dire celles avec son secrétariat ou ses services internes où les liens sont à la fois plus distendus et profonds ; d'autre part, les relations externes décisives pour la politique de l'institution où les liens ont un enjeu à long terme. Le chercheur s'est trouvé tel le travail de Champollion, à lire la pierre de Rosette des significations accordées par le dirigeant aux diverses réunions. Une même réunion pouvant être animée et orchestrée de façon différente selon la stratégie implicite du dirigeant.

Dans la multiplicité d'actions accomplies par le dirigeant, le chercheur a repéré une hiérarchie de priorités qui répond à des principes d'actions propres à chaque dirigeant, tout en observant qu'ils s'adossent sur leurs expériences passées. Cette cohérence évolutive prend continuellement appui sur ce qu'ils appellent leur expérience ou ce qu'il en reste.

5.2 Une question de temps à côté d'une parole facile

Entrer dans la vie professionnelle d'un dirigeant est apparu délicat aux chercheurs dans la mesure où le temps du dirigeant est compté. Ce dernier avait du mal à arrêter son travail pour être à disposition du chercheur. Alors, certains dirigeants ont joué le jeu et accepté que le chercheur suive les activités, comme elles arrivent, dans un climat de confiance réciproque.

Les rencontres ont été nombreuses et portaient sur des activités très différentes, y compris de déplacements. Le contact avec le chercheur a été souvent jovial, par contre, l'appréhension de l'activité fut plus malaisée. Peut-on dans ce cas dire que plus la place du chercheur est forte et plus il est difficile de distinguer et caractériser l'activité du professionnel ? C'est un débat toujours d'actualité.

Ce manque de temps pour le dirigeant à consacrer à la recherche et à répondre aux questions du chercheur a sans doute eu une influence sur les données recueillies par le chercheur lorsque ce dernier arrivait à obtenir un entretien avec lui. Cela a pu se remarquer dans le champ de l'économie sociale où la majorité des dirigeants a accepté une interview pouvant durer jusqu'à une heure et demie. Le contenu de cette rencontre a tourné à l'avantage du dirigeant qui y racontait sa vie, son parcours où, souvent sans diplôme, mais par son militantisme il avait acquis ce poste, transformant cette trajectoire en destin et positionnant le dirigeant en héros. Le chercheur a alors été pris dans une contradiction bien compréhensible : celle de l'admiration et du faire-valoir du dirigeant d'une part, et le souci de recueil de données objectives tendant à minimiser cette « *illusion biographique* » dont parle Bourdieu.

En effet, les dirigeants ont un avantage pour le chercheur : la fluidité verbale, les activités des dirigeants étant essentiellement verbales et injonctives. Ce qui fait que le chercheur a obtenu quantité de données, des données de commentaires sur les activités, mêlées à des interventions en direct auprès des interlocuteurs.

Ainsi, au premier abord, le chercheur a pu se dire que si l'activité du dirigeant est une activité qui ne se voit pas facilement, elle est par contre une activité qui se parle, qui se livre aisément dans le discours, et sur laquelle le dirigeant a beaucoup à communiquer. Pour autant, est-ce que le chercheur avait là, dans ce discours, toute l'activité du dirigeant ? C'est sans doute à ce moment que le chercheur s'est heurté à la difficulté du décalage entre le discours et le faire, le premier ne reflétant pas automatiquement le second ou brouillant quelque peu les pistes. Cette difficulté fut double par le fait de la prise de l'activité et non du discours sur l'activité. Sans doute manquait-il souvent le discours sur les traces de l'activité - discours tel qu'on peut le recueillir dans des entretiens d'autoconfrontation (Clot, 2008) - qui exige de la part du dirigeant qu'il accorde du temps au chercheur, comme un arrêt sur image pour discuter avec lui et permettre de confronter ce que le chercheur a perçu des intentions du dirigeant.

5.3 Une complicité dans un champ professionnel

Le chercheur avait parfois l'impression de « *faire partie de la famille* » et d'avoir à réagir en fonction de cette injonction. Cela a été notoire sur le terrain de l'économie sociale où les organismes ne sont pas des lieux où on entre « *à moitié* » et où il y a clairement un « *dehors* » (de valeurs) et un « *dedans* ». Ces dirigeants sont tellement impliqués dans un engagement politique et philosophique que toutes leurs relations humaines sont passées à ce crible : ou le chercheur était porteur de ces valeurs (ou faisait semblant de l'être, ce qui est encore plus déstabilisant pour son identité propre) ou il devenait un ennemi ! Dès lors où le chercheur était accepté en tant que tel, il était accepté également et peut-être surtout, comme partenaire complice où toute confidence pouvait être faite, sans tabous et de façon parfois très intime.

Cela a entraîné le chercheur à suivre le dirigeant dans les déambulations de son emploi du temps, d'assister avec lui à ses rendez-vous, ses réunions, de l'observer dans ses interactions avec ses collaborateurs, et de le voir en quelque sorte déployer son rôle de dirigeant ; sachant que cela n'était précisément que sur l'une des activités, mais seulement l'une, du dirigeant, qui comprend bien des ramifications, des racines, et des prolongements malaisés à saisir. Selon l'alternative retenue, observer et accompagner le dirigeant ou provoquer un discours sur son activité, ne fournissaient pas au chercheur les mêmes informations. De plus, même si le chercheur croisait les deux ordres d'informations, sans doute lui manquait-il toujours ce qui relève justement de l'ordre de l'entre-deux. Cette difficulté a finalement conduit le chercheur à découvrir que l'activité du dirigeant ne se livre pas facilement, ou ne s'observe pas facilement, parce qu'elle est en quelque sorte de l'ordre de l'entre-deux ou de l'entre plusieurs, car non seulement les activités sont multiples, souvent en continu mais elles sont très différentes et se choquent, s'interpellent les unes aux autres. Ainsi, un dirigeant qui conduit lui-même sa voiture pour se rendre à un rendez-vous professionnel ne fait pas que de conduire car il anticipe sur la rencontre à venir, il met en liens des éléments de son expérience et des enjeux de la situation passée avec tous les possibles qu'il imagine du déroulement de cette rencontre. Comment appréhender cette fonctionnalité en parallèle ? Quelle est l'activité la plus importante et quels sont les jeux entre les deux univers ?

De plus le chercheur a eu tendance à voir les entreprises d'un même champ professionnel comme des terrains hétérogènes au sein d'une recherche qui avait prédéterminé des champs professionnels comme des unités homogènes à comparer. Comment alors le chercheur pouvait-il rendre compte des spécificités ou des caractéristiques de l'activité des dirigeants de son champ professionnel lorsque les contextes d'activité variaient à ce point ?

Le chercheur a continuellement été pris dans la tension entre considérer chaque dirigeant comme représentatif de son champ professionnel et le voir comme particularité de ce champ dans un monde professionnel hétérogène. Le fait de cet engagement a souvent incliné le chercheur à donner un accent plus fort à la particularité de l'activité professionnelle de chaque dirigeant et à analyser les différences intra champ.

Une telle question paraît fondamentale : qu'a fait subir le chercheur au réel ? N'est-ce pas quelque part faire subir une violence au réel que de le soumettre à des dépendances théoriques, parfois schématiques et réductrices, construites pour l'intelligibilité du chercheur ? Le découpage de l'objet de recherche qu'il soit procédé en amont ou en aval est une manière de brutaliser le réel. A force de revendiquer le fait que le réel est un construit social ne rend-il pas le chercheur plus libre de « faire ce qu'il veut » du terrain ? La seule contrepartie est celle d'être recevable en tant que production scientifique par la communauté scientifique.

6. Une relation d'identification

L'activité professionnelle des dirigeants relève pour une part de la sphère publique et elle devrait donc être plus facile d'accès que ce qu'on appelle la sphère privée. Or le chercheur a découvert, à l'occasion de son contact avec les dirigeants, qu'il n'en était rien. En effet, les activités des dirigeants sont très liées à leurs activités personnelles et familiales, il semblerait qu'il n'y a pas de coupure, ce qui entraîne de la part du chercheur la prise en compte indirecte des difficultés, des déboires, des expériences malheureuses, des espoirs déçus, des fantasmes de la vie d'un dirigeant.

Sami Cohen (1999, 5) évoquait son étonnement dans un ouvrage consacré à l'entretien auprès des dirigeants en écrivant : « Si de nombreux essais aux Etats-Unis portent sur l'interview des dirigeants et ses problèmes, on ne peut manquer de s'interroger quant au silence fait sur ce sujet dans les ouvrages publiés en France […] La quasi-totalité d'entre eux est consacrée « aux humbles, à ceux qui par définition n'ont jamais la parole », au tissu social des gens « ordinaires », à ceux que le sociologue Pierre Bourdieu appelle les dominés […] » Mais « les dominants » sont en quelque sorte oubliés comme s'ils bénéficiaient déjà d'une large reconnaissance et qu'ils devaient céder leur place à ceux qui sont sans voix.

Or les dirigeants ont peu la possibilité de dire ce qu'ils vivent, d'évoquer ce qu'ils font au quotidien. Le chercheur présent, le dirigeant a tendance à lui attribuer un autre rôle, celui d'accompagnateur, de tuteur psychique, de supporter dont les conseils seront sans incidences sur ses actes professionnels. Ce que souhaite rencontrer un dirigeant, ce n'est pas un chercheur ou le énième expert en management, il existe des cabinets reconnus pour ce type de tâche. Ce qu'il désire c'est faire la rencontre d'une personne avec laquelle il sera en mesure de se dévoiler. Pour cela, le chercheur ne peut rester les yeux rivés sur l'horizon borné de son questionnaire ou de son guide d'entretien. Il se trouve dans l'obligation d'effectuer ce pas de côté pour découvrir des éléments qu'il ne soupçonnait pas jusque-là.

Habituellement, l'intérêt porté aux activités des dirigeants est d'ordre managérial, de réussite économique voire de héros. L'image commune n'est pas sans influer sur les opérations de recueil de données du chercheur. Vraisemblablement, cette position aveugle plus qu'elle n'informe. Ces effets d'annonce cachent un quotidien ordinaire au cours duquel le dirigeant tranche, décide, s'interroge, commet des erreurs, s'inquiète, s'emballe, s'oppose ou compose... Or, pour découvrir toutes ces facettes, l'immersion du chercheur sur le terrain s'est avérée nécessaire pour entendre, écouter, identifier et vibrer avec ceux qui président aux destinées d'un établissement. Reste à identifier la forme d'immersion qui permettait au chercheur de ne pas projeter ses propres fantasmes...

Le croisement des outils de prélèvement des données[6], surtout en approche compréhensive, a permis au chercheur de se protéger quelque peu de ce risque fusionnel. L'ensemble des chercheurs de cette recherche était peu familiarisé avec la population des dirigeants, ce qui a entraîné une certaine représentation de ce segment de la population de leur part. Une rencontre en face à face avec le dirigeant a été pour beaucoup un contact rude et bénéfique. L'éloignement social était suffisant pour provoquer chez le chercheur une sortie de soi, sans retour précipité à soi.

---

[6] Ce que certains appellent « la triangulation des données ».

Un exemple de relation chercheur-dirigeant fourni par un chercheur :

« Au terme d'un premier entretien avec un dirigeant, ce dernier me convie à le rencontrer dans son entreprise. Nous convenons d'une date à la fin de l'été et je me rends comme prévu au siège de la société. La rencontre ne durera que deux heures, je serai ce jour-là dans l'impossibilité de l'interviewer ou de visiter les chaînes de production comme prévu. Certes, mon interlocuteur me reçoit mais il est visiblement bouleversé. Il vient d'apprendre le jour même la mort de l'un de ses plus proches collaborateurs. Il s'est tué en montagne avec sa sœur lors d'une escalade.

Tout le monde parle de ce drame dans la société. Un stage de formation destiné aux cadres a été interrompu le jour même tant l'émotion est forte. Lorsque je sors du bureau du dirigeant, je rencontre par hasard l'un des assistants de ce cadre qui vient de disparaître. Il est visiblement éprouvé par cette perte. Il dit combien cet homme qui vient de mourir a joué un rôle décisif dans sa carrière, qu'il était en quelque sorte son père spirituel, son mentor. Il s'adresse également à son patron présent lors de l'échange pour lui dire combien ce drame est le fruit de terribles circonstances.

L'homme qui vient de décéder devait réaliser cette ballade en montagne depuis bien longtemps mais la charge de travail était trop lourde et il avait dû, de multiples fois, reporter le voyage. Le destin voulait qu'il meure ce jour-là. A une autre période, il n'en aurait peut-être pas été ainsi. Tant chez l'un que chez l'autre de mes interlocuteurs du moment, l'émotion n'est pas feinte. Lorsque ce dirigeant me raccompagne, tout au long du chemin, il est interpellé par des ouvriers ou des employés qui s'adressent à lui en le tutoyant pour lui dire leur profonde tristesse.

Ce cadre disparu faisait partie du premier cercle, de ceux qui ont participé au développement de l'entreprise lorsque celle-ci ne comprenait pas plus de 7 salariés alors qu'elle en compte aujourd'hui 3200.

A la suite de cet incident qui me permet de prendre de nombreuses notes sur mon petit carnet de bord qui ne me quitte jamais lors de ce type d'investigation, je reprends contact avec le dirigeant. Un nouveau rendez-vous est pris. Je ne détaillerai pas ici la journée que nous avons passée ensemble. J'évoquerai seulement le repas du midi. Nous entrons dans l'unique restaurant de ce petit village où se trouve le siège de la société. Tout le monde connaît ce dirigeant, l'enfant du village. Je perçois dans les échanges avec tous ceux qui sont là du respect, de l'affection, une estime réciproques. C'est à ce moment-là que me vient une question que je finirai par poser à la fin de repas, une fois sorti du restaurant : « mais durant toutes les entrevues que nous avons eues ensemble, vous n'avez jamais évoqué les syndicats, ils sont comme absents dans vos propos ? » Nous éclatons de rire tous les deux et ce dirigeant s'engage à me parler de tout cela dès notre retour à son bureau » (Robin, 2008, 47).

L'exemple ci-dessus montre que les moments, les circonstances jouent un rôle fondamental dans le recueil de données d'où le chercheur est une composante forte. Cette quête est inépuisable : où s'arrête le rôle de chercheur et où commence celui de la personne ? Ce chercheur va même jusqu'à évoquer quatre figures du chercheur : le chercheur-espion ; le chercheur-sphinx ; le chercheur-voyeur et le chercheur-partenaire ; et d'insister « sur le fait de produire de la connaissance avec les sujets étudiés, d'aboutir à un élargissement de la notion de contrôle [...] de tenir compte du degré de validation des résultats auprès des personnes concernées en réfléchissant en termes de service rendu à la communauté impliquée dans la recherche [...] ; de solliciter de plus en plus en avant, pendant et après la recherche, le groupe concerné » (R. Barbier, 1996, 32).

7. Un feuilletage de l'activité

Certains chercheurs de l'équipe ont résolument pris la démarche ethnographique « appliquée » à un dirigeant. Or ils considèrent que cette démarche n'est pas une ethnographie comme les autres : si le dirigeant est un homme (parfois une femme) comme les autres, saisir son activité est délicat car elle apparaît comme plus « décousue » en ce sens que le dirigeant passe du coq à l'âne sans prévenir (sans transition, le responsable dans le champ de l'inspection du travail passe de la note autorisant le travail dans les abattoirs le dimanche pendant la fête de l'Aïd-el-Kébir au déplacement d'une cloison dans la future maison de l'emploi). De même cette activité apparaît plus « implicite » dans la mesure où, parfois, il n'est pas nécessaire de parler pour se comprendre : « Je ne vais pas plus loin mais tu vois ce que je veux dire hein ? »... Cette remarque permet de souligner toute l'ambiguïté de ce que nous avons nommé fluidité verbale du dirigeant et de la chance que le chercheur avait d'obtenir beaucoup de données verbales. Mais ces dernières sont à double tranchant car il appartient au chercheur de distinguer ce qui est de l'ordre du verbe professionnel, comme outil professionnel, qui prend sens dans son utilisation pour autrui, de ce qui est information directe sur l'exercice du métier. Et sans doute l'approche ethnographique rencontre là une de ses limites.

« Ces échanges sur l'activité, entre le chercheur et le dirigeant, aussi fructueux et intéressants soient-ils, restent néanmoins des représentations construites destinées à faire comprendre au chercheur le sens que ces acteurs souhaitent donner à leurs différentes missions. Si ces propos permettent de saisir les intentions qui les animent, ils ne donnent pas accès au travail en train de se faire, cette parole gauchissant en quelque sorte les tensions ou les difficultés. Accéder au travail tel qu'il est mis en acte par les sujets permet de saisir autrement les complexités que les discours sur l'activité qui ont tendance soit à minorer ou augmenter, soit à éluder complètement, le travail ordinaire, souvent considéré comme une routine sans intérêt pour celui qui agit parfois, sans même s'en rendre compte. Comprendre l'activité des dirigeants consiste donc à essayer d'appréhender aussi cette part « d'activité empêchée » que ne peuvent livrer les acteurs dans le cadre d'entretiens ». (Ulmann, 2008,15) Et le chercheur, dans ce rapport de continuer : « Cette appréhension de la part « empêchée » de l'activité implique un changement de point de vue de la part du chercheur. Il ne s'agit plus en effet d'une compréhension de l'activité à partir de son propre point de vue, forcément extérieur aux accomplissements de l'action, mais d'une élucidation de l'activité à partir du point de vue des acteurs. Une telle approche nécessite pour le chercheur d'effectuer une immersion dans le milieu de travail non seulement pour s'accoutumer ou voir le travail mais pour véritablement apprendre à porter les questions que se posent les acteurs, autrement dit, pour comprendre le travail du point de vue de celles et ceux qui le font. Cet effort de compréhension de l'activité à partir du point de vue des acteurs évite de séparer les questions politiques des questions pratiques, de cliver l'éthique et le technique pour comprendre les dilemmes professionnels du point de vue de ceux qui s'y trouvent confrontés et qui constituent leur quotidien » (Ibidem).

Le chercheur se trouve alors « condamné à n'entendre que des déclarations objectivistes (…) soit à relever des énoncés que le sujet de l'énonciation désavoue formellement » (Favret-Saada, 1985, 37). Parmi les dirigeants de l'échantillon choisi pour effectuer la recherche selon une approche ethnographique, certains ne se sont pas trouvés à l'aise avec cette démarche. Ils disaient : « Je ne vois pas très bien ce que vous allez observer quand je travaille dans mon bureau… me voir me gratter la tête ? Je ne sais pas trop ». Pour d'autres dirigeants, souligne ce chercheur, « sans explicitement refuser notre présence dans le cours du travail, nous repérions que notre présence les empêchait de faire ce qu'ils avaient à faire : le dirigeant passait de longs moments à nous expliquer ce qu'il avait à traiter comme dossiers importants, « bloquait son agenda » pour nous accueillir, mais se trouvait manifestement empêché dans son travail par notre présence. Cette difficulté à travailler devant nous faisait écran et nous cantonnait à un dialogue sur l'activité » (Ulmann, 2008, 10)

L'activité du dirigeant se révèle également plus « secrète ». Il arrive qu'un dirigeant dise au chercheur : « là je ne peux pas vous emmener, c'est confidentiel ».

Le chercheur, même accepté et présenté à tous gêne souvent plus les collaborateurs que le dirigeant. Ceux-ci s'éclipsent spontanément quand ils voient que le dirigeant n'est pas seul. Ils disent : « Ah ? Tu es occupé, ce n'est pas grave, je te verrai plus tard… ! » ou « je passe juste, tu penses à me dire ce que je t'ai demandé hier au soir, mais euh…plus tard, rien ne presse ». Comment dès lors, le chercheur peut-il saisir le quotidien d'un dirigeant autrement qu'en effectuant des hypothèses à partir de ces incursions éclair ? Pour le chercheur ethnographe, le dirigeant ne travaille pas seulement aux heures de bureau ! Comment alors avoir accès à cette activité inaccessible autrement que par ce que le dirigeant veut bien en dire et pourquoi le temps de travail (même très élargi) ne suffit-il pas aux dirigeants ? Diriger, est-ce travailler sans arrêter ? Le chercheur peut en concevoir un réflexe de complexité dans la mesure où il n'est pas disponible 24 heures sur 24 pour son travail.

Pour les chercheurs, il s'est agi de démêler l'écheveau de la fonction dirigeante au quotidien, de dépasser la simple surface de l'activité telle qu'elle est donnée à voir par le dirigeant pour déceler l'activité dirigeante telle qu'elle est inférée par la proximité de l'observation et mise à l'épreuve des propres représentations du chercheur.

La distance du chercheur par rapport au terrain est source de questionnements et d'ignorance. Certains dirigeants ont fait sentir au chercheur que ce n'est pas en quelques jours que peut s'appréhender une activité professionnelle aussi complexe. A la limite, observer un opérateur dans une usine de voitures sous une forme de travail taylorienne serait plus facile pour le chercheur que la multiplicité des actions d'un dirigeant. Ce dernier ne tient pas en place, ses lieux, ses temporalités ne se satisfont pas de visites ponctuelles, si bien que certains chercheurs se sont sentis happés par cette frénésie de travail allant même jusqu'à se poser la question du temps de sommeil du dirigeant… L'observation et la proximité, le temps passé auprès de chaque dirigeant rend une image plus riche et nuancée mais, en contrepartie exige du chercheur un investissement en attention et en temps plus élevé que dans les formes habituelles d'observation d'autres activités professionnelles.

Cette approche de l'activité des dirigeants a conduit les chercheurs à noter l'importance de l'histoire individuelle sur la conception de la fonction et sa réalisation concrète (périmètre de l'activité, modes d'intervention). Cette histoire individuelle se traduit souvent dans l'autorisation que se donnent certains dirigeants de bricoler avec les règles du jeu et à fonder une partie importante de la légitimité du dirigeant dans la construction de sens lorsque l'on s'en écarte. Le chercheur s'est alors trouvé déstabilisé : pensant avoir construit des schémas représentatifs des constructions de sens du dirigeant, il s'est trouvé perdu dans des questionnements complexes. Une question fondamentale se pose alors lorsque les recherches portent sur des activités de personnes habituées à construire du sens en permanence et dont la compétence centrale est celle de jouer entre les offres de significations (souvent à dessein d'influencer fortement sur la construction de sens d'autrui) et ses propres constructions de sens. En effet, le dirigeant a du mal à accepter de ne pas lui-même orienter la construction de sens du chercheur et de lui donner des informations qui agissent dans cette direction.

Pour les chercheurs qui ne connaissaient pas l'activité du dirigeant, cette dernière fut difficile à comprendre à première vue ! Pourquoi se révélait-elle si mystérieuse au chercheur, pourtant rompu aux méthodes d'ergonomie et d'observation du travail ? L'arrivée du chercheur, par exemple, dans une réunion est difficile. Il a du mal à comprendre ce qui s'y joue, tant les enjeux sont complexes. Non seulement le niveau de responsabilité entraîne plus de paramètres, mais la parole possède plusieurs facettes. En quoi la parole d'un dirigeant lui permet-elle d'agir ? Quel code, très bien déchiffré par les participants, est efficace ? Sur quels objets agit-il directement ou indirectement ?

L'enchâssement toujours original des micro-activités du dirigeant, c'est-à-dire son passage d'un dossier à un autre à grande rapidité, d'une succession de réunions très diverses, d'une rencontre à une autre, pousse le chercheur à tenter de décrypter une cohérence là où elle n'est pas apparente. Le chercheur est alors assailli de questions : que cherche à faire le dirigeant et comment peut-il s'y retrouver face à la multitude de dossiers en cours ? Il y a là une capacité cognitive forte que le chercheur doit doubler d'une capacité cognitive de compréhension. Apprivoiser cette complexité de mise en scène s'est avéré une tâche difficile pour le chercheur pour arriver à un autre niveau de réalité que le chercheur a dû reconstruire.

Conclusion

Cette recherche révèle une grande richesse, non seulement en termes de complexité d'objet mais dans la relation du chercheur avec cet objet. Non seulement une activité professionnelle est très difficile à prendre comme objet de recherche, mais celle des dirigeants double la mise. En effet, l'activité du dirigeant, outre que chacun en a une représentation non déniée d'idéologie au sens où en parle Ricœur, c'est-à-dire : « qui devient le contraire de la science et non le contrepoint de la vie réelle » (1986, 147) en ce sens qu'elle est un système de représentations doué d'une existence et où la fonction practico-sociale l'emporte sur la fonction de connaissance. Autrement dit, le chercheur avait un *a priori* sur le dirigeant comme figure sociale dominante (ce n'est pas un hasard d'avoir choisi de travailler sur les dirigeants, comme nous le soulignons en introduction à ce chapitre, et non sur les encadrants).

En ce qui concerne la formation des dirigeants, un des points importants à travailler, souvent évoqué, est celui de la solitude du dirigeant, au-delà des compétences techniques de plus en plus importantes. Il faudrait presque être un mouton à cinq pattes pour exercer une telle profession ! Comment alors ne pas imaginer la création d'un dispositif d'accompagnement en continu auprès du dirigeant, activité qui a brouillé quelque peu le recueil des données du chercheur ? En effet, le dirigeant a tenté non seulement de transformer le rôle du chercheur en un ami à la fois critique et bienveillant, mais surtout capable de l'écouter, de saisir sa parole profonde et non pas d'être, comme tous les interlocuteurs habituels, un agent du travail de la direction.

Deuxième partie

Agir sur l'engagement d'activité d'autrui

Chapitre 3

L'ACTION DE DIRIGER

Jean-Marie Barbier

Tous les arts ont produit des merveilles. L'art de diriger n'a produit que des monstres. (Saint Just)

Le propos de ce chapitre

Cela peut sembler paradoxal, mais l'*action*, souvent présentée comme l'antithèse d'un phénomène purement mental et/ou discursif, *tire en fait sa cohérence d'une intention* qui organise et ordonne les activités qu'elle associe. Nous avons eu ailleurs (Barbier, 2000-1) l'occasion de la définir comme un *ensemble d'activités dotées d'une unité de sens et/ou de signification par/pour les sujets qui y sont impliqués.*

Cette intention est évidemment une intention de transformation, si minime soit elle, de l'environnement physique et/ou social et/ou mental du ou des sujets qui agissent, ce qui explique les connotations dynamiques du vocable.

Ainsi un champ d'action et notamment un champ d'action professionnelle, est-il habituellement repérable par le constat d'une communauté *d'intentions, présentant*, au-delà de leur diversité, *des similitudes, des régularités, des invariants.* Toutes les actions éducatives par exemple ont pour point commun de s'ordonner autour d'une intention de survenance d'apprentissages, c'est à dire de transformations valorisées d'habitudes d'activités chez des sujets.

Dans son remarquable essai « De la guerre » (2006, 20, 43), modèle d'un travail d'intelligibilité de l'action, Clausewitz l'avait bien compris, qui définissait la guerre comme « un acte de violence engagé pour contraindre l'adversaire à se soumettre à notre volonté » et « comme la continuation de la politique par d'autres moyens ». S'y trouve présent ce que nous pouvons considérer comme l'essentiel, c'est-à-dire un engagement d'activités et une intention, immédiate et lointaine, qui lui donne sens et signification.

Nous n'agirons pas différemment dans ce texte. Il nous parait important de caractériser ce qui fait *la spécificité de l'action de diriger*, par opposition et complémentarité avec d'autres actions, qui peut en sembler proche comme par exemple l'action d'encadrer (Mispelblom Beyer, 2006). Nous nous plaçons dans une posture d'anthropologie des pratiques et notamment d'anthropologie des pratiques professionnelles, soucieuse de rendre compte à la fois des actes des sujets et des contours de sens ou de significations que les sujets construisent autour de ces actes, ou qu'ils leur donnent.

Ce faisant nous ferons appel, comme dans d'autres travaux à l'initiative du CRF-CNAM (Centre de Recherche sur La Formation du CNAM), à une théorie croisée de la construction des activités et de la construction des sujets dans les activités, et notamment aux dimensions holiste, dynamique, développementale, interactionniste et située de cette approche. Nous nous attacherons en particulier aux dirigeants d'organisation, comme choisis plus généralement dans le cadre du programme de recherche dont cet ouvrage est le produit. Comme tous les textes de cet ouvrage, ce chapitre peut être mis en relation directe ou indirecte avec d'autres résultats de recherche qui y sont également exposés.

1. Diriger fait partie des actions d'intervention sur l'activité d'autrui

Gouverner, soigner, éduquer

Toutes les actions humaines n'ont pas spécifiquement cette intention. Un grand nombre d'actions ont pour intention dominante une *transformation du monde physique externe* aux sujets humains. Ces domaines sont traditionnellement assignés aux ingénieurs et aux sciences dites « exactes », même si à l'évidence ils ne s'y réduisent pas. On notera cependant que d'ores et déjà dans ces secteurs les actions humaines apparaissent, en cohérence avec la définition du travail donnée par certains ergonomes, comme des « interventions sur le cours naturel des choses », c'est-à-dire comme des interventions sur des dynamiques de changement déjà présentes dans le monde.

Naturellement les dirigeants d'organisations ont à connaître de telles actions de transformation du monde physique : elles caractérisent en effet la « production » de bon nombre d'entreprises ou d'organisations. Mais elles ne constituent pas ce qui fait la spécificité de leur agir professionnel de dirigeants. Ils ne les connaissent en quelque sorte qu'au second degré : les dirigeants agissent de façon à ce que d'autres réalisent ces actions professionnelles.

Ce statut d'intervention indirecte classe l'action de diriger dans les actions ou les métiers d'intervention sur autrui, domaine plus traditionnellement assigné aux sciences humaines et sociales, même si là encore elles ne s'y réduisent pas. Ce n'est pas un hasard si Freud a pu grouper ensemble gouverner, soigner, éduquer en y voyant des professions « impossibles » (Freud, 1937). Bien d'autres d'actions ou métiers relèvent aujourd'hui de ces « interventions sur autrui », notamment avec le développement des services et des « métiers de la société ». Citons sans exhaustivité l'information et la communication, le conseil, le travail social, la gestion des ressources humaines, l'action culturelle, la production de sécurité... etc.

Ces actions d'intervention sur autrui présentent notamment trois caractéristiques :

1.1 Elles infléchissent des dynamiques préalables d'activité

Les activités manifestes des sujets-cibles d'une intervention, activités qui certes peuvent constituer le point de départ ou le prétexte de cette intervention, *ne sont en fait que des actualisations,* situées dans un temps, dans un espace, et dans des circonstances donnés, *de l'activité de ce même sujet, entendue comme son potentiel de transformation de son environnement et de lui-même,* et qui constitue l'objet réel de l'intervention. Au-delà des activités constatées, il convient de s'intéresser aux activités empêchées (Clot, 1999), aux activités refoulées, aux activités simulées... etc., d'une manière générale *aux possibles d'activité de ce même sujet,* qui peuvent jouer un rôle essentiel dans la transformation des activités manifestes.

Le plus souvent ces dynamiques préalables d'activités ne sont connues ni des acteurs intervenants, ni des sujets-cibles de ces interventions. L'effort de connaissance des professionnels porte fréquemment davantage sur les moyens susceptibles d'être utilisés dans l'action que sur son objet, comme on le voit dans les approches technicistes, qui ont plus une fonction d'assurance ou de réassurance qu'une fonction d'efficacité ou d'efficience.

Ignorant largement l'objet précis de leur intervention, les professionnels concernés peuvent difficilement en apprécier le résultat. *Il n'est pas étonnant dans ces conditions qu'ils reconnaissent à l'occasion « ne pas savoir* très bien *ce qu'ils font ».* C'est en ce sens probablement qu'il convient de comprendre la phrase de Freud (1937) : « Il semble que la psychanalyse soit la troisième de ces professions « impossibles » où l'on peut d'avance être sûr d'échouer, les deux autres, depuis bien plus longtemps connues, étant l'art d'éduquer et l'art de gouverner. »

Lorsqu'elles sont connues par les professionnels de ces actions ces dynamiques préalables d'activité le sont davantage par expérience que par des savoirs formels. Ce qui semble jouer un rôle majeur est l'expérience de l'expérience d'autrui, ce qui peut se résumer de la façon suivante : non pas penser l'autre, mais penser comment pense l'autre. La construction de l'expérience de l'expérience d'autrui requiert certes des cadres interprétatifs, où interviennent des savoirs formels, mais elle requiert également des phénomènes d'identification qui expliquent la place toute particulière, observée dans cette recherche, des trajectoires personnelles des dirigeants et de leurs « vécus ».

1.2 Elles sont toutes fondées, selon des configurations très diverses, sur des couplages d'activités : activités des sujets qui cherchent à influencer les activités d'autrui, activités des sujets susceptibles d'être objet d'influence.

Ces activités réciproques sont extrêmement variables et changeantes en situation : les réactions des uns constituent de nouvelles situations pour l'engagement de l'activité des autres. C'est ce qui peut expliquer la place importante dans ces actions, et en particulier dans l'action de diriger, de la prévisibilité et de l'imprévisibilité des activités réciproques. A l'évidence la capacité de prévoir le comportement d'autrui est un facteur important de pouvoir. Mais l'imprévisibilité, elle, peut être un facteur d'engagement dans de nouvelles activités, et donc de transformation des dynamiques préalables, comme on le voit dans la place de la surprise ou de l'étonnement dans l'apprentissage. Quoi qu'il en soit, le fait élémentaire de ces actions, comme l'écrit Vendriès à propos de l'histoire est « l'autonomie physique et mentale, de l'homme » (Vendriès, 1998, 277).

Ces activités donnent toutefois lieu fréquemment à l'apparition de certaines règles, objet de compromis, entre les sujets concernés, touchant notamment l'organisation réciproque de leurs activités, comme l'observent les auteurs se situant dans la théorie de la régulation conjointe (Reynaud, 1995). Ces règles ordonnant les couplages d'activités se présentent comme des compromis d'acteurs, formels ou informels. Ils n'éliminent en rien les rapports de force. On a pu parler de chorégraphies d'activités, dont l'identification est importante, au niveau microsocial comme macrosocial.

Ces règles sont de fait fondées sur l'existence de contreparties (Barbier, 2006) *reflétant la diversité des dynamiques des sujets concernés.* L'action de direction, comme toutes les autres interventions, pour être acceptée durablement par les dirigés, comme par les dirigeants d'ailleurs, suppose l'existence de telles contreparties, explicites ou implicites, qui méritent chaque fois d'être identifiées, pour comprendre la logique de ces organisations d'activités.

Les co-activités des uns et des autres transforment mutuellement les uns et les autres. De la même façon que les tuteurs travaillent, accompagnent les tutorés et se transforment à cette occasion, les dirigeants dirigent et sont transformés aussi par ceux-là mêmes qu'ils dirigent.

Enfin les activités des sujets qui cherchent à influencer peuvent souvent consister à créer de nouvelles situations pour l'engagement des activités des sujets qu'ils cherchent à influencer : c'est le cas notamment des réorganisations suscitées par les dirigeants.

1.3 Elles donnent toutes à la question des rapports entre sujets une place essentielle. A trois niveaux :

Au niveau des rapports de place : quoi qu'il en soit dit, ces actions se caractérisent par une *asymétrie des positions* des sujets concernés, inscrite institutionnellement ; cette asymétrie est fondée notamment sur les possibilités d'engagement de moyens : accès aux ressources, possibilités réciproques de déclencher l'activité de l'autre.

Au niveau de l'intersubjectivité : ces actions professionnelles se caractérisent par l'apparition de phénomènes se plaçant sur le terrain des identifications, et notamment des identifications réciproques. La *personnalité* propre de « l'intervenant » est considérée par les uns et les autres comme *un outil de travail :* on le voit par exemple dans les formations de développement personnel proposées aux cadres et dirigeants.

Au niveau de la relation de pouvoir : dans ces actions professionnelles, *les positions de chacun sont fréquemment rappelées* par des paroles ou par des actes. Tous les métiers d'intervention sur autrui font apparaitre des qualifications par l'intervenant de l'activité d'autrui, qualifications manifestant une telle relation de pouvoir.

2. Diriger fait partie des actions d'intervention sur l'engagement de l'activité d'autrui

Diriger et encadrer

Si l'action de direction présente les différentes caractéristiques qui viennent d'être relevées, ces caractéristiques ne la spécifient pas encore. L'intention de l'action de direction, son impact sur l'activité d'autrui sont plus précis, même s'ils concernent aussi en bonne partie l'activité d'encadrement.

2.1 L'action de direction tend à agir sur l'engagement de l'activité d'autrui : *faire agir*

A la différence de la formation par exemple dont nous avons vu qu'elle agit sur les habitudes d'activités et donc sur les possibles d'activité, l'action d'encadrement ou l'action de direction se proposent plus spécifiquement d'agir sur *l'engagement de l'activité des sujets individuels et collectifs*. Ce n'est pas par hasard si revient souvent pour le dirigeant la comparaison avec le « chef » d'orchestre, mode d'organisation d'ailleurs typiquement occidental, où le rôle de déclenchement de l'activité d'autrui est particulièrement manifeste. Ce dont il est question c'est de faire agir d'autres. Comme l'explique Mispelblom Beyer (2006) à propos du cadre, il s'agit de « faire travailler ».

2.2 Cet engagement de l'activité d'autrui s'effectue dans le cadre d'organisations préalables : *faire agir dans le cadre de...*

La définition que donne Agamben (2007) des dispositifs comme mise en place d'organisations de moyens susceptibles de susciter l'activité de sujets en référence à des objectifs affichés peut être étendue aux organisations de production de biens et de services. Les organisations de moyens en question sont alors des *cadres préalables d'organisation d'activités productives, qui fonctionnent comme autant de contraintes ou d'opportunités pour l'activité les sujets*. Toujours à propos de l'encadrement qui en est donc proche, Mispelblom Beyer (2006, 29) parle « d'imposer des cadres » au travail des autres. Pour Terssac et Cambon (1998) encadrer est « une action des uns pour organiser l'action des autres ». *Faire « dans le cadre de » signifie souvent « faire avec » dans le cadre d'une coordination.*

2.3 Cet engagement est référé à la réalisation d'objectifs de résultats assignés à cette activité : *faire agir en référence à…*

On connait la définition classique du travail de B. Gazier, comme activité soumise à une obligation de résultat. L'action d'encadrement comme l'action de direction comportent l'attente de tels résultats, souvent leur explicitation auprès des dirigés et l'évaluation de leur activité au regard de ces attentes et objectifs. Le mot diriger s'emploie souvent pour marquer le mouvement ou la conduite orientés dans un sens déterminé. Faire agir consiste fréquemment à ordonner l'activité d'un ou de plusieurs sujets autour de la survenance de ces résultats.

2.4 Cet engagement est censé prendre sens par rapport au dirigé et à sa dynamique : *contribuer à la finalisation de l'agir*

Engager une activité, c'est faire un compromis avec soi et très souvent avec d'autres. La plupart des activités humaines sont des inter-activités : elles fonctionnent comme des compromis entre dynamiques. Le moment d'engagement dans l'activité de travail est un moment privilégié d'établissement de tels compromis ; et le dirigeant comme l'encadrant y jouent un rôle privilégié, notamment dans la recherche de « terrains d'entente » entre sujets. Toujours pour Mispelblom Beyer (2006, 93) « encadrer : c'est tenter d'élaborer des compromis productifs ».

2.5 Cet engagement ne doit pas être confondu avec le contenu même de l'activité : *faire agir n'équivaut pas à intervenir sur comment agir*

Diriger ou encadrer n'impliquent pas forcément une intervention sur les contenus mêmes de l'activité. Il ne s'agit là que d'un des modes d'encadrement ou de direction. Les nouveaux modes de gestion des entreprises et d'organisation du travail font apparaitre aujourd'hui une évolution considérable de la place et de la force des prescriptions d'activités : on parle de prescriptions fortes ou faibles ; de plus en plus d'activités font l'objet d'auto-prescriptions. C'est précisément le cas des activités d'encadrement et de direction elles-mêmes (Langa 1997, Mintzberg 1994-1996, Rogalski et Langa 1997, Vidaillet 1996).

3. Diriger intervient plus spécifiquement sur la relation même d'engagement

Diriger

3.1 Si l'encadrant agit sur l'engagement d'activités particulières,

Il n'agit pas directement sur les conditions mêmes d'engagement des sujets dans leur activité, *sur les rapports qu'ils entretiennent entre eux dans cet engagement*. Ce n'est pas le cas du *dirigeant* qui au contraire *met en place les conditions d'un engagement durable*. La spécificité de son impact réside dans l'obtention et le maintien de l'engagement d'activité d'autrui. Dans l'univers du travail salarié, c'est le « patron qui s'engage » et les employés qui sont « engagés ».

3.2 Cette relation est une relation de double engagement.

C'est une relation réciproque même si elle est asymétrique : à l'engagement de faire agir de la part du dirigeant correspond du coté du dirigé l'engagement d'agir autour des buts déterminés par le dirigeant. Elle peut être plus ou moins durable, le non-respect des règles peut entrainer la rupture de la relation d'engagement. Elle peut donner lieu à contrat même si ce contrat est très souvent un contrat inégal.

3.3 Cette relation se définit au regard du résultat global de l'activité, et de la responsabilité du dirigeant dans l'obtention de ce résultat, au-delà des objectifs de chaque activité particulière.

C'est au nom de ce résultat global qu'il « tranche » qu'il prescrit ou valide des organisations particulières d'activités, des distributions de rôles et/ou de fonctions. C'est cette caractéristique qui est la base de la figure du décideur, même si la décision n'est pas forcément une action volontaire, rationnelle et si plusieurs acteurs contribuent à la décision. C'est le dirigeant qui a la légitimité pour mettre en place les cadres d'organisation des activités des autres.

3.4 Le dirigeant dispose de cette possibilité dans la mesure ou il dispose en même temps du pouvoir d'affectation des autres ressources entrant dans la production du résultat final. De fait il dispose des pouvoirs, déjà évoqués, de gratification et de sanction, éventuellement de rupture de la relation d'engagement.

4. Diriger des organisations implique une fonction de gestion des interfaces entre plusieurs espaces d'activités.

Diriger des organisations

Jeune enfant, Henry Mintzberg s'interrogeait sur ce que pouvait être le travail de dirigeant car il voyait son père, alors patron d'une petite entreprise, faire des choses qui n'avaient rien de systématique ni de clair, comme pouvait l'être le travail des machinistes ou des dactylographes.

4.1 Observées dans leur logique manifeste, les activités des dirigeants d'organisations paraissent marquées du sceau de l'éclatement, de la dispersion, de la fragmentation.

C'est en effet le constat classique, mais régulièrement oublié, y compris par les intéressés eux-mêmes, des chercheurs en gestion ou des sociologues ayant eu à travailler sur les activités réelles des dirigeants (Simon 1946, Carlson 1951, Stewart 1967, Mintzberg 1984, Langa 1984, Barabet 2006, Livian 2006). Ce constat est d'ailleurs confirmé par les témoignages de nombreux dirigeants (Theron, 2008). Dès qu'on s'attache à suivre l'activité quotidienne des dirigeants, on observe des phénomènes qui n'ont rien à voir avec le discours managérial sur le primat de la décision, de l'initiative, de la rationalité, de la cohérence, de la réflexion, de la planification, présentées comme dimensions caractéristiques de l'activité du dirigeant. Le travail du dirigeant n'est pas ordonné, continu, séquentiel ; il n'est ni uniforme, ni homogène. Il est au contraire extrêmement fragmenté, irrégulier, changeant, variable. Il est aussi marqué par sa brièveté ; à peine a-t-il fini une activité qu'il lui faut passer à une autre. Les recherches exposées dans cet ouvrage confirment ces constats et les prolongent.

4.2 Plus significativement encore, elles nous apparaissent comme « superposées », feuilletées, passant d'un registre de préoccupations à un autre, au gré des sollicitations venant des environnements internes ou externes. Le dirigeant peut revenir plusieurs fois, pour de courtes périodes, sur les mêmes questions. Mispelblom Beyer (2006) a pu parler d'une « polyactivité ».

4.3 Cette fragmentation, cette superposition ne sont pas, à nos yeux, des ratés de l'activité des dirigeants, elles présentent un caractère fonctionnel pour leur action. Elles sont le reflet de la présence simultanée des dirigeants dans les différents espaces d'activité qu'associe l'organisation.

Une entreprise ou une organisation productive par exemple

associe au moins quatre espaces d'activité : la production de biens ou de services concrets, la gestion des groupes humains qui y sont impliqués, la conduite d'un cycle global de production/vente, la gestion d'une entité économique et financière. Les autres acteurs de l'organisation attendent des dirigeants leur présence dans ces différents espaces. Ceci peut expliquer l'importance dans le recrutement des dirigeants des caractéristiques de leurs trajectoires ; celles-ci ont pu leur donner une expérience, des contacts et des positions dans les milieux professionnels et sociaux correspondants (ex : impact du passage par le public pour certains dirigeants du privé en France, impact du passage dans des fonctions de production avant d'assumer des fonctions de gestion dans certaines entreprises... etc.)

C'est la raison pour laquelle dans cette recherche, nous avons choisi de travailler avec des responsables d'établissement, c'est-à-dire avec des acteurs qui croisent sur leur personne la charge de l'association de plusieurs espaces d'activités ou de plusieurs responsabilités : finances, production, gestion des ressources humaines, rapports entretenus par une organisation avec ses différents environnements.

4.4 Ces espaces d'activités associés se caractérisent par des logiques différentes

Logiques commerciales, logiques financières, logiques de production, logiques d'emploi ne se recouvrent pas forcément, elles ne se recouvrent même pas habituellement. Dans une entreprise privée, le dirigeant se trouve en contact/confronté à la fois avec ses salariés, ses clients, ses concurrents, éventuellement ses actionnaires. Dans la fonction publique, il a à gérer les rapports avec l'Etat, éventuellement les pouvoirs publics régionaux et locaux et les autres institutions. Les configurations de partenaires peuvent être très différentes ; elles méritent chaque fois d'être identifiées. En tout cas le dirigeant est conduit lui à se faire une cartographie personnelle. Une présence trop importante dans un de ces espaces peut éloigner le dirigeant d'autres espaces.

A ces espaces d'activités correspondent plusieurs légitimités avec lesquelles le dirigeant peut jouer quelquefois. Ces espaces s'emboitent les uns les autres : nous avons observé qu'il peut exister chez les dirigeants des activités « à double ou à triple fond »[7] : dimensions enfouies du technique dans le politique et réciproquement. Pour parler de ces différents espaces, les dirigeants utilisent un langage à la fois flou et objectivant : le politique, le technique, le social… etc. Délibérément les tableaux de bord officiels se situent à ces différents niveaux

4.5 Le dirigeant fait habituellement un travail de hiérarchisation entre ces espaces, de reconnaissance ou d'interprétation des phénomènes et rapports de force qui s'y jouent.

Comme vu précédemment, l'engagement, et surtout l'engagement durable, des membres de l'organisation dans l'action collective dépend de ces compromis, bons ou mauvais, entre logiques différentes. Contrairement au discours managérial, le dirigeant peut ne pas être décideur dans les espaces les plus déterminants, il n'en reste pas moins dirigeant dans le rôle d'interface que nous venons de décrire. Il fait alors un travail d'interprétation des phénomènes et des décisions (ex. : décisions politiques, état de la demande ou des marchés, etc..) qui s'impose aux espaces d'activités dont il a la charge. L'important est alors pour le dirigeant d'anticiper ces phénomènes et décisions, et de « comprendre leur niveau ».

5. Une voie privilégiée pour diriger : communiquer

Influer sur le sens construit autour de l'activité.

5.1 Pour l'essentiel le faire des dirigeants est un dire

Que leur porte soit facilement ouverte ou non à leurs

---

[7] L'expression est d'Anne Lise Ulmann.

collaborateurs, les dirigeants passent l'essentiel de leurs temps en communications verbales, en discussions de face à face, en réunions sous différentes configurations, en coups de téléphone, en échange de mails, en écriture ou signature de notes... etc. Le dirigeant est un énonciateur.

Beaucoup de ces dires portent sur le faire, mais l'essentiel du faire du dirigeant est un dire.

5.2 Ce dire est le plus souvent une activité de qualification

Ce point a fait plus particulièrement l'objet de nos analyses[8], sans que nous prétendions rendre compte pour autant de l'ensemble des activités discursives des dirigeants[9].

Nous pouvons faire à ce sujet trois observations :

Beaucoup de communications des dirigeants consistent en des *prises d'information* sur différents aspects de l'environnement et du fonctionnement de leur organisation. Ces prises d'information apparaissent légitimes et relever typiquement de leur ressort. C'est le sens même du tableau de bord de l'organisation, déjà évoqué, même si ce dernier a souvent une fonction mythique. Ces informations recueillies présentent toutes les caractéristiques des images opératives (Ochanine 1969). Sélectives, déformées, fonctionnelles, elles sont de nature à permettre une *représentation pour l'action* (Weill-Fassina, Rabardel, Dubois 1991) *de la situation dans laquelle l'action collective s'exerce spécifiquement.*

Elles aboutissent le plus souvent à une *qualification des situations et des activités* au regard des objectifs et des enjeux de l'organisation. Le mécanisme est de ce point de vue analogue à celui de l'attribution de signification à l'environnement chez Bruner (1991), ce qui confirme la parenté entre éducation et direction en ce qui concerne les conditions de l'intervention sur autrui.

---

[8] Et en tout premier lieu les travaux de Claire Tourmen, de Patrick Mayen et de Line Ramsary, ainsi que ceux de Sandra Alvear.
[9] Et notamment de leur activité de prescription.

Le travail bilatéral ou collectif sur des dossiers concrets peut être l'occasion privilégiée d'un tel travail d'échange et de qualification. La terminologie la plus souvent utilisée dans les organisations est celle de la validation. La validation la plus forte est habituellement celle qui émane du dirigeant de l'organisation. Les membres des organisations attendent souvent de telles validations.

Ces communications se présentent fréquemment sur le *mode objectivant* : usage de déclaratifs, d'assertifs *alors qu'elles consistent bien en des jugements de valeur sur les situations* (caractérisation notamment des opportunités et des contraintes) *et sur les activités* (évaluations du travail des dirigés, évaluations du fonctionnement de l'organisation ou de tel ou tel de ses départements).

5.3 Cette qualification a pour fonction d'influer sur les constructions de sens que les dirigés, en tant que sujets individuels et/ou collectifs, opèrent autour de l'engagement dans leurs activités.

Qu'elles passent par des paroles, par des écrits ou par des gestes (communications par l'action), on peut considérer les activités de communication, comme des offres de signification à intention d'influence sur les constructions de sens de leurs destinataires. Ceci est vrai dans les deux sens, pour les intercommuniquants. Elles supposent d'ailleurs de la part des énonciateurs des hypothèses sur les constructions mentales préalables de leurs destinataires, et de la part des destinataires un travail d'interprétation des intentions du communicant (ce qu'il veut dire). C'est pour l'essentiel la problématique de Sperber et Wilson (1983), qui parlent de communication ostensivo-inférentielle, et aussi l'hypothèse de plusieurs philosophes (Husserl, Ed. 1995) et linguistes (Grice, 1975), qui nous ont inspirés dans d'autres travaux (Barbier, 2000) sur la distinction entre signification (pour autrui) et sens (pour soi).

Notons d'ores et déjà que poser les problèmes ainsi est une perspective radicalement différente de l'usage (donner du sens) qui est fait aujourd'hui de la théorie du Sensemaking, développée par Weick (1995) et qui a un large succès, dans la conjoncture actuelle de rapports sociaux.

Le sens n'est pas donné par un énonciateur, il est construit par un destinataire dans la dynamique de ses constructions mentales antérieures et cette construction peut simplement être infléchie par l'interprétation qu'il fait de l'offre de significations du locuteur.

Ainsi le dirigeant peut-il influencer la construction individuelle et collective des représentations de la situation, du produit de/ du service rendu par l'action collective, des modes d'action individuels et collectifs, de la place de l'organisation, des rationalités en présence, de ce qui fait plus-value (chiffre d'affaire, mise en œuvre de politiques, satisfaction des usagers … etc.)

Cette influence s'exerce en particulier au niveau des cadres interprétatifs des situations. En ce sens le dirigeant contribue à la fabrication de cultures et de cadres de pensée, définis comme des modes partagés d'interprétation des situations. Nous sommes proches de la notion d'apprentissage interprétatif (Zeitler, 2007).

5.4 Cette qualification s'effectue au regard d'autres espaces d'activités que ceux dans lesquels opère le dirigé, mais qui surdéterminent son espace d'activité.

Il s'agit là d'un point caractéristique de l'activité du dirigeant, en rapport avec la multipositionnalité évoquée plus haut. C'est au nom d'autres enjeux que ceux qui sont manifestes dans l'espace d'activité du dirigé, mais qui néanmoins surdéterminent cet espace d'activité, qu'intervient le dirigeant. *La qualification qu'il opère s'effectue au nom d'espaces d'activités et de perspectives censés être plus larges que l'espace opérationnel, mais qui concernent néanmoins cet espace opérationnel*.

C'est la fameuse *dimension « stratégique »* dans laquelle est censé se situer le dirigeant, *par opposition /complémentarité avec la dimension opérationnelle* qui est normalement l'espace d'activité de l'encadrement ou du dirigé. Là encore cette dimension « supplémentaire » des dirigeants est attendue par les acteurs de l'organisation ; elle est aussi l'occasion de conflits.

Elle a une conséquence concrète : *le dirigeant énonce des*

orientations stratégiques, fait des évaluations stratégiques, mais il ne les décline pas forcément sur le plan opérationnel. Il laisse ce soin à la hiérarchie intermédiaire dont le rôle se situe précisément davantage au niveau de la déclinaison du projet d'organisation en orientations et/ou évaluations plus locales.

6. Diriger et donner à voir

Reconnaître et faire reconnaître les positions et les territoires.

L'activité de communication des dirigeants ne s'adresse pas uniquement aux acteurs de l'organisation, et elle ne se limite pas à faire agir. *De façon plus générale, l'activité du dirigeant apparait comme une rhétorique de l'action collective.*

Au-delà de la recherche d'influence sur les constructions de sens des dirigés autour de leur agir professionnel, et de façon pas forcément contradictoire avec elle, l'activité de communication des dirigeants a une *fonction de présentation et d'affichage* de l'action collective et *des acteurs impliqués dans l'action collective en vue de faire reconnaitre leur position et leur territoire d'action* par les autres acteurs.

6.1 Affichage de l'organisation

Le dirigeant passe une part considérable de son temps à représenter l'organisation et ses « intérêts » dans ses rapports avec ses partenaires. Il est alors généralement attendu de lui qu'il gomme les tensions, les conflits, les différences de logique, même s'ils sont connus de ses interlocuteurs, tout se passe comme si dans ses rapports avec ses partenaires l'organisation était dotée d'une identité collective (pour autrui) à défendre, alors que les organisations sont rarement des communautés au sens habituel du terme, et tout particulièrement les entreprises.

Très fréquemment se met en place un discours sur l'histoire de l'organisation, sur ses valeurs fondatrices, sur sa culture, sur ce qui fonde son action. Les récits d'entreprise, les légendes d'entreprise sont, de ce point de vue, très proches des récits et légendes familiales, et sont porteurs des mêmes modèles de rapports sociaux.

Ceci n'est pas sans lien évidemment avec la constance de la présentation sociale de l'entreprise comme entité dotée d'homogénéité et naturellement identifiée à son dirigeant, présentation caractéristique du discours et de la littérature managériale, et des formations de dirigeants qu'ils influent. L'usage du singulier ('l'entreprise ») est de ce point de vue significatif.

6.2 Affichage de la personne du dirigeant

Cet affichage est simultané à celui de l'organisation. Il se fait souvent davantage sur le mode de l'être que sur le mode du faire. Les dirigeants décrivent moins leur travail que ce qu'ils sont, leur posture (Ridgway, 2003). Ils tendent à mettre en valeur le caractère personnel de la décision, même si elle est souvent prise sur la base de propositions émanant de leurs collaborateurs.

Cette expression peut être considérée (et elle l'est souvent par les acteurs concernés) comme largement inauthentique. L'important est de manifester le contrôle ou la maitrise de la situation, d'évacuer les doutes, d'affirmer des certitudes. La présentation de soi devient une compétence professionnelle au même titre que la présentation de l'organisation.

Ceci n'est pas sans lien évidemment avec la figure héroïque du dirigeant dans le discours managérial : être d'exception, surchargé, hypercompétent. On retrouve même sous la plume de Mintzberg (The nature of managerial work, 1973) des qualificatifs tels que « mystérieux », « complexe », « héros », « submergé », « conscient de sa valeur », « à la fois compositeur et chef d'orchestre », « sous haute tension », « centre nerveux », « expert qui gère des experts »).

6.3 Affichage des rapports sociaux dans les organisations

Quand ils présentent l'organisation, les dirigeants présentent aussi leur propre pouvoir dans l'organisation. Beaucoup de communications au sein des organisations ont cette fonction : rappeler la structure de pouvoir dans l'organisation, redire qui dirige qui. On peut discuter de ce qui a été dit, mais pas que cela a été dit, et par qui.

Beaucoup de rituels, de cérémonials, d'habitudes de prise de place ou de prise de parole dans les réunions ont à l'évidence cette fonction. Eventuellement le dirigeant peut utiliser les réorganisations dans ce but, ou son pouvoir de nommer ou de renommer les choses (Theron, 2008) et les êtres : autant de façons de marquer son pouvoir.

6.4 Affichage des territoires

Les communications en ce sens sont particulièrement nombreuses, notamment quand les situations sont mouvantes et que les territoires sont flous. Le dirigeant tient un discours sur son propre territoire, sur le territoire légitime de l'organisation et sur le territoire légitime de chacun dans l'organisation. Il a à la fois à faire reconnaitre son espace subjectif d'action, à arbitrer le cas échéant sur la légitimité des espaces subjectifs de chacun, à mettre en place des stratégies pour faire reconnaitre les espaces légitimes d'action des uns et des autres. Un discours général sur les valeurs peut être un moyen de laisser dans le flou son propre espace de pouvoir.

7. Diriger et construire du sens autour de son propre engagement.

« Rechercher un équilibre personnel »

Les activités de construction de sens que les dirigeants opèrent autour de leurs propres activités sont évidemment les moins manifestes. Leur identification n'en est pas moins essentielle dans la compréhension de ces activités, notamment dans la perspective d'anthropologie des pratiques professionnelles évoquée plus haut.

7.1 Comme tous les autres professionnels, les dirigeants construisent autour de leurs propres activités et de leur engagement dans leurs activités ce que nous pouvons appeler des « sens pour soi. »

Ces sens pour soi sont décrits en termes de sens personnel, intime, subjectif ; ils sont identifiables à la fois en termes de représentations mentales et d'affects liés, souvent très vifs. Ces représentations ont pour objet à la fois les activités et les personnes. Elles touchent ce que l'on peut appeler leur identité de dirigeants, cette fois entendue au sens d'identité pour soi.

Les dirigeants se font une représentation pour eux-mêmes de ce qu'est la réalité de leurs activités, de ce qu'ils ambitionnent qu'elle soit, et aussi de ce qui est attendu d'eux. Représentations d'activités et représentations de soi sont solidaires : les représentations du présent des activités, des activités souhaitables, des activités prescrites contribuent à former la représentation du soi actuel, du soi attendu, du soi prescrit. La mise en relation continue de ces différentes représentations provoque des d'affects importants pour la vie psychique.

7.2 Les moments au cours desquels s'élaborent de telles constructions de sens sont des moments relativement peu accessibles.

Les dirigeants se plaignent de ne pas avoir le temps de réfléchir sur ce qu'ils considèrent comme étant le fond de leur travail : « je suis tout le temps dérangé, je ne peux pas travailler » ; « on est trop pris par le temps pour avoir le temps de réfléchir ». Il s'agit notamment de la représentation qu'ils se font de leur rôle dans la réflexion stratégique, mais il s'agit aussi de la représentation qu'il se font de leur utilité, de leur valeur sociale, et de l'utilité et de la valeur sociale de leur organisation.

Bon nombre d'entre eux laissent entendre qu'ils « travaillent » *en « temps caché »,* c'est-à-dire sur temps personnel, au détriment éventuel de leurs investissements familiaux.

Un espace-temps important de ces constructions de sens

peut résider dans les conversations et les échanges avec le *collaborateur-confident*, qui se révèle jouer un grand rôle, ou avec la « garde rapprochée ».

7.3 Les témoignages des dirigeants sur ces moments font fréquemment apparaitre l'existence d'affects forts.

Le plaisir lié au travail de direction n'a pas souvent été évoqué dans les témoignages des dirigeants de notre recherche. Il est néanmoins probablement très réel et peut s'inférer à partir de leur comportement en situation. Il est fréquemment évoqué dans les histoires de vie des dirigeants d'entreprises, notamment en termes de fierté.

Fréquemment les témoignages que nous avons recueillis font apparaitre une *souffrance* ou au moins un *inconfort qui serait propre au dirigeant et à son travai*l, presque en contrepartie du surinvestissement de soi dans le travail. Certains s'expriment sur leur solitude alors que leur planning est plein du matin jusqu'au soir. Beaucoup font état de tensions certes diverses mais liées spécifiquement au travail de direction.

7.4 Ces affects sont souvent liés à des tensions entre logiques de sens construites à l'occasion de leur biographie et du vécu de leur situation présente de dirigeant.

Nous avons pu repérer notamment quatre types de tensions :

Souffrance « banale » de l'écart constaté entre réalités du métier de dirigeant, des possibilités d'action qu'il laisse, et les représentations valorisées qu'on pouvait en avoir, notamment en ce qui concerne la réflexion stratégique. Beaucoup disent se laisser dominer ou happer par le quotidien.

Dans le cas, somme toute assez fréquent, d'itinéraires de promotion pour l'accès à la fonction, tension entre l'identité professionnelle héritée du premier métier et le vécu du métier de dirigeant. Dans un certain nombre de cas, cette tension est vécue sur le mode de la nécessité de faire le deuil du métier antérieur ; il faudrait lâcher la culture du métier qu'on exerçait avant, ce qui peut constituer une épreuve personnelle.

Les tensions les plus difficiles à résoudre peuvent naitre du constat de l'impossibilité de faire converger plusieurs des logiques qu'ils ont pour tâche d'associer : conflits entre logique financière, logique commerciale, logique de production, logique d'emploi et de travail. Ces tensions sont évidemment particulièrement difficiles à vivre dans les situations de conflit social.

Dans le cas d'un des secteurs qu'il nous a été donné d'observer, l'économie sociale, tension entre le passé de militant et au système de valeur qui lui est lié, et le vécu de l'activité gestionnaire au présent. Certains dirigeants qui se sont construits comme militants ont des difficultés à se penser comme employeurs, ce qui peut engendrer des ambiguïtés de comportements.

7.5 Une part importante du « travail psychique » des dirigeants peut consister dans la recherche d'une résolution provisoire de ces différentes tensions et d'un équilibre difficile entre ces différentes logiques.

Différentes voies ont été constatées, par exemple :

– Des voies de compulsion d'activité : cette voie est rendue possible par la surcharge du travail de dirigeant

– Des voies de transformation des philosophies sous-jacentes d'activité des dirigeants, et notamment de leurs philosophies des rapports sociaux

– Des voies d'abandon du rôle de dirigeant : certains interlocuteurs ont pu faire part de leur satisfaction de partir en retraite, en raison de ces tensions et pas parce qu'ils sont « fatigués du travail ».

– Des voies de maintien du décalage entre réalités des activités et l'affichage, souvent autoadressé, de systèmes de valeurs affichés.

– Des recherches d'équilibre entre référents éthiques, notamment entre éthique de la conviction et éthique de la responsabilité.

En conclusion

Il ne s'agit là bien entendu que de quelques pistes, naturellement limitées par la nature essentiellement discursive du matériau que nous avons pu recueillir.

Notre objectif a été double :

- Objectif de méthode : montrer à la fois les difficultés et le caractère heuristique de "l'entrée activité" pour aborder un champ de pratiques professionnelles. Cette entrée oblige à un travail de recomposition conceptuelle marqué à la fois par des perspectives holistes et des exigences de spécification de l'activité ou de l'espace d'activité concerné. Elle induit en particulier un effort d'articulation des champs de pratiques les uns par rapport aux autres, et un appareil conceptuel largement commun, de caractère transdisciplinaire, et donc de fait transprofessionnel. Beaucoup reste à faire en ce sens pour tous ceux qui souhaitent constituer les champs de pratiques en champs de recherche, dans la perspective d'articuler plus étroitement enjeux scientifiques, enjeux professionnels et enjeux sociaux.

- Objectif d'ouverture. Nous l'avons déjà indiqué, cette recherche a donné lieu à une structuration intellectuelle progressive de sa problématique et a été une occasion de construction d'une culture intellectuelle partagée sur cet objet. Cet ouvrage est une manifestation de cette culture partagée. Ce texte fait écho à certains aspects de l'esprit qui nous a animé.

(Podgrade- Biokovo, août 2009)

Chapitre 4

FAIRE TRAVAILLER

Christian Chauvigné

L'analyse de l'activité des dirigeants ne peut ignorer l'activité particulière par laquelle les dirigeants tentent d'engager l'activité de travail des acteurs de l'organisation. Par acteur de l'organisation, nous entendrons ici toute personne travaillant au sein de l'organisation sous la responsabilité du dirigeant. Faire travailler concerne, dans cette perspective, l'ensemble des actions mises en œuvre par le dirigeant visant à modifier, directement ou indirectement, l'activité des membres d'une organisation en vue de les coordonner et de les orienter afin d'attendre divers objectifs de cette organisation. L'activité dirigeante est en ce sens une activité « d'engagement d'activités » (Voir chapitre 3). Faire travailler passe par des interactions entre le dirigeant et différents acteurs internes ou externes dans une visée de transformation des objets de travail de l'organisation (agir sur les dossiers – voir chapitre 5). Pour en rendre compte, nous avons recensé et analysé les modalités d'action sur l'activité de travail énoncées et mises en œuvre par les dirigeants.

Nous avons pu identifier deux grands types de modalités selon que le dirigeant développe ses actions à l'interne ou à la périphérie de son établissement. Lorsque le dirigeant déploie ses actions à l'interne, les modalités identifiées visent soit à modifier le cadre et l'environnement de l'activité de travail, soit à modifier leur interprétation de cette activité. Lorsque le dirigeant agit à la périphérie, les modalités mises au jour visent soit à renforcer la légitimité interne du dirigeant, soit à influer sur les orientations de l'activité de travail.

1. Les actions engageant, à l'interne, l'activité de travail

Les dirigeants développent une activité auprès des acteurs de l'organisation afin de les amener à contribuer, individuellement, et collectivement à l'atteinte d'objectifs. Cette activité prend différentes formes qui se regroupent dans deux modalités principales selon qu'elle procède par modification directe de l'environnement de l'activité des acteurs de l'organisation ou par une offre de signification portant sur cette activité.

1.1 Agir sur le cadre et l'environnement de l'activité

Une des manières d'orienter l'activité d'autrui est d'en déterminer directement les cadres matériel et institutionnel, favorisant, ou non, le déploiement de cette activité. Tout ce qui relève du domaine de l'organisation formelle, de la délégation, de l'affectation de ressources et qui renvoie à la décision et à l'arbitrage du dirigeant, constitue cette première forme d'intervention. Ces activités dirigeantes sont diverses, s'exercent à différents niveaux et sont souvent mises en avant par les dirigeants.

1.1.1 La décision : un acte emblématique du dirigeant, très encadré dans le secteur public

Le dirigeant de PME, propriétaire de son entreprise, a un rapport très direct et très personnel à la décision (Rapport sur « l'activité des dirigeants de PME »). C'est, pour beaucoup, l'intérêt même du métier :

Ce qui est jouissif [...] c'est de tirer les ficelles, c'est ça qui est grisant, de prendre des décisions tout de suite, c'est ce que l'on fait tous les matins [...] c'est cela qui est grisant, avoir la responsabilité de tout

Dans la sphère publique, la décision est souvent présentée comme intimement liée à la responsabilité du directeur (Rapport sur « l'activité des dirigeants des établissements publics de santé ») et fait l'objet d'une forte revendication, de la part des dirigeants.

« *Les décisions, c'est vous qui les prenez même si vous vous entourez d'avis..., la responsabilité, c'est vous* »

Toutefois cette capacité à prendre les décisions est souvent très contrainte comme en témoigne cette analyse présentée par un chef d'entreprise du privé à un directeur d'hôpital :

« *Contrairement à ce qu'on dit, je pense que les directeurs d'hôpitaux sont d'excellents managers, mais le problème que vous avez c'est que l'on ne sait pas qui décide ; moi quand une décision est prise, elle est prise* ».

Ce qui est confirmé par son interlocuteur :

« *On passe peut-être beaucoup trop de temps à faire partager les décisions par tout le monde, et puis de toute façon on a trop de contre-pouvoirs et on perd du temps* ».

Pour d'autres raisons, ce rapport à la décision vaut pour les directeurs de services déconcentrés de l'Etat qui, contrairement aux dirigeants du privé, « sont ici plutôt des chefs d'orchestre de l'action publique dont l'image et la crédibilité dépendent essentiellement de l'interprétation qu'ils sauront donner à la partition musicale imposée » (Rapport sur « l'analyse de l'activité des directeurs des services déconcentrés du ministère du Travail »).

Dans l'administration territoriale, c'est à l'élu qu'appartiennent le pouvoir final de décision et la légitimité politique (Rapport sur « l'activité des dirigeants de la Fonction publique territoriale »). Quant aux dirigeants salariés de l'économie sociale, ils décrivent prioritairement leur activité comme l'application, dans le registre technique, des orientations dessinées par les élus dans le registre politique (Rapport sur « l'activité des dirigeants de l'économie sociale »). Ce mode de présentation de l'activité est au fondement même de la représentation qu'ils se font de la nature de leur activité et de leur source de pouvoir décisionnel :

« *Donc ma fonction, ça consiste à être en rapport avec les élus, soit en réunion de commission, soit suite à un coup de téléphone, pour bien comprendre ce qu'ils ont décidé, et faire redescendre l'information pour que les choses décidées soient appliquées.* »

A l'hôpital, l'espace de la décision du dirigeant est toutefois présenté de manière différente d'un établissement à l'autre.

Pour un dirigeant, la décision est circonscrite à des domaines délimités par d'autres niveaux de décision (le CA, la tutelle) ; pour un autre, des décisions qu'il peut prendre seul peuvent orienter l'avenir de l'établissement et si l'avis du CA est requis, le directeur est en mesure d'orienter l'avis du CA. La décision, même quand elle s'affiche prise individuellement est le fruit d'un processus d'élaboration collectif qui peut varier. Un des dirigeants explicite que les décisions importantes font l'objet d'une élaboration pilotée par la direction fonctionnelle concernée avec en point d'orgue la décision du directeur.

Un autre insiste sur la nécessité de « faire partager » les décisions avec une volonté de travailler au consensus. Pour ce qui concerne les décisions stratégiques, cette conception de partage de la décision est présentée par un directeur comme une condition de réussite.

La fonction de « décideur » est dans le secteur public nettement relativisée au regard de son contexte de mise en œuvre. En revanche, et ceci quelque soit le champ d'intervention, lorsque le dirigeant dépend d'une autorité décisionnaire, il participe le plus souvent à l'élaboration de la décision dans un processus de co-construction.

Sur un autre plan, plusieurs dirigeants font état d'une pression à la décision de la part de leurs collaborateurs. Face à un problème à régler, à des dissensions qui se font jour, le dirigeant est invité à trancher. Si la plupart des dirigeants assument explicitement ce rôle d'arbitrage, certains abordent cette question d'un tout autre point de vue en considérant que le rôle d'un directeur « n'est pas d'arbitrer » ni de tout décider. Ils considèrent alors que beaucoup de décisions peuvent être prises au niveau d'organisation le plus proche de l'identification et du traitement du problème.

A défaut de pouvoir directement décider ou arbitrer dans de nombreux domaines, le dirigeant dispose toujours du recours à des aménagements de l'organisation favorisant l'atteinte de ses objectifs.

1.1.2 Des aménagements organisationnels comme tactiques de contournement

Les modifications explicites du cadre et de l'environnement par des décisions ou des arbitrages officiels étant limitées dans le secteur public, le recours à des tactiques de contournement est privilégié. Il s'agit plus particulièrement d'aménager les situations pour obtenir l'effet voulu.

Différentes tactiques sont ainsi mises en œuvre. Dans les établissements de santé, certaines portent sur l'organisation :

- Face à des médecins qui résistent à un regroupement de leurs services ou qui défendent des intérêts sectoriels, plutôt qu'une logique frontale d'imposition est privilégiée la mise en place d'une structure d'élaboration de la décision à laquelle les protagonistes apportent leur concours. L'existence d'une telle structure est censée éviter l'opposition de face à face entre la direction et les chefs de service, limiter l'expression des intérêts sectoriels, faciliter la recherche d'accords plus collectifs et offre au dirigeant la possibilité d'influencer la décision voire de jouer un rôle d'arbitre.

- Prévoir des circuits où s'élaborent les réflexions sur les décisions à prendre, procède de la même logique.

« Maintenant on ne passe plus un projet en CTE s'il n'a pas été discuté au préalable en conseil de service »

- La création de structures ad hoc de gestion de projets, une nouvelle répartition de responsabilités sont autant d'actions qui permettent d'obtenir indirectement une orientation nouvelle d'activités dans l'établissement.

- Composer une équipe de direction en recherchant une différenciation des compétences et des postures de manière à optimiser son fonctionnement

A propos d'un adjoint :

« Quand on constitue une équipe de direction, il n'y a pas que les qualités intrinsèques de la personne, il y a comment va se confronter cette personne dans l'équipe »

D'autres portent sur la gestion des relations au sein de l'établissement :

- Donner un cadre à la décision pour l'orienter

« Faire participer à la décision tout en faisant en sorte de l'orienter »
- Mettre en place des barrages pour l'accès direct au dirigeant - afin qu'il ne soit pas objet de pression lui-même - en est une autre.

« Le rendez-vous avec un chef de service, il est piégé : il arrive souvent avec de bons projets, c'est difficile de leur dire non » (ne pas être agi)

- Face à des résistances se manifestant à l'égard de nouvelles orientations stratégiques, le repérage et l'isolement des leaders d'opinion adverse évitent la confrontation.
- Introduire une modification en mettant les collaborateurs devant le fait accompli, sans effet d'annonce, permet d'éviter le débat sur la nouvelle option tout en autorisant éventuellement le dirigeant à faire « marche arrière ».

A propos de la création d'une fonction d'adjoint :

« Cela s'est fait progressivement, sans annonce officielle ni modification de l'organigramme »

L'absence d'annonce officielle est à rapporter au fait que le dirigeant considère que cette nouvelle organisation n'est pas encore stabilisée : *« je souhaite vraiment qu'il se mette un peu en position… et pour l'instant je regarde comment il fait ».*

- Filtrer ou modifier une information afin de maintenir un engagement ou une activité constitue une autre voie de cette modalité.

« Les résultats financiers sont encore meilleurs que je ne le pensais (retour à l'équilibre). Mais c'est moi qui recommande (à la directrice des finances) de ne pas les afficher en équilibre, je préfère qu'on ait un petit déficit… A la limite ce n'est pas bon (d'afficher de bons résultats) sur le plan pédagogique parce que ça va justifier des revendications ».

Mais l'inaction, le retard apporté à prendre des décisions, participent aussi de ce type d'activités dirigeantes mises en valeur par les dirigeants.

1.2 Agir sur le sens que les acteurs donnent à leur activité

Une autre manière d'orienter l'activité d'autrui consiste, pour le dirigeant, à produire une offre de significations portant sur l'interprétation de la réalité, le sens à y attribuer, l'activité souhaitable ou attendue, les gratifications ou les pénalisations à en attendre, la valorisation ou la dévalorisation de soi associée. Tout ce qui relève des tentatives d'influence, d'offre de compensation, de coercition, de « manipulation »[10], constitue cette seconde forme d'intervention

1.2.1 Une « force de conviction » relative, au cœur des activités dirigeantes

Les activités qui visent à orienter l'activité des autres en tentant de modifier leurs conceptions ou leurs perceptions de la réalité sont les plus transversalement revendiquées par les dirigeants. Un « bon directeur » est supposé savoir convaincre, amener les autres acteurs à partager ses idées, idées présentées comme les plus pertinentes pour la réussite de l'établissement. Ainsi les énoncés « faire partager les décisions » ou « discuter et emporter les décisions par consensus » ne laisse aucun doute sur l'activité de conviction déployée par le dirigeant. Cette activité langagière, d'offres de significations portant sur les objectifs, les décisions, les moyens à mobiliser, est même considérée comme au cœur de la compétence du chef d'établissement

« Un dirigeant qui n'est pas capable d'expliquer les enjeux, qui n'est pas capable de convaincre ses interlocuteurs de manière claire et nette..., ce n'est pas un bon dirigeant »

Plus que l'offre de signification en tant que telle, c'est bien l'efficace de cette activité qui est alors objet d'évaluation. Or les conditions qui rendent une telle activité efficace ne se trouvent pas nécessairement dans l'activité elle-même. Les enjeux sous-jacents aux représentations des acteurs de l'établissement supposent parfois pour « convaincre » d'utiliser en fait d'autres formes d'activité dirigeante que de simples arguments justifiant l'orientation à prendre.

Lorsque l'intention présentée est celle de convaincre, de modifier des manières de se représenter les visées de l'établissement ou les actions à mener, il est fait parfois référence à la

---

[10] La manipulation renvoie, ici, à toutes formes d'intervention visant à obtenir un comportement d'autrui en l'associant à des images de soi positives ou négatives.

pédagogie. L'activité dirigeante est alors comparée à celle d'un maître ou d'un professeur qui a pour mission de faciliter l'acquisition d'une connaissance nouvelle.

« J'étais toujours dans une relation, on va dire, pédagogique. La pédagogie explique, intégrant à la fois l'empathie pour la volonté d'expliquer, intégrant également la communication pour la clarté du discours et intégrant également l'analyse du différentiel de compétences et de connaissances, surtout la connaissance du sujet dont on parle, c'est-à-dire savoir ce que l'autre ne sait pas, ce que nous on sait et comment on peut fonder le discours sur la base de ce que l'autre est capable de comprendre »

Une telle conception instruit le rapport de celui qui sait à celui qui ne sait pas encore et qui est invité à apprendre et à comprendre ; dans un tel modèle, celui qui n'adhère pas est identifié à un individu qui n'a pas compris. Cette interprétation tient du même coup pour non pertinente tout autre explication de l'absence d'adhésion et notamment la prise en compte des intérêts des acteurs en présence. En terme d'activité du dirigeant, les opérations évoquées sont alors : la simplification, la clarification, la reformulation, l'explicitation… Mais des dirigeants considèrent que la réussite de cette activité est aussi conditionnée par leur capacité d'écoute qui permet de mieux cibler leur explication et leur argumentation. L'un d'eux insiste même sur l'importance de se laisser influencer et convaincre afin d'accroître son efficacité dans cet exercice, la possible réciprocité des influences rendant plus acceptable celle du dirigeant.

Les cibles visées par cette activité dirigeante qui cherche à convaincre sont multiples et marquées par une forte disparité culturelle même si cette activité s'exerce de manière plus intense sur le premier cercle des principaux interlocuteurs du dirigeant

« Je ne vais pas convaincre mille agents, mais après chacun dans son cercle doit en convaincre d'autres »

A l'hôpital, la variété des cultures impose alors un travail de traduction qui suppose d'anticiper la compréhension des messages dans les différents milieux qui cohabitent au sein de l'hôpital.

Le plus souvent, les dirigeants hospitaliers revendiquent volontiers les activités qui visent à orienter l'activité des autres en tentant de modifier leurs conceptions ou leurs perceptions de la réalité. Le travail de qualification des dossiers (voir chapitre 5) opérés par le dirigeant, les priorités données pour le traitement de ces dossiers relèvent de ce type d'activité.

L'activité déployée par le directeur pour orienter l'activité de ses collaborateurs en cherchant à les convaincre se heurte aux convictions établies chez ceux-ci qui, eux-mêmes, tentent d'influencer le dirigeant. Toutefois, derrière l'équilibre apparent des argumentations, la position occupée par chacun des acteurs n'est pas neutre sur le déroulement des échanges et surtout sur leur conclusion. En dernière instance, c'est le directeur qui tranche et c'est bien comme cela que l'entendent la plupart des collaborateurs. La capacité « à convaincre » du dirigeant dans cette relation tient souvent à l'acceptation, par les collaborateurs, d'un ordre dans lequel ils sont contraints.

Lorsque les dirigeants des établissements de santé évoquent la nécessité de convaincre, c'est plus fréquemment dans le rapport à la sphère médicale ou aux autorités de santé. En l'absence de lien hiérarchique, convaincre devient un objectif exigeant. Les dirigeants évoquent alors souvent la recherche du consensus, ce qui ne signifie pas le renoncement à toute tentative d'influence.

« Dans le conseil stratégique, nous on ne vote pas.... On essaie de réfléchir, de discuter et d'emporter les décisions au consensus après réflexion»

Cette activité du dirigeant est à l'œuvre dans les temps d'échange entre la sphère administrative et la sphère médicale. Il ne s'agit plus alors seulement de modifier des conceptions ou des perceptions d'une réalité mais de mettre en perspective des gains ou des pertes possibles pour les interlocuteurs.

Chacune des sphères en présence, administrative et soignante, porte des rationalités et des valeurs spécifiques, ancrées dans des identités professionnelles, qui ne sont pas toujours compatibles. Cela limite la conversion des conceptions d'un « monde » (Boltanski et Thévenot, 1991), à l'autre et rend peu opérante la volonté de convaincre, sinon en montrant la compatibilité des références. Ne pas prendre en compte cette dimension peut conduire à de nombreuses désillusions.

« Si le personnel a le sentiment qu'on le force à faire des choses qui sont contre ses valeurs, que ce sont les mécanismes de facturation qui déterminent les stratégies thérapeutiques, là le personnel va partir »

Pouvoir convaincre dans ce contexte suppose pour le dirigeant de prendre en compte les différentes rationalités, de se montrer consistant dans l'expression de ses valeurs, de créer une relation favorable avec les différents interlocuteurs.

« Il faut convaincre, il faut convaincre que votre dossier est un bon dossier. Si vous n'êtes pas capable de le présenter ou si vous n'êtes pas capable d'écouter ce qu'on vous dit, si vous venez en disant « je suis le plus beau, regardez, j'ai fait un beau dossier », ça ne passe pas. Si on n'est pas capable d'établir un climat de confiance, et bien ça ne passe pas »

Dans les instances qui mettent face à face les différentes sphères de l'hôpital, mais aussi autour des questions qui peuvent opposer la sphère administrative et la sphère médicale, la capacité à convaincre, à faire valoir un point de vue, n'est pas réductible à la force de conviction du seul dirigeant mais aussi à la cohésion de l'équipe de direction.

En définitive, l'activité du dirigeant qui vise à orienter l'activité des autres en tentant de modifier leurs conceptions ou leurs perceptions de la réalité se déploie à différents niveaux mais se trouve en prise avec des activités de même type mises en œuvre par ses interlocuteurs. Ces jeux contribuent à co-construire des significations partagées qui ne couvrent pas l'ensemble des activités de l'établissement de santé et qui n'influencent que partiellement le sens que les acteurs donnent à ces activités.

Tout en cherchant à orienter l'activité d'autrui par la conviction à laquelle il essaie de le faire adhérer, le dirigeant mobilise souvent une autre activité visant le même effet en faisant référence, explicitement ou implicitement, à des gains ou à des pertes possibles qu'il peut provoquer.

1.2.2 Des offres de transactions et des menaces de coercitions plus ou moins mobilisables

Les activités dirigeantes qui visent à orienter l'activité des autres par la mise en relation arbitraire de celle-ci avec des gains et des pertes pour ceux-ci, sont revendiquées de manière différenciée selon les contextes d'intervention. Pour les dirigeants du secteur privé, ces modes d'engagement de l'activité d'autrui sont au principe même d'une relation fondée sur le contrat de travail et une logique de la transaction. Dans ce contexte, la relation hiérarchique du dirigeant s'exprime avec une forte légitimité. Ceci est d'autant plus vrai lorsque le chef d'entreprise est à la fois dirigeant et actionnaire principal. L'expression du pouvoir personnel du dirigeant prend volontiers un tour direct pour marquer les exigences auprès de ses collaborateurs. Pour les dirigeants du secteur public, ces modalités d'intervention sont moins mises en avant : compensations comme coercitions semblent plus difficiles à utiliser.

Les dirigeants publics disposent, de par leur statut, d'une capacité réelle de sanctions positives ou négatives. Cependant cette capacité est présentée comme peu mobilisée, voire mobilisable, pour orienter l'activité des acteurs de l'établissement alors qu'elle pourrait permettre de valoriser les investissements importants dans le travail consentis par certains agents, de pénaliser les comportements de retrait d'autres agents, ou encore de sanctionner les comportements préjudiciables à l'institution. Dans les faits la capacité de sanctions des dirigeants est marginale et très contrainte. Les dirigeants expriment d'ailleurs souvent le regret de ne pas pouvoir récompenser davantage ou éventuellement sanctionner, voire se séparer d'un agent, si nécessaire. Pour un des directeurs, l'impossibilité de recourir à la compensation rend parfois difficile la mobilisation d'agents à l'occasion d'une réforme alors que ces agents ont le sentiment qu'on leur en demande toujours plus. A l'inverse, sauf cas exceptionnel, l'impossibilité pour un directeur de se séparer d'un agent, s'il n'est pas volontaire lui-même pour une mutation, est maintes fois évoquée. Le pouvoir des syndicats et la prévention des autorités publiques et des responsables politiques à l'égard d'une possible médiatisation du conflit sont des causes identifiées de la prudence des dirigeants qui anticipent les conséquences de leur possible décision, en renonçant à sanctionner, afin de ne pas se retrouver eux-mêmes en difficulté.

Un dirigeant territorial exprime très explicitement cette position : *« on a le statut de la fonction publique, c'est-à-dire que mes collaborateurs je ne peux pas les mettre dehors, donc je suis dans une situation où je les fais produire, je peux les pousser à faire une mutation bien sûr mais c'est très limité », « ça m'est arrivé dans ma carrière souvent de porter des choses très désagréables vis-à-vis des personnels, des organisations syndicales, et quand je regardais les appuis que j'avais, ils n'étaient pas là quoi, ils étaient peu là »*

Cette situation n'empêche pas les dirigeants d'intervenir sur un mode prescriptif et de faire jouer leur autorité hiérarchique lorsqu'ils le jugent nécessaire et même si beaucoup insistent sur le caractère secondaire de ce mode d'intervention.

Un dirigeant territorial le revendique directement : *« Je commence par rechercher l'adhésion aux objectifs et, si nécessaire, j'exerce un rapport d'autorité, je crois beaucoup au rapport d'autorité », « à un moment donné, il faut dire « exécuter », il y a un patron ».*

L'activité consistant à donner des prescriptions et des injonctions a pu être observée sur quasiment l'ensemble des terrains, essentiellement dans les rapports aux collaborateurs directs.

« Je voudrais voir le contenu ensemble en termes de pourcentages d'avancement. Je veux qu'on voie ça en petit comité avant le passage en interne. »

« Tout ce qui ne sera pas facturé un trimestre sera perdu... On va leur redire mais ce n'est plus possible ; maintenant il faut faire un suivi mois par mois ».

Toutefois, les diverses formes prises par ces interventions mettent souvent en évidence la prévention que développent les dirigeants à l'égard d'une expression trop explicite de la pression.

« *On fait la lettre…* », « *On va dire à E. de les rencontrer…* », « *On ouvre pour le 29…* »

La forme impersonnelle « <u>on</u> » vient atténuer l'effet de l'injonction en soulignant son caractère institutionnel et ses effets d'engagement mutuel.

« *Si tu peux passer un coup de fil à M. P. …* »
« *Il serait bien que M. M. fasse une note sur…* »
« *J'aimerais mieux que ce soit toi qui présentes…* »

Les demandes exprimées ici par le dirigeant à l'égard de ses collaborateurs, prises dans leur contexte, ne laissent guère de doute sur la nécessité pour ces derniers d'y apporter réponse. Si la sanction encourue est tout hypothétique, ne pas répondre à la demande comporte malgré tout un risque. La limite donnée aux sanctions mobilisables ne suppose pas qu'il n'en existe aucune, notamment la mise à l'écart de responsabilité, le retard apporté à des avancements… Les éléments modérateurs du discours (« si tu peux… », « Il serait bien… », « J'aimerais mieux… ») permettent d'atténuer une expression qui pourrait être perçue comme ouvertement autoritaire. Si l'autorité peut s'exercer sans qu'il soit nécessaire de contraindre, dans des espaces de légitimité reconnue, cela n'implique nullement l'absence de référence à des pressions implicites relatives à l'inscription dans une relation de dominance, ici instituée par le statut. Aux offres de signification portant sur l'activité attendue et l'obligation de s'y engager, vient simultanément s'y adjoindre une troisième relative à la liberté du destinataire. Moins qu'une injonction paradoxale, ce mode d'intervention vient préserver l'image de soi du destinataire en lui évitant une confrontation trop directe à sa nécessaire soumission.

Lorsque la relation n'est plus hiérarchique, les modes d'intervention se modifient. A l'hôpital, la comparaison du nombre d'injonctions prononcées par le dirigeant dans le comité de direction (ne comprenant que des cadres administratifs) et dans le conseil stratégique (composé pour moitié de cadres de direction et pour moitié de chefs de service médicaux) confirme que le dirigeant sélectionne des modes d'action différents dans chacune des sphères.

Dans les rapports à la sphère médicale, les logiques de transactions sont privilégiées par les dirigeants hospitaliers. Des accords sont passés dans les pôles et les services ; en contrepartie d'une nouvelle organisation, il leur est proposé des avantages pour que chacun puisse s'y retrouver, « c'est du donnant donnant ». Avec la sphère médicale, le dirigeant est dans un rapport d'égal à égal et à défaut de pouvoir convaincre, il doit être en mesure de négocier en prenant en compte les intérêts des services médicaux concernés. Les contreparties peuvent être de différentes natures : un nouvel équipement en cours d'achat, une anticipation d'un recrutement de médecin, une nouvelle organisation… Parfois, l'absence de compensation rend plus difficile la participation de tel ou tel chef de service.

« Il faut qu'ils puissent sortir la tête haute, avec une compensation, qu'ils ne soient pas contraints, forcés, battus, c'est du donnant donnant, c'est du gagnant gagnant. »

Compte tenu des nouveaux modes de régulation de l'hôpital et de la place reconnue au corps médical dans les instances, le dirigeant se trouve obligé de faire des concessions s'il veut obtenir des appuis pour faire valoir ses projets pour l'hôpital, pour que « ça passe » (voir chapitre 5).

1.2.3 Des usages différenciés de manipulation en fonction des contextes et des personnes

Les activités dirigeantes qui visent à orienter l'activité des autres par la mise en relation de leurs images de soi ou de leurs caractéristiques identitaires avec cette activité, sont plus controversées et le plus souvent non conscientisées et donc non revendiquées. Des dirigeants expriment leur prudence à intervenir sur ce registre ou en délimitent les conditions, singulièrement lorsqu'il s'agit de renvoyer des images négatives.

« Faire attention à ce qu'il ne perde pas la face », « Je ne veux surtout pas l'abaisser. » (Dirigeant établissement de santé)

« Avec le pire des collaborateurs, il faut que je produise, il faut qu'il avance. Si je le mets en cause devant l'ensemble de ses collègues, je l'abaisse, je sais qu'il va être en réaction d'hostilité vis-à-vis de moi, donc je

ne pourrai rien en tirer après, ne rien en tirer, ou une haine personnelle, une rancune personnelle » *(dirigeant collectivité territoriale)*

Le caractère privé de l'interaction semble toutefois rendre plus acceptable une intervention de ce type.

Par contre, dans un face à face, tout peut se dire : « je peux être amené à lui dire des choses désagréables, on est entre quatre yeux et sans témoin, donc la relation est complètement différente. On est entre hommes à ce moment-là, il peut me répondre, il doit me répondre mais la mise au point se fait » (dirigeant collectivité territoriale)

Valoriser les personnes, mobiliser des images positives, afin de les engager dans une activité, fait partie du discours managérial dominant et pour autant ces interventions sont rarement revendiquées par les dirigeants comme une modalité d'action sur l'activité d'autrui. Sans doute faut-il y voir une intuition concernant les conditions d'efficacité de ce mode d'action : une valorisation attachée trop directement à l'intérêt perçu de celui qui l'énonce perdrait en crédibilité. Dit autrement, la valorisation peut orienter l'activité d'autrui à condition qu'elle n'apparaisse pas trop instrumentale. Ainsi la valorisation des personnes pour susciter leur motivation peut être revendiquée au nom du besoin de reconnaissance sociale de tout individu mais ce même type d'action pour susciter une activité particulière est moins publiquement défendable car elle apparaitrait clairement comme une tentative de manipulation.

Les observations montrent que les dirigeants peuvent être très attentifs dans leurs interventions à valoriser les personnes. Tel dirigeant territorial, lors de la réunion des chefs de services, va saluer chaque participant (une trentaine de personnes), il remercie les présentateurs des différents sujets, voire souligne les compétences des intervenants en introduction à ceux-ci

La mise en relation des images de soi et de l'identité avec l'activité à produire est aussi à l'œuvre dans les logiques d'identification suscitées par la posture du dirigeant. Ainsi en est-il du charisme revendiqué comme un mode d'action sur l'activité d'autrui par certains dirigeants.

Le charisme est présenté comme « ce qui fait la différence entre un bon directeur et un autre » mais dont les ressorts sont indicibles (« on ne sait pas exactement ce qu'il a en plus »)[11].

L'effet d'entraînement opéré par le dirigeant charismatique ne s'appuie pas sur une rationalité mais sur une croyance et sur l'effet d'identification suscitée auprès de ceux qui le suivent. Leur activité se trouve ainsi modifiée par une adaptation liée à leur dynamique identitaire.

De même, une forte identification attendue à l'entreprise, l'engagement des acteurs autour des valeurs de l'entreprise, sont des facteurs favorables au développement de la manipulation par mobilisation des images de soi des acteurs en présence. Dans les PME étudiées, certaines relèvent de cette mise en contexte.

« Importance de l'ambiance, on est envié pour la bonne ambiance, ici on se tutoie tous, sauf la comptable, on fête les anniversaires de l'entreprise, à l'occasion on va en vacances avec l'ensemble des salariés et leur conjointe dans tel ou tel pays… On fait aussi des repas de Noël, des barbecues ensemble ! Cette façon de manager pour l'instant ça marche bien. »

Au total, les activités du dirigeant qui vise à orienter l'activité d'autrui par la mise en relation de l'activité attendue avec son image de soi ou son identité sont inégalement distribuées. Elles mobilisent des images positives comme des images négatives alors que l'usage de ces dernières est plus soumis à controverse. Elles peuvent être directes ou s'appuyer sur une adhésion identitaire à l'établissement en y associant des valeurs positives ou négatives.

« On a du retard (par rapport aux autres)*, on n'est pas bon. »*

« On se fait rouler par les cadres. »

« On est un établissement pilote, on ne peut pas ne pas y être » (dans la nouvelle gouvernance).

Sur un autre plan, le renvoi constant d'images négatives, non compensé par des images positives, est perçu comme peu opérant pour mobiliser l'activité d'autrui.

---

[11] La définition donnée par Max Weber (1971) du charisme va dans ce sens : qualité extraordinaire, réelle ou supposée, ou encore prétendue.

« Il ne sait pas féliciter les gens… Il faudrait être aussi bon dans la remontrance que dans la congratulation. Les gens ne retiennent que les images négatives renvoyées. »

Par ailleurs, certains appels à la responsabilité peuvent contenir implicitement une pression sur l'image de soi de l'interlocuteur.

« Chaque fois que l'un d'entre nous prend une décision, il engage l'ensemble » (à propos de l'attribution des postes).

Enfin, l'adhésion identitaire favorisée par le charisme du dirigeant peut être favorable à l'engagement de l'activité des collaborateurs dans le sens souhaité par le dirigeant.

« Il a un certain talent pour emporter l'adhésion, une force de conviction. Il fonctionne à l'enthousiasme, il joue beaucoup sur l'affect, l'émotion »

Les dirigeants mobilisant les pressions sur l'image de soi des collaborateurs paraissent très sensibles à la propre image qu'ils construisent pour autrui. Le recours privilégié à ce mode de mobilisation de l'activité d'autrui pourrait être recherché dans l'histoire personnelle du dirigeant.

2. Les actions, à la périphérie de l'organisation, engageant l'activité de travail

Si l'activité du dirigeant se déploie à l'interne en visant à engager l'activité des acteurs de l'organisation, une part plus ou moins importante de cette activité, selon les dirigeants, se réalise à la périphérie, dans l'interface avec les instances politiques de l'organisation, les organismes qui la contrôlent, les entités externes dont elle dépend ou plus globalement dans l'environnement où s'exerce l'activité de l'organisation. L'activité du dirigeant dans ces différents espaces engage l'activité de travail en même temps qu'elle renforce la légitimité de son activité dirigeante.

2.1 Agir sur des espaces de légitimation de l'activité dirigeante

Les conditions d'efficacité de l'activité dirigeante tiennent pour partie à des activités périphériques déployées par le dirigeant qui lui assurent la crédibilité et/ou la confiance nécessaires auprès des acteurs internes de l'organisation. Ces activités périphériques sont très marquées par les contextes dans lesquels la dirigeance s'exerce et peuvent se décliner dans différents espaces de reconnaissance.

2.1.1 L'espace du local et de l'intime

Le dirigeant de PME tire une partie de sa légitimité de l'inscription de son action dans l'espace local. Les emplois qu'il réussit localement à développer ou à maintenir participent à l'économie locale et renforcent la reconnaissance sociale dont il bénéficie. Il n'est pas rare de voir un chef d'entreprise accéder à la fonction de premier magistrat de sa commune. Le dirigeant se trouve ainsi inséré dans un réseau dense de relations de proximité (familiales, de voisinage, d'amicalité) qui impacte jusqu'au recrutement de l'entreprise. « Comme le disent explicitement certains chefs d'entreprise qui pratiquent ces recrutements de « proximité » (relations personnelles et/ou familiales), il est important de savoir d'où « on vient » » (Rapport sur « l'activité des dirigeants de PME »). Mais si cet enracinement accroit l'emprise du dirigeant sur la communauté locale et les salariés de l'entreprise, il implique aussi des exigences en termes de responsabilité du chef d'entreprise. « Ils ne peuvent se conduire de façon arbitraire avec leurs ouvriers sans s'exposer à la réprobation du groupe local auquel ils appartiennent » (Noiriel, 2003). Toutefois ce contexte autorise le dirigeant à développer des interventions très directes à l'égard de ses salariés, en même temps que, parallèlement, se dissolvent les frontières entre différentes sphères : travail/loisirs, vie publique/vie privée, entreprise/famille…

"J'ai un management très direct en fait. Mais très père de famille. Ce qui m'autorise aussi à gueuler quand ça ne va pas. C'est resté une

entreprise familiale. Une fois que l'on a terminé une journée de travail, si on fait une petite réunion formelle ou informelle, ça peut très bien être trois ou quatre gars qui arrivent un peu tard le soir, tout le monde est content, c'est la fin de la journée, on va venir boire un coup ici, une petite bière, l'apéro, on va discuter de tout et de rien, tous les anniversaires, on les fête, Noël, Pâques, la galette des rois, tout ce qu'il y a à fêter, on essaie de le fêter autour d'une petite réunion et on boit un coup".

Ces activités peuvent aussi se dérouler hors de l'entreprise et se déployer sur tous les registres de la sphère privée (mariage, pique-nique avec les salariés et leur famille, voyage, etc.).

Les liens étroits construits entre le dirigeant et ses salariés dans un « rapport de patronage » (Rapport sur « l'activité des dirigeants de PME ») conduisent celui-ci à faire bénéficier ses derniers d'avantages divers. « Ces pratiques prennent soit des formes monétaires (avance sur salaire en cas de difficulté financière, dons à des associations locales), soit la forme d'avantages extra-salariaux : coopératives alimentaires, distribution à bas prix de marchandises produites par l'usine (vêtements, plats cuisinés, chaussures, déchets de l'industrie du bois) » (ibid.).

Tout cela contribue à renforcer une fidélité recherchée à l'entreprise :

« *On a fêté les 40 ans de l'entreprise cette année, les gens ont pour la plupart 20 ans de maison. Pas de turn over - bonne ambiance et salaire meilleur qu'ailleurs.* »

Au final, le dirigeant de PME trouve dans l'espace local et ses réseaux, des ressources pour renforcer sa légitimité au sein de son entreprise et rendre plus efficace son activité dirigeante.

2.1.2 L'espace du politique par procuration

Les dirigeants du secteur public tirent leur légitimité, d'agir au nom du politique. Le dirigeant représente le politique dans l'organisation et porte ses exigences.

« *Je connais le programme du Président, je sais quelle est sa commande politique, à partir de cela, eh bien, le DG il met en œuvre, et puis c'est tout. Enfin, pour moi, le mandat, c'est pas autre chose !* »

« *Le mode de rapport élu / administration suppose que quand une politique est engagée, il faut mettre en place un travail pour adapter le dispositif administratif »*

L'identification au politique conduit aussi le dirigeant à investir plus directement cet espace d'orientation de l'entité qu'il dirige.

« Gardien de l'administration, j'entends bien, et qui dirige d'abord une administration, mais il faut aussi être en magistrature d'influence, en conseil auprès d'un élu, qui nous fait confiance et avec qui on crée une complicité parce qu'on a des objectifs communs pour mener le projet du territoire, voilà en résumé ce que je pense de ce métier et de la manière de l'exercer. »

Mais si le dirigeant investit cet espace, c'est aussi souvent au nom d'autres espaces politiques dont les prescriptions sont cristallisées dans les lois et règlements qui s'imposent à l'élu.

« Mon rôle se caractérise par le lien (qui relève d'apprendre à travailler ensemble) et la loi (la réglementation à faire connaître). Pour protéger le Maire, les élus et la collectivité également. »

« Je suis l'homme sécuritaire, en termes juridiques, financier, de prospective, y compris contre le Président qui m'a confié lui-même cette fonction. »

« Nous sommes un contrepoids, ce que nous permet le statut de la fonction publique territoriale. Sans cela, c'est le Far West ! ... On a une capacité de résistance, de protection des élus contre eux-mêmes, de protection des citoyens. »

Ce positionnement du dirigeant est particulièrement lisible dans l'administration territoriale où la proximité du dirigeant avec l'élu est très étroite. Il se traduit différemment dans l'administration déconcentrée de l'Etat où les dirigeants gardent des marges de manœuvre pour ne pas être de simples exécutants des politiques de l'Etat. Une des modalités consiste à tenter d'influer en amont les directives qui s'imposeront à leur service, notamment en participant à des groupes de travail organisés par le ministère.

« Je préfère participer à ces groupes de travail, même si parfois je perds un temps fou dans ces déplacements qui ne sont pas toujours productifs, parce que je pense que c'est pour nous la seule manière de limiter les dégâts... »

Cet investissement de l'espace de la décision politique par les dirigeants censés la mettre en œuvre se retrouve chez les dirigeants de l'économie sociale même s'il s'agit ici de la politique de l'institution.

« Il y a un schéma qui serait assez simple à avoir : les élus ce sont des décideurs, ils se réunissent et ils décident. /.../ Et une fois qu'ils ont décidé, les directeurs et les services appliquent leurs décisions. Et quand on a dit ça, ce n'est pas forcément si simple que ça. »

A l'inverse, la tentation est grande pour les élus de diriger directement l'administration lorsque les conditions de proximité le permettent.

« On n'a quand même pas ce schéma ici, dans les conseils généraux, d'abord les élus ne sont pas présents au quotidien, et autant dans les villes des élus ou des adjoints veulent jouer le rôle de chef de service, quoi, et ça, ça marche jamais, parce que ces mêmes élus interdisent aux cadres de faire de la politique mais ces mêmes élus jouent le rôle et veulent prendre parfois le rôle du chef de service, et ça, ça marche jamais non plus. »

Les dirigeants territoriaux sont très jaloux de leurs prérogatives, particulièrement lorsqu'il s'agit des relations avec leurs subordonnés.

« Il avait injustement attaqué le DGST. Comme je n'étais pas arrivé à en reparler avec lui, qu'il ne voulait pas en parler, j'ai joué autrement ma riposte, à travers un communiqué de presse ; je me suis servi du prétexte des critiques des élus pour défendre les services. Ah je ne me laisse pas faire ! J'ai un tempérament sanguin, une dimension combative, pas pour le conflit, mais je ne tolère pas les critiques injustifiées. En municipalité, quand le Maire ou les adjoints titillent les services, je peux sortir de ma réserve, je ne laisse pas dire des reproches sans fondement. »

Le dirigeant renforce ainsi sa position à l'égard du responsable politique en même temps qu'il gagne du crédit auprès de ses collaborateurs.

2.1.3 L'espace des interfaces floues

L'engagement présent ou passé de dirigeants dans différentes sphères d'activité (professionnelle, associative, syndicale), peuvent avoir, à l'initiative ou non du dirigeant, un impact sur l'activité dirigeante.

Les dirigeants de l'économie sociale, anciens militants syndicalistes ayant gardé pour certains d'entre eux des responsabilités dans des instances externes, peuvent ainsi se trouver en porte à faux dans leur fonction de gestion des personnels ou dans le rapport avec les élus de leur organisation. Ils peuvent aussi y trouver des ressources.

« Ou alors vous êtes en conflit permanent avec eux, alors en plus c'est la CGT, et moi je viens de la CGT, donc si vous êtes en conflit avec eux, vous êtes le traître de la CGT, parce que vous n'êtes pas d'accord avec eux »

Un directeur d'hôpital, syndicaliste, s'est trouvé à gérer simultanément ces rôles face aux syndicats de l'hôpital.

« J'avais, je n'ai plus, des responsabilités syndicales relativement importantes et donc je me suis retrouvé, alors que j'étais ici depuis trois mois, dans les négociateurs du protocole Aubry, mais côté syndical. Alors les syndicats étaient complètement perturbés. Ils avaient un directeur syndicaliste qui se battait contre son propre ministre », *« je suis passé à la télé, les gens étaient plutôt contents : on parlait d'eux pour une fois et pas forcément en mal »*, *« après, ça s'est retourné contre moi très vite puisque sont arrivés les 35 heures où j'ai eu une position relativement dure»*, *« ils se sont aperçus que moi, une fois que la RTT était montée, j'étais directeur non pas syndicaliste »*.

En tant que directeur, il vise particulièrement à appliquer la loi sans mettre l'hôpital en difficulté financière mais il a aussi le souci de mettre fin aux multiples avantages particuliers de différents corps d'agents, avantages qu'il considère comme des privilèges. A ce niveau les deux rôles sont moins incompatibles : c'est au nom de l'équité qu'il demande une mise à plat des avantages acquis à l'occasion d'un nouvel avantage collectif qu'il a contribué à négocier.

En tant que syndicaliste il a pris position avec son syndicat sur une application de la mise en place des pôles dans cette spécialité déjà organisée en territoire d'intervention. Dans un premier temps la loi prévoyait une simple officialisation de cette organisation par « territoire ». *« Ils savent en plus ici que c'est moi qui ai fait changer cette phrase »*. Le texte définitif prévoit que le pôle peut être un « territoire », ce qui laisse ouverte la possibilité, en fonction des contextes, d'adapter localement l'organisation en pôles. Derrière cette disposition apparemment sans grande portée, c'est le centre de décision de la nomination des chefs de pôles qui se déplace du ministère aux instances de l'hôpital, c'est la position des syndicats médicaux pour cette spécialité qui se fragilise :

« Les syndicats médicaux appellent le président de la CME pour lui dire que si jamais il accepte de regrouper des « territoires » en pôles, c'est un traître par rapport à la profession, il le vit très mal. C'est un gros enjeu… Ce qui se joue c'est le pouvoir des syndicats médicaux. Actuellement qui nomme les chefs de « territoire » ? C'est les syndicats médicaux au ministère… Là, d'un seul coup, les responsables de pôles seront nommés par le directeur et le président de la CME ». Cette situation met une pression très forte sur la négociation interne à l'établissement : *« il y en a plein qui attendent pour voir ce qui va se passer ici. Et si jamais on réussit ici à regrouper plusieurs « territoires », les collègues ils m'ont dit : « C'est bon, on te suivra, si tu n'y arrives pas », ils me disent « C'est fini, on est tous plantés ».*

La conduite de la définition des pôles au sein d'un établissement intègre finalement des enjeux d'une sphère d'action d'un niveau supérieur qui complexifient l'activité dirigeante.

La participation à des associations professionnelles, à des groupements divers, des comités ou des instances ministérielles accompagnant des réformes peuvent de même servir à renforcer la légitimité du dirigeant public au sein de son organisation.

« J'ai beaucoup de rapports extérieurs par rapport à d'autres… ça me prend du temps, beaucoup de temps », « Je me greffe toujours quelque chose en plus ». « Mais est-ce qu'on peut aujourd'hui avancer si tous les jours on n'essaie pas de développer des trucs, je ne suis pas sûr ».

L'efficacité de l'action du dirigeant passe ici par de multiples voies qui sont censées la renforcer.

Pour les dirigeants de PME, l'appui sur des réseaux, le plus souvent locaux, sert à d'autres fonctions liées au développement de l'entreprise. « Qu'il s'agisse d'obtenir un financement, de choisir le lieu d'implantation de son entreprise, d'opter pour de nouvelles technologies ou encore de modifier ses méthodes de gestion, on s'aperçoit que divers cercles sociaux (familiaux, amicaux, professionnels, institutionnels) sont sollicités par les patrons et conditionnent leur niveau d'information au moment de la décision. » (Rapport sur les dirigeants des PME).

2.2 Agir sur les orientations de l'activité de travail

Le dirigeant de PME oriente directement l'activité de son entreprise, même s'il s'entoure d'avis de son entourage immédiat. A l'inverse, le dirigeant public, comme le dirigeant de l'économie sociale, dépend de décisions prises par des élus[12]. Sur tous les terrains, nous avons pu constater que ces dirigeants essaient d'orienter la décision politique dans le sens de ce qui leur paraît favorable à l'organisation. L'activité déployée par les dirigeants consiste alors à tenter de modifier la perception des responsables politiques sur l'activité de l'organisation ou de modifier le contexte de la décision ; trois formes d'intervention ont pu être identifiées : la conviction, la dissuasion et l'aménagement de l'environnement de la décision.

2.2.1 La voie de la conviction

Les tentatives d'emporter la conviction des décideurs politiques sont nombreuses et s'expriment sous différentes formes. Toutefois, le dirigeant est censé rester dans son rôle et ne pas trop apparaître comme celui qui se substitue à l'élu dans la détermination des orientations.

« Il faut utiliser la pédagogie, faire la formation des élus dans certains domaines et trouver une façon de fonctionner ensemble.

Par contre, il ne faut pas donner l'impression aux élus qu'ils sont cornaqués ! Même si c'est un peu le cas... »

Le sentiment de ne pas tenir suffisamment ce rôle peut être ressenti comme une carence dans l'activité du dirigeant.

« Actuellement, je trouve que nous on n'est pas assez force de

---

[12] Cela pourrait être le cas d'une grande entreprise disposant d'un conseil d'administration représentant les actionnaires.

propositions parce que le staff technique, à commencer par le directeur, on est tellement accaparé par le quotidien qu'on est de moins en moins source de propositions. Si on ne nous amène pas ces propositions, on a un appauvrissement de l'activité au final, il faudrait qu'on alimente plus nous la réflexion de nos élus. »

Lorsque les dirigeants ne sont pas en contact direct avec les responsables politiques, ce qui est le cas des directeurs des services déconcentrés de l'Etat, cette stratégie s'exerce dans le cadre de la participation à des groupes de travail organisés par les ministères. « Ces participations révèlent souvent une posture du dirigeant qui cherche à peser le plus en amont possible sur les décisions qu'ils devront appliquer ultérieurement. » (Rapport sur « l'analyse de l'activité des directeurs des services déconcentrés du ministère du Travail »).

C'est le plus souvent au nom de son expertise professionnelle spécifique que le dirigeant justifie ses tentatives de convaincre les décideurs politiques. Toutefois cet argument se trouve fragilisé face à des décideurs qui ont développé ces compétences techniques.

« Les élus peuvent avoir tendance à se situer dans la mise en œuvre de l'action : « les élus sont devenus trop professionnels » comme peut en témoigner « le langage techno des élus ».

Si la voie de la conviction est fréquemment utilisée, son usage est balisé par la répartition acceptable des rôles entre dirigeant et décideurs, et son efficacité dépend pour partie de la dissymétrie d'informations, voire de compétences, entre eux.

« La répartition des rôles peut être flottante, le dirigeant essayant d'influencer la décision finale : « vous avez un travail de conviction vous-mêmes qui consiste à discuter avec les élus pour leur dire « vous poussez un peu » ou « est-il vraiment nécessaire de faire cette dépense ? »... ; « vous n'êtes pas au bout décideur mais vous êtes au-delà de votre fonction ».

Des pratiques de conseil, d'aide à la décision, aux pratiques de dissuasion, la frontière peut être ténue.

2.2.2 La voie de la dissuasion

A défaut de pouvoir participer directement à la définition des orientations de l'entité qu'il dirige, le dirigeant peut tenter de s'opposer à des orientations annoncées par le décideur qui lui semblent conduire à un impact négatif. Une des modalités consiste pour le dirigeant à faire valoir les risques que prend le décideur s'il persiste dans son orientation.

« Vous dites qu'il faut enlever des crédits à la culture, puisque ce n'est pas notre compétence, très bien ; il faut enlever les crédits aux sports, ce n'est pas notre compétence, très bien ; d'abord, Monsieur, il va falloir expliquer ça aux élus dans votre canton, quand même, parce que quand vos Maires, de vos communes, pour lesquelles vous êtes conseiller général, vont déposer un dossier sur le plan culturel, sur le plan sportif, il faudra que vous leur disiez vous, par écrit, que vous avez demandé au Conseil Général, de ne plus subventionner, premièrement ; et deuxièmement, si je vous écoute, ça veut dire que l'on a des postes à supprimer, puisqu'on va perdre un pan d'action et de compétences, êtes-vous d'accord pour voter à la séance publique, la suppression de 300 postes au Conseil Général ? C'est-à-dire qu'on licencie 300 personnes ! Si on va jusqu'au bout de votre logique, je suis désolé, ce n'est pas autre chose que cela'. Terminé, on n'en a plus reparlé. »

Cette intervention mettant en perspective toutes les conséquences négatives d'une décision, voire d'une non-décision, et qui en l'occurrence s'avèrent efficaces, pourrait être nommée « tactique du faire peur ». On la retrouve à d'autres niveaux de l'organisation et pas seulement dans la relation dirigeant/décideur.

Une autre modalité de dissuasion consiste pour le dirigeant à entrer dans un rapport de confrontation et à assumer un conflit ouvert au risque de la rupture.

« A propos d'un plan d'urgence de la démolition d'une tribune. On était en plein désaccord, mais je n'ai pas cédé. Je lui ai dit 'je te préviens, je ne lâche pas !'. Et la suite a montré que j'avais raison de tenir, il fallait le faire, les risques étaient grands d'avoir un accident on l'a vu avec le stade de Furiani ».

Les pressions exercées sur les décideurs pour qu'ils renoncent à engager l'entité dirigée dans une orientation non voulue par le dirigeant peuvent s'adosser à des cadres réglementaires renvoyant à d'autres niveaux de régulation politique : l'Etat, l'Europe. Le dirigeant se trouve alors dans la position d'opposer une légitimité politique à une autre.

2.2.3 La voie de l'aménagement de l'environnement de la décision

Afin de se garantir de décisions difficiles à mettre en œuvre, le dirigeant peut tenter de modifier les conditions dans lesquelles va se prendre la décision.

« Et puis des fois il y a des décisions qui ont été prises, et par nature (il n'y a aucune critique dans ce que je vais dire dans cet entretien parce que comme j'ai été moi-même élu de comités d'entreprises, je sais un peu de quoi je parle), mais par nature les élus vont prendre des décisions sans se poser la question si c'est réalisable voilà, on prend une décision, ils appellent souvent ça une décision politique et en gros une fois qu'on a pris une décision démerdez-vous pour la mettre en application, des fois c'est possible, des fois ça l'est moins alors, puisque j'assiste aux réunions où il y a les décisions, il m'arrive très souvent de dire « alors là attendez ce que vous proposez est irréaliste, soit en terme de délais, soit... »

Dans ce cas particulier, le dirigeant fait en sorte d'animer les commissions préparatoires à l'instance de décision auxquelles participent les élus et les cadres.

« Les salariés qui travaillent sur les vacances vont être associés dans les commissions ; cela n'a pas toujours existé ça mais petit à petit on a considéré que la commission elle travaillerait mieux si elle avait compris ceux qui au quotidien, travaillent dans ce secteur d'activité. Donc, ils sont déjà bien informés parce que ce qui, en principe, est proposé par les commissions, il y a des petits ajustements, mais c'est rarement blackboulé à 100%, mais une fois que ces commissions sont réunies le bureau se réunit, moi j'anime le bureau ».

Ainsi la décision « politique » se trouve bien encadrée et les conditions d'une coproduction de l'action se trouvent réunies.

L'aménagement de l'environnement de la décision peut aussi consister à développer une activité qui implique des acteurs influents étrangers à l'établissement. Ainsi en est-il de ce directeur d'hôpital prenant l'initiative de créer une fondation pour développer la recherche dans son établissement. Cette initiative vient appuyer le projet de transformation de l'établissement en hôpital de référence de niveau national, dans sa spécialité. Il y a impliqué des personnalités influentes. Le développement d'une structure parallèle à l'établissement qui a des relais politiques est une autre manière détournée pour agir sur le devenir de l'établissement.

Conclusion

Les modes d'engagement de l'activité de travail que mobilise le dirigeant sont multiples, dépendent des contextes, s'exercent au sein de l'établissement mais aussi dans l'interface avec les décideurs politiques (secteur public et associatif), voire par la mobilisation de réseaux périphériques. Les formes possibles d'activité visant à orienter l'activité des autres ne sont pas toutes présentes dans les activités de chaque dirigeant et n'ont pas toutes le même poids relatif pour chacun d'entre eux. Les choix opérés des modalités d'intervention à ce niveau ne font pas toujours l'objet d'un calcul tactique particulier.

Cette activité est déterminée par le contexte spécifique dans laquelle elle se met en œuvre mais aussi par la posture spécifique de chaque dirigeant. Elle fait l'objet d'un discours de justification, qui informe plus sur les normes dominantes du milieu que sur les intentions du dirigeant. L'activité dirigeante, telle que nous avons pu l'objectiver[13] sur les différents terrains, ne recouvre qu'en partie la conception qu'en affichent les dirigeants. Les écarts sont à interpréter au regard des conceptions dominantes du rôle du dirigeant, des enjeux spécifiques de l'établissement, de la posture du dirigeant en relation avec sa propre histoire, des conditions de construction de sa légitimité. En revanche, l'activité dirigeante fait peu l'objet de réflexivité. D'où le mythe d'une dirigeance guidée par l'instinct du dirigeant et déterminée par ses qualités intrinsèques.

Chacune des modalités mises en œuvre dans l'activité dirigeante tient de même son efficacité de multiples effets de contexte (légitimité, lien relationnel, rapports sociaux, culture de l'établissement, idéologie dominante... – voir chapitre 7).

---

[13] Les faits ont été établis par triangulation en croisant des données d'observations, de témoignages, de traces de l'activité.

L'activité d'engagement de l'activité d'autrui s'avère être réciproque aux deux termes de toute relation hiérarchique. Là encore, les effets de contextes prennent toute leur place dans les conditions de son efficacité, mais aussi la possibilité de transposer des effets de légitimité d'une sphère sociale à une autre. L'inscription dans des réseaux, l'investissement dans des rôles sociaux multiples, dont les effets peuvent être sensibles d'une sphère à l'autre, en constituent des supports.

De « l'exercice du pouvoir » aux « modes d'engagement de l'activité de travail »

Aborder la question des modalités par lesquelles un individu tente de modifier le comportement d'un autre renvoie, le plus souvent dans les sciences de l'homme, à la question du pouvoir, de son exercice, de sa mobilisation (Dahl, 1957). Les fondements du pouvoir sont multiples et leur présentation varie selon les auteurs : French et Raven, (1956) évoquent récompense, coercition, référence (identification), compétence, légitimité (norme ou valeur intériorisée) ; pour Laswell et Kaplan (1950) ou encore Easton (1953) et Blau (1964) il s'agit de capacité à contrôler autrui ou à modifier son comportement au moyen de sanctions ; la possibilité d'avoir recours à la force, d'infliger des sanctions est également mise en avant par Bierstedt (1950), ainsi que la capacité d'affecter les résultats d'autrui dans une interaction (Thibault et Kelley, 1959) ; Emerson (1962) met en avant la dépendance d'autrui, tandis que la maîtrise d'une source d'incertitude dans une organisation en termes de compétences, de relation à l'environnement, d'information a fait l'objet de l'analyse stratégique promue par Crozier et Friedberg (1977) ; enfin la capacité à limiter la gamme d'options ouvertes à autrui, à restreindre sa liberté est pointée à la fois par Oppenheim (1961), Lukes (1974) Abell (1977) et Ibanez (1981).

La grille d'analyse mobilisée dans ce chapitre reprend des apports de différentes approches du pouvoir et de son exercice mais en s'intéressant à l'activité effectivement déployée, par le dirigeant, pour engager l'activité de travail de ses collaborateurs. Nous avions testé une démarche identique, il y a quelques années dans l'étude des interventions d'adultes à l'égard d'enfants (Brizais, Chauvigné, 1994), en mobilisant un cadre d'analyse des interactions et des relations sociales. Ici, la perspective est de rendre compte de l'activité au regard de ce qu'elle vise à modifier : des processus déjà en cours. En effet, l'activité du dirigeant ne modifie pas directement l'activité de ses collaborateurs ; elle met en œuvre des pressions de différentes natures pouvant aboutir à cet effet.

Les processus en cours, identifiés au cours de cette recherche, sur lesquels ces pressions peuvent porter sont au nombre de quatre :

La construction permanente, par les individus, des cadres d'interprétation de leur réalité : *les offres de signification du dirigeant, portant sur des conceptions ou des perceptions de l'activité, viennent faire pression sur ce processus ;*

La définition et la valorisation de soi, par les individus, leur construction identitaire : *les offres de signification du dirigeant, portant sur la valorisation ou la dévalorisation de ses collaborateurs en lien avec l'activité qu'ils déploient, font pression sur ce processus ;*

L'orientation de leur activité, par les individus, en fonction de bénéfices attendus : *les offres de signification du dirigeant, portant sur des menaces de sanction ou sur de possibles compensations, font pression sur ce processus ;*

Le déploiement de toute activité dans un environnement fait de limites et d'obstacles : *l'action directe du dirigeant sur l'environnement matériel et institutionnel de ses collaborateurs active ce processus.*

Ces pressions sont à l'œuvre dans les actions engageant, à l'interne, l'activité de travail mais elles constituent aussi le fondement des actions déployées à la périphérie de l'organisation qui auront des répercussions à l'interne.

TROISIÈME PARTIE

NOMMER POUR ORIENTER

Chapitre 5

QUALIFIER, UNE ACTIVITÉ MÉCONNUE DES DIRIGEANTS

Claire Tourmen, Patrick Mayen, Lina Samrany

Introduction

Qu'est-ce que diriger ? L'activité des dirigeants est peu compréhensible pour un observateur extérieur car elle est constituée d'une somme de micro activités dont il est difficile de discerner la logique et la continuité. Cette activité est essentiellement langagière : les dirigeants agissent en parlant et parlent pour agir. Mais leur parole est, à première vue, peu intelligible tant elle se réalise dans des situations variées (lieux, interlocuteurs, objets traités…). Comment, dès lors, dire et comprendre quelque chose de leur activité qui ne soit pas une redite ?

Dans ce chapitre, nous proposons de rendre compte de certains résultats de l'analyse du travail de directeurs d'hôpitaux (Laude, Chauvigné, Tourmen, Mayen, Samrany et Masson, 2008), conduite à partir du cadre théorique et méthodologique de la didactique professionnelle (Pastré, Mayen, Vergnaud, 2006). Nous avons observé quelles actions les professionnels mènent dans quelles situations pour comprendre et reconstruire avec eux la manière dont ils interprètent et décident d'agir en situation, en fonction de quels buts, connaissances et croyances (Vergnaud, 1996), ou représentations fonctionnelles (Leplat, 1985). Nous renvoyons à l'annexe page 146 pour le détail de ce cadre d'analyse.

Les résultats de cette recherche ont été confrontés et consolidés au regard des résultats des autres recherches conduites dans le même programme.

Nos premières observations nous ont amenés à mobiliser un second cadre théorique pour analyser l'activité, celui de la pragmatique conversationnelle et notamment celui de l'analyse interlocutoire, basée sur une théorie des actes de langage (Trognon, 1999).

Le recours à l'analyse interlocutoire et aux lois de la conversation qu'elle a mise en évidence nous a permis de mettre à jour une caractéristique méconnue de l'activité des dirigeants que nous allons développer dans ce texte : la qualification. S'agissant des dirigeants, une approche naïve pourrait conduire à attendre que les directifs (suggérer, demander, imposer à quelqu'un de faire quelque chose) soient les plus fréquents. Or, la catégorie d'actes de langage la plus fréquente est celle des assertions. Une assertion consiste à énoncer un certain état des choses. C'est un jugement sur un objet, un événement, une situation. Qualifier des événements et des situations – constitués le plus souvent, nous le verrons, en « *dossiers* »[14] - revient tout au long des situations. Qualifier un dossier de « *majeur* », « *d'urgent* » ou d'« *anodin* » organise non seulement leur activité mais aussi celle de leurs collaborateurs proches et plus lointains. Cette caractéristique de la parole des dirigeants est rarement mise en avant dans la littérature sur les fonctions de direction, où il est plus souvent dit qu'ils « managent », qu'ils « prennent des décisions » ou n'en prennent pas, ou encore qu'ils « gèrent ». L'approche de leur travail est brouillée par les énoncés des fonctions assignées et exercées par eux : définir une stratégie, conduire une politique, mobiliser des hommes… Or, l'une des caractéristiques de ces fonctions est qu'elles ne sont pas réductibles à des tâches spatialement et temporellement cernables. Ainsi, il n'existe pas une situation définie qui consisterait à conduire une politique.

---

[14] Toutes les citations en italique sont directement extraites des observations in situ et des entretiens avec les dirigeants et leurs collaborateurs.

Conduire une politique, s'effectue tout au long des séries d'activités qui composent le travail d'un dirigeant, lesquelles sont distribuées dans des séries de situations où le langage occupe une place importante. Ainsi, « qualifier » est un acte à part entière qui prend une signification particulière dans leur activité.

1. Diriger, une activité méconnue

Si vous avez lu « *La journée d'un directeur d'hôpital* », au début de cet ouvrage, vous comprendrez que nos premières observations ont renforcé l'impression du caractère méconnu de l'activité de direction : l'activité observable des dirigeants est, au premier abord, peu compréhensible. Les micros activités se succèdent et il est difficile de discerner la logique et la continuité. De plus, leur activité est essentiellement langagière : les dirigeants parlent, écoutent, discutent, lisent des documents, des messages dans des situations variées composées de lieux, d'interlocuteurs, d'objets traités différents et nombreux. Une autre caractéristique vient du fait qu'il s'agit d'une activité sans cesse perturbée : tandis qu'il effectue certaines actions (entrevue, lecture du courrier), le dirigeant est sollicité pour d'autres actions et sa secrétaire et lui effectuent d'incessantes interactions, dont des corrections dans son emploi du temps. Enfin, les actes du dirigeant sont de plusieurs nature : il parle, avec un ou plusieurs interlocuteurs, en face à face ou au téléphone ; il lit des documents (courriers, mails, magazines, comptes-rendus de réunions, bilans financiers…) ; il signe des courriers et écrit (sur des mails, sur son palm pilot…).

Pourtant, cette description des actions concrètes n'est pas sans intérêt. Nous pouvons faire le constat que les grandes fonctions le plus souvent énoncées pour caractériser le travail des dirigeants : « mobiliser », « prendre des décisions », « construire et mettre en œuvre des stratégies », ne se présentent jamais sous forme d'activités identifiables comme telles. On peut ainsi faire l'hypothèse que si ces fonctions existent, elles se réalisent par et dans la succession de micro situations, et par et dans les interactions verbales et écrites avec des individus et des groupes.

Pour autant, vers quoi est prioritairement dirigée leur activité et comment en sont assurées l'unité et la continuité ? Quels sont ses objets de préoccupation et quels sont les principaux objets sur lesquels s'exerce le travail du dirigeant ? Quelles sont les caractéristiques de situation qu'il prend prioritairement en compte et celles sur lesquelles il agit ? A quels moments et sous quelles formes sont traités les objets du travail ?

2. Deux actions récurrentes : prendre des informations et qualifier

L'observation de la journée ordinaire d'un dirigeant laisse apparaître deux types d'actions particulièrement récurrentes : des actions de prise d'informations (lire des documents, observer, écouter et poser des questions à des interlocuteurs…) et des actions de qualification (énoncer des états des choses et leur attribuer ainsi une certaine qualité). Si le rôle prescrit d'un dirigeant est d'assurer le bon fonctionnement d'un établissement tout en lui donnant une certaine direction, on observe qu'il mène de nombreuses actions de prise d'informations sur le système dirigé et de nombreuses actions de qualification de ce système et de ses éléments pour les autres et avec les autres.

2.1 Prendre des informations sur le système dirigé

Le premier type d'action – les prises d'informations - n'est pas propre aux dirigeants : c'est un des apports de l'ergonomie que de montrer que tout professionnel effectue, à des degrés divers, des diagnostics, préalables à l'action, en cours d'action et sur les résultats de l'action (Hoc, 1990). Tout diagnostic est finalisé par la nécessité de réguler l'action, ce qui signifie aussi bien redéfinir les buts que les moyens ou les manières d'atteindre les buts. Les prises d'informations peuvent avoir pour but de dresser un constat « conjoncturel » à un moment donné, mais elles servent aussi à entretenir une base de connaissances actualisée et la plus exhaustive possible sur les situations et leurs évolutions. Elles servent aussi à identifier des signes précurseurs, des tendances qui se dessinent. Pour le dirigeant, il s'agit d'entretenir une représentation fonctionnelle du système avec lequel et sur lequel il doit agir même en dehors d'événements critiques.

Il s'agit d'une dimension dont les dirigeants d'hôpitaux soulignent le caractère crucial. Selon l'un d'eux, « *il faut toujours savoir ce qui se passe sinon on prend des risques* ». Il insiste : « *Je pense qu'un directeur dans ma position doit en savoir plus que ses collaborateurs. C'est pour ça qu'il est obligé, toujours, même s'il est très entouré, d'être au courant des choses. (…) Vous voyez que je délègue beaucoup mais en même temps, s'il y a eu quelque chose d'important dont je ne suis pas au courant, je ne suis pas content* ». Un dirigeant de PME a également formulé cette préoccupation dans une autre étude du groupe : « *Un dirigeant, s'il veut décider vite doit travailler lentement à décrypter des choses essentielles de son environnement interne comme externe. Autrement dit, je crois profondément à la relecture attentive du réel* » (Robin, Raveleau, Prouteau, Rozel, 2007, 50).

Pour les dirigeants, ces diagnostics donnent lieu à des prises d'information continues et organisées (par l'intermédiaire des tableaux de bord financiers, par exemple) ou provoquées (par des visites dans les services, par exemple), le plus souvent médiatisées par des outils et par les autres (Tourmen, Durat, 2006).

Par leurs prises d'informations, les dirigeants se construisent et actualisent en permanence une représentation de l'établissement qu'ils dirigent, *fonctionnelle* dans le sens où cette représentation est finalisée par les intentions d'action et déformée par elles. *Une représentation fonctionnelle* étant sélective, dans le sens où elle ne retient du système dans lequel s'insère l'activité que les propriétés pertinentes à celle-ci, déformante dans le sens où elle accentue les points informatifs en fonction de la tâche visée et instable car dépendante de l'activité en question (Leplat, 1985). Les dirigeants posent, en effet, des diagnostics répétés sur l'hôpital dans sa dynamique et son environnement et élaborent et réélaborent en permanence une représentation selon certaines caractéristiques fonctionnelles :

- **Les finalités de l'établissement** – selon son histoire, les attentes de la tutelle et des personnels, mais aussi les autres acteurs de santé sur le territoire – afin de déterminer, en concertation avec la tutelle et les partenaires, les secteurs d'activité à développer ou à arrêter ;

- **L'état de « *fonctionnement* » de l'établissement** – selon ses résultats, les moyens financiers et humains, les modalités de travail et la réglementation – afin de déterminer les modes de fonctionnement les plus adéquats ;

- **Les positions et stratégies des acteurs en présence** – leur capacité de proposition, de blocage ou de relais – afin de déterminer la manière de « *faire passer* » les décisions.

Ces diagnostics leur permettent d'arbitrer entre plusieurs options et de déterminer dans quel sens l'institution va « *bouger* », la manière dont elle peut « *tourner* » de manière aussi efficace, légale et efficiente que possible, et la façon de « *faire passer* » certains changements. Ces représentations sont finalisées par un ensemble de buts liés aux missions prescrites qui impliquent de rechercher à maintenir un certain équilibre de fonctionnement du système tout en parvenant à y opérer des transformations. Ceci donne lieu à des compromis, comme l'a exprimé un Directeur Général des Services en mairie dans une autre étude du groupe (Durat, 2007, 80) : « *La commande du maire était double : mettre en œuvre son projet politique et lui garantir la situation financière sans toucher à la fiscalité, c'est-à-dire, développer avec les moyens existants* ». Il s'agit donc d'un équilibre dynamique. Pour exister, le système doit se transformer mais, pour fonctionner, il doit aussi conserver une certaine stabilité.

La construction de cette représentation fonctionnelle est ce qui donne une unité à l'activité d'un dirigeant. Pour le dirigeant, le sens de chaque situation particulière, de chaque événement, de chaque action découle de sa place, de son importance, de son rôle dans le système, dans sa dynamique et dans la direction que cela peut contribuer à donner au système global. On voit ainsi que le travail n'est pas réduit à son immédiateté et à sa particularité du moment mais qu'il est interprété dans le système et en fonction du système général. Les différentes composantes du système et ses éléments, même les plus infimes sont ordonnés, pour le dirigeant, aux finalités du système dans son ensemble. C'est encore là le sens d'une représentation fonctionnelle. Sa finalisation globale reconfigure le sens de chaque élément et de chaque événement qui opère ou survient dans son champ de validité. Ce que les dirigeants appellent des « *détails* » peuvent ainsi devenir les indices d'un « *dysfonctionnement* », selon leur représentation. Ainsi, toute situation est une source d'information répétée sur l'institution, dont la perception et l'interprétation renforcent ou nuancent la part occupée par certains invariants. La représentation fonctionnelle est à la fois ce qui sert à identifier et à interpréter les situations et les événements et donc à leur donner un sens pour le dirigeant, pour organiser l'activité. Mais ce sont les événements et toute l'information qu'ils apportent qui ajustent la fonctionnalité de la représentation.

2.2 Qualifier les situations de travail

Le second type d'action récurrente chez les dirigeants se réalise essentiellement dans et par le langage. Lorsqu'ils parlent des événements, des objets, des situations, les dirigeants sont amenés à produire un certain type d'acte de langage que nous avons choisi de désigner par le terme de *qualification*. Selon la théorie des actes de langage, il existe cinq catégories fondamentales d'actes de langage définies par leurs buts, autrement dit par les effets intentionnés par celui qui les énonce. On pourrait s'attendre à ce que les directifs (suggérer, demander, imposer à quelqu'un de faire quelque chose) soient les plus fréquents chez les dirigeants. Il n'en est rien, même si l'on considère le cas particulier des questions (enjoindre quelqu'un d'asserter quelque chose sur quelque chose) comme un cas particulier des directifs. Les questions occupent une place importante et participent activement à la fonction de diagnostic et de connaissance des dirigeants. Nous verrons aussi que dans certains entretiens et réunions, elles participent également à la négociation et pas seulement à l'information.

La catégorie d'actes de langage la plus fréquente est celle des assertions. Une assertion consiste à énoncer un certain état des choses. C'est un jugement sur un objet, un événement, une situation. Dans la théorie des actes de langage, l'une des propriétés essentielles des assertions est de pouvoir être discutée en termes de vérité. On pourrait dire encore qu'une assertion est l'énoncé, public, adressé, d'une proposition tenue pour vraie sur un objet, un événement, une situation, en bref, un état du monde. Une conséquence logique de cette propriété est que la valeur de vérité d'une assertion doit pouvoir être justifiée par celui qui l'énonce et qu'elle peut être mise en doute, invalidée ou nuancée dans le cours des conversations. Les assertions et leur justification sont ainsi les objets de la négociation ainsi que leurs produits. Dans une perspective pragmatique, une proposition tenue pour vrai n'a pas une fonction descriptive mais une fonction précisément pragmatique, autrement dit, d'engager à et dans l'action. Une proposition tenue pour vraie a et engendre des conséquences pratiques.

Les assertions énoncées par un dirigeant peuvent prendre, dans certaines circonstances, une valeur particulière. Dans tout acte de langage, un certain nombre de conditions de réussite doivent être remplies. Ainsi, pour énoncer un directif et que celui ci soit effectivement suivi d'effets, celui qui l'énonce doit pouvoir être reconnu comme légitime pour le faire : une personne peut donner un conseil parce que son statut l'y autorise ou parce que quelqu'un lui a demandé un conseil. Un dirigeant peut donner un ordre à un subordonné parce que son statut et les rapports hiérarchiques et institutionnels contraignent le second à faire ce qu'a demandé le premier dans certaines limites.

Il existe enfin une autre catégorie d'actes de langage appelée déclaratifs. Les déclaratifs sont des actes de langage qui instaurent des états du monde, comme le célèbre « je vous déclare unis par les liens du mariage ». L'énoncé, effectué par un certain agent social, dans certaines conditions, modifie un ou des états du monde plus ou moins largement (je déclare la guerre, la réunion est terminée). Un dirigeant, au sein d'une structure publique, occupe une position particulière qui lui est assurée par son statut, même si celui-ci doit être sans cesse re légitimé (cf. chapitre 7 de Betton et Durat dans cet ouvrage). Ses actes comme ses propos sont manifestés dans un espace public. Dans ce sens, les assertions qu'il prononce, la manière dont il attribue des qualités à des objets, des situations ou des événements, en nuançant, modifiant, validant ou confirmant des états de fait, des valeurs ou des décisions, s'assimilent à l'énoncé de propositions sur le monde qu'il engage les autres à tenir pour vraies. Vraies, au sens où elles sont ce à quoi l'action de ceux à qui les propos s'adressent, est supposée se référer. Elles sont supposées engager certaines actions et pas d'autres. Sur le plan pragmatique, lorsqu'un dirigeant qualifie ainsi objets, événements, situations, décisions, ses actes de langage relèvent des caractéristiques des assertions, mais d'une forme particulière qui emprunte à certaines caractéristiques des déclaratifs.

Enoncer un état du monde et le qualifier n'est certes pas l'apanage des dirigeants, puisqu'il s'agit d'un acte de langage que nous réalisons tous. Il acquiert toutefois une importance particulière dans le cadre de cette fonction : la parole des dirigeants est publique, du fait de leur statut. Comme l'a dit l'un d'eux, « *On fait attention à ce qu'on dit car tous les regards sont tournés vers nous* ». Et d'ajouter : « *On représente l'établissement, on ne peut pas dire ou faire certaines choses, ça pourrait nous porter préjudice, à nous ou à l'établissement* ». Ils sont conscients du fait que leur parole peut avoir des conséquences importantes, comme l'illustre un collaborateur à propos d'une erreur d'une dirigeante : « *ça a circulé dans l'hôpital, ça l'a pratiquement grillée* ».

Par conséquent, lorsqu'un dirigeant clôture une séquence conversationnelle, en réunion, en entretien, et que celle-ci valide un constat, un diagnostic, celui-ci a valeur de référence institutionnellement construite. De même lorsqu'il énonce une décision, les acteurs concernés sont engagés à orienter leur action dans ce sens. On peut dire ainsi que le dirigeant exprime un certain nombre des propositions tenues pour vraies et de règles d'action à partir desquelles les actions des autres sont amenées à s'organiser. Ce qui n'exclut pas que ces actions se déploient parfois en opposition à ce qui a été énoncé.

Nous allons donc examiner comment ces assertions sont construites et dans quelles conditions.

3. La qualification des « dossiers » comme objets intermédiaires de l'action des dirigeants

Ce que les dirigeants qualifient, ce sont des actions (à venir, en cours, passées), des événements, des personnes, des prescriptions, des états du système… Une partie de leur activité consiste à construire ces objets en « *dossiers* » et à suivre leur évolution jusqu'à leur résolution. Un dossier est une unité administrative et fonctionnelle mais aussi une unité instituée (un dossier est appelé à être public au moins dans un certain cercle) qui suppose qualification et action. Comme le fonctionnement de l'hôpital est un objet sur lequel ils ne peuvent agir seuls et de façon directe, leur action est médiatisée par un ensemble d'objets intermédiaires qui deviennent les objets directs de leur travail : ils ont comme propriété d'être manipulables dans leur activité, d'être partagés avec les autres (objets servant d'espace de partage d'informations mais aussi de médiation, de transaction) et d'avoir des impacts sur les objets visés indirectement par l'activité (le bon fonctionnement de l'établissement, la bonne prise en charge des patients…).

Selon nos observations, le « *dossier* » constituerait une sorte d'unité de base du travail. Nous avons retenu ce terme car c'est celui qui est utilisé par les membres des directions générales, même s'ils parlent aussi de « *sujets* », de « *thèmes* » et d'« *affaires* ». La définition qu'ils en donnent est conceptuelle et extensive, s'appliquant à une multitude d'objets. Selon un secrétaire général : « *Tout dépend ce qu'on appelle dossier, parce que recruter une infirmière c'est un dossier en tant que tel et puis faire un projet d'établissement aussi et y'a pas de commune mesure entre l'un et l'autre, c'est à géométrie variable* ».

Le terme de « *dossier* » peut sembler d'une évidence et d'une matérialité trompeuses. Dans l'usage qu'en font les dirigeants, le « *dossier* » ne désigne pas forcément un objet matériel. Le terme est utilisé comme un concept désignant, par raccourci, l'ensemble des objets qui sont traités sur un « *sujet* », que ce soit par l'intermédiaire de documents papiers, informatiques ou par le biais d'interactions orales. Les « *dossiers* » portent ainsi sur différents éléments du système comme les moyens financiers, les locaux, les postes, les pratiques professionnelles… Ils proviennent de différentes sources : la tutelle (réformes en cours…), les personnels de l'établissement (demandes d'achat de matériel, de recrutement..) et peuvent aussi surgir de façon imprévue sous la forme « *d'affaires* » (une erreur médicale…). Ce sont en fait, ce qui est à traiter, ce qui est l'objet de l'attention. Un dossier représente une part de l'environnement global qui constitue, pour des raisons différentes, une unité significative de travail pour le dirigeant, l'institution, un groupe d'acteurs de l'institution

Chaque dossier peut donc désigner des situations ou objets différents et chaque dossier compose une configuration particulière de relations entre les choses. Certains éléments d'un dossier peuvent figurer dans un autre selon des relations différentes. Toutefois le dossier constitue une unité. Une dernière propriété du dossier est que celui ci est constitué d'une sorte de problème à traiter. Sans problème, pas de dossier. Un dossier correspond soit à l'émergence d'un événement qui introduit une rupture dans la continuité du fonctionnement de l'institution (incident ou évolutions réglementaires, ou autre) soit à une part de l'environnement qui doit être traité pour assurer la continuité du fonctionnement. Quoi qu'il en soit, nous pouvons assimiler l'existence du dossier et le travail sur chaque dossier à ce que Dewey (1967) appelle l'enquête. Sa définition nous paraît particulièrement parlante : « l'enquête est la transformation contrôlée ou dirigée d'une situation indéterminée en une situation qui est si déterminée en ses distinctions et relations constitutives qu'elle convertit les éléments de la situation originelle en un tout unifié » (p. 17). Le processus de l'enquête intervient lorsqu'une discontinuité apparaît dans une situation, lorsque celle-ci est troublée, en désordre, obscure, confuse, instable. Le processus d'enquête peut être rapidement assimilé à une identification de l'état des choses, des origines de la discontinuité, puis à la recherche de solutions pour agir. L'enquête conduit à re-qualifier les situations, c'est à dire à changer la signification globale de la situation globale, celle de certains de ses éléments et des relations entre eux.

3.1 Une qualification qui dépend des niveaux hiérarchiques

La qualification d'un dossier dépend des niveaux hiérarchiques. Les entretiens montrent que les membres de la direction générale partagent les mêmes significations à ce sujet, en raison de leur position dans l'établissement, et que l'importance qui est attribuée aux dossiers n'est pas la même pour les membres des directions fonctionnelles et des services concernés.

Le propre de la direction générale est qu'elle est supposée avoir une vision transversale de tous les dossiers, en lien avec une vision élargie du fonctionnement de tout l'établissement dans son environnement. A la question « *Quels sont les dossiers les plus importants dans cette masse ?* », un secrétaire général répond : « *La réponse que je vais vous faire est la réponse du niveau de la direction générale. Vous interrogeriez mes autres collègues de la direction fonctionnelle, ils n'auront pas forcément la même approche. Les réponses qu'ils feraient concerneraient des dossiers aussi importants que les miens mais c'est pas leur quotidien. Le quotidien du DRH, il n'est pas de s'occuper du projet d'établissement. Son quotidien, il est ailleurs. C'est de s'occuper de la politique sociale. Alors ça veut pas dire qu'il y en a un qui est plus important que l'autre. Ca se situe à des niveaux différents, avec des problématiques différentes* ».

3.2 Une qualification de la « *sensibilité* » des dossiers

Les analyses font ressortir un ensemble de concepts, aux significations proches, qui permettent aux membres de la direction générale de qualifier les dossiers pour les traiter. Nous avons relevé un certain nombre de qualificatifs pragmatiques des dossiers : « *important* », « *majeur* », « *lourd de conséquences* » en opposition à « *anodin* » ; « *stratégique* », en opposition à « *purement technique* » ou « *administratif* » ; « *qui concerne l'ensemble de l'établissement* » opposé à « *détail* » ; « *délicat* », « *risqué* », « *chaud* », « *risque de dérapage* », « *politique* »...

Le concept de « *sensibilité* » des dossiers est un des plus puissants. Le concept de *sensibilité* a été exprimé par un Secrétaire Général lors d'un entretien : « *il y a une fonction ici, c'est un peu politique, sur des dossiers un peu plus sensibles, un peu plus politiques, ayant trait à ce qu'on appelle le management stratégique de l'établissement* ».

D'autres signifiants ont pu être énoncés. Mais la fonction du concept de sensibilité reste d'énoncer un diagnostic des dossiers à traiter afin de les discriminer et de les traiter (prioritaires ou non/modalités de réponse/qui intervient dessus ? etc.). On voit alors se dessiner des configurations de significations autour de certains pôles :

- dossiers ayant des impacts plus ou moins larges, lourds, réversibles et longs pour l'établissement ;

- dossiers ayant des risques de « *dérapage* » plus ou moins grands ;

- dossiers ayant une dimension « *politique* » ;

- dossiers étant plus ou moins « *urgents* » dans la réponse à apporter, ce qui peut être une conséquence des diagnostics précédents ou être lié à des contraintes de calendrier externes.

L'extrait d'entretien suivant, mené avec un secrétaire général en CHU, permet d'accéder au sens que celui-ci donne au concept de *sensibilité* des dossiers et aux multiples significations qu'il lui associe, ainsi que les indices qu'il prélève pour les diagnostiquer.

Les propriétés de sensibilité des dossiers

Question : Quand vous parlez d'un dossier sensible, c'est en fonction de quels critères ?

SG : Ca peut être plein de critères. Ca peut être en fonction de l'impact budgétaire, ça peut être en raison de l'implication personnelle de tel ou tel personnel de santé dont on sait qu'il a une place éminente dans l'institution, si ce n'est des relations politiques influentes etc. donc il faut faire attention, faut pas faire n'importe quoi (...) ça peut être un risque de conflit, ça peut être un risque possible si ce n'est de désorganisation d'une activité, de prendre une décision qui nous conduirait à remplir moins bien notre mission, y'a ça aussi.(...)

Question : Donc en fait la sensibilité des dossiers ça peut être très ponctuel, comme vous le disiez avec un médecin...

SG : Oui, ça peut être très ponctuel, je vais prendre un exemple un service de médecine qui souhaite transformer, je vais dire n'importe quoi (...), 4 ou 5 lits d'hospitalisation à temps complet en lit d'hôpital de jour ou en lit d'hôpital de semaine. Vous allez dire c'est pas grand chose mais ça peut être lourd de conséquences, ça peut conduire l'établissement entier à dysfonctionner. Pourquoi ? parce que si les lits sont transformés en hôpital de jour, le risque possible – il faut vérifier en tout cas- c'est que ces lits là ne soient plus disponibles la nuit pour admettre les urgences, et si les urgences ne peuvent pas être placées dans ces lits là, ce sont des patients qu'on met ailleurs, donc qu'on met dans des services inadéquats. Si on a un patient qui est dans un service inadéquat, il peut être mal pris en charge et puis surtout cela désorganise le service qui est contraint d'accueillir un patient parce que, les patients qui arrivent, il faut bien qu'on les prenne. Donc voyez, je pourrais décliner comme ça, une petite décision qui a priori peut paraître anodine : « le service a tant de lits, il a un niveau d'activités qui est donné, il a un effectif qui est ce qu'il est, il demande juste la possibilité de faire de l'hôpital de jour et de reconnaître cette activité », bien cette décision qui peut paraître anodine peut avoir des conséquences importantes. Alors c'est là où il faut essayer, quand ce genre de dossier arrive, de repérer le risque éventuel et puis de faire un petit travail complémentaire en disant on a vérifié, en fait, ça passe, il n' y a pas de souci, où bien il y a potentiellement un risque et puis d'alerter, d'attirer l'attention du DG, de dire attention : si on suit le médecin (...) dans cette direction on risque de... alors ensuite on prend la décision ou on ne la prend pas ».

L'analyse de cet extrait montre que le concept de *sensibilité* est important dans l'activité car il est lié à un faisceau d'indices qui pourraient ne pas être détectés par un débutant, car ils semblent contre intuitifs. Ce diagnostic est orienté par les conceptions suivantes, extraites du discours du secrétaire général : « *c'est pas grand chose mais ça peut être lourd de conséquences* » et « *cette décision qui peut paraître anodine peut avoir des conséquences importantes* ». Ces conceptions organisent son activité dans le sens où elles impliquent plusieurs règles d'action :

- Il convient d'être attentif à tout, car des choses apparemment insignifiantes peuvent être « *sensibles* » et lourdes de conséquences ;
- Une fois repéré les « *risques* » éventuels, il faut « *vérifier* » et « *attirer l'attention du DG* » pour préparer la prise de décision (règle d'action propre à l'activité du secrétaire général et à son rôle dans ce cas-ci).

On retrouve le même raisonnement chez un Directeur Général Adjoint : « *Certains dossiers s'inscrivent parfois dans le quotidien, et les directions fonctionnelles elles gèrent ça sans difficultés, mais à un certain moment un sujet qui est dans le quotidien peut déraper, pour des raisons diverses, et à ce moment la direction générale est amenée à intervenir. C'est parfois sur des choses significatives, dans d'autres cas ça l'est beaucoup moins.* »

Les objets traités deviennent donc des dossiers par des actes performatifs. Le dirigeant, avec l'aide de ses proches collaborateurs, estime le degré de priorité de chaque dossier au regard de l'ensemble du système et de sa contribution (ou de son pouvoir de blocage) aux objectifs globaux.

3.3 Une qualification qui organise la répartition des tâches dans l'agenda et au sein de la direction générale

La gestion des dossiers organise aussi celle de l'agenda (entre dossiers prévus et non prévus) et la répartition des tâches entre membres de la direction générale. En effet, la multitude de dossiers à traiter, ajoutée au fait que certains sont imprévus, rend la gestion du temps véritablement critique. Ceci explique que la gestion de l'agenda occupe une partie si importante de leur temps, qu'elle soit une préoccupation au sens littéral du terme. Ainsi, un dirigeant observe que « *presque tous les jours, il y a des choses imprévues auxquelles il faut répondre rapidement* », seul ou avec ses proches collaborateurs, et que des décisions rapides doivent être prises. Un autre dirigeant souligne qu'il y a beaucoup d'imprévus qui bousculent l'agenda : « *Et puis il y a quand même souvent des imprévus dans un métier de directeur ; donc il faut changer votre planning, il faut revoir ce qui se fait.* » Ce qui a aussi été confirmé par sa secrétaire : « *ça (l'activité du dirigeant) se construit quand même beaucoup au jour le jour, au coup par coup, avec les impondérables, les urgences qui arrivent.* ».

Le même phénomène a été rapporté par un dirigeant de l'économie sociale, dans une étude du groupe (Betton, Cros, Largenton, Rodriguez et Thievenaz, 2008, 45) : « (…) *il y a toujours des choses qui se présentent, des choses auxquelles on n'a pas pensé quoi… donc ça peut être tout et n'importe quoi* ». Il est aussi intéressant de constater que la secrétaire d'un dirigeant d'hôpital, qui gère son agenda et filtre ses appels et courriers, opère elle aussi une forme de qualification pragmatique des demandes parvenant au dirigeant afin de lui « *garder du temps* ». Ceci implique qu'elle soit au courant des dossiers en cours et montre qu'elle ait développé un sens (« *c'est au feeling* ») de ce qui est « *essentiel* » ou non : « *oui et puis il a un agenda hyper chargé alors je fais attention si c'est quelque chose qui peut être réglé par un de ses collaborateurs donc à ce moment là … bon si c'est un rendez-vous plus je dirais entre parenthèses plus (politique) je sais que c'est lui c'est au feeling hein je veux dire* ».

La qualification pragmatique des dossiers permet également aux dirigeants et à leurs proches collaborateurs de prioriser les tâches et de décider des modalités de réponse à apporter à chaque cas. Cela leur permet de réguler les périmètres de leur action au cas par cas et la répartition des tâches entre membres de la direction générale mais aussi avec les membres des directions fonctionnelles. Ceci a été observé dans une autre étude du groupe, à travers les propos d'un directeur général des services (DGS) : « *Ici, c'est une gare de triage : les choses les plus solennelles sont vues par le président, les choses sensibles sont vues en Bureau, les choses les moins complexes sont traitée par l'administration. Il faut avoir quelques dossiers en propre, ceux qui sont chers au Président.* » (Durat, 2007, 160).

On pourrait résumer cette répartition par la règle suivante : plus un dossier est sensible, plus il sera traité à un niveau hiérarchique élevé. Comme l'énonce un secrétaire général, *« en cours d'instruction d'un dossier y'a dès fois des initiatives à prendre, sur la manière de gérer tel ou tel dossier, alors je dirais ensuite ça c'est au cas par cas. C'est là où il faut avoir un peu de feeling en se disant bon ben là j'y vais, c'est pas la peine d'en parler au DG et je prends la décision et je lui dirai après ce qu'on a fait, et puis y'a parfois des situations où on se dit avant d'aller plus loin il faut que je demande à mon DG s'il est d'accord. Y'a pas de règle générale. C'est selon l'importance, selon les enjeux, selon les personnes en présence, selon les connotations politiques ou les enjeux de pouvoir qu'il peut y avoir avec un médecin »*.

Le même phénomène a été observé lors de l'analyse de l'activité des dirigeants de la fonction territoriale (Durat, 2007, 98), comme en témoigne le propos d'un directeur de cabinet de maire : « […] *on fait des incursions dans l'instruction des dossiers quand les services deviennent défaillants, quand le dossier devient compliqué, que ça part par tous les bouts, il est clair que le cabinet suit à peu près tous les dossiers importants, se tient renseigné …* ».

Ainsi, les dossiers constituent des éléments du système sur lesquels les dirigeants peuvent agir. L'action sur chaque dossier mobilise une représentation du dossier mais aussi de sa place dans le système global. Un nouveau dossier est intégré dans l'ensemble du système et le système modifie un dossier. Ceci nous amène à décrire l'activité des dirigeants comme une activité de recomposition permanente des éléments du système selon une recherche d'unité ou d'équilibre entre des forces.

4. Les réunions, un espace privilégié de négociation et de qualification des dossiers

Les réunions sont des espaces et des moments de travail particulièrement représentatifs de la manière dont l'objet dossier est instrumenté comme objet de médiation pour agir avec les autres et sur les autres. Ainsi, un Directeur Général des Services (DGS) affirmait que « *le moment le plus investi est la réunion de direction générale : « c'est un moment fort et formel qui donne le la, […]. C'est un moment primordial, le prisme, la prévalidation, qui va donner sa légitimité au dossier* ». (Durat, 2007, 110).

Un certain nombre de dossiers sont mis à l'ordre du jour. Ils sont traités dans un certain ordre en cours de réunion. Le directeur prend la parole à l'occasion du traitement collectif de chaque dossier, qu'il le présente lui-même ou non. Selon un dirigeant de service déconcentré de l'Etat, dont les propos sont rapportés dans une autre étude du groupe (Ulmann, 2008, p. 36), « *Cette présence est, non seulement, symbolique mais également organisatrice car les quelques paroles prononcées au début ou en cours de réunion marquent le cap à tenir.* »

Les dossiers mis à l'ordre du jour sont la plupart du temps choisis par les dirigeants eux-mêmes, comme l'énonce un dirigeant : « *Ce sont des points que je souhaite aborder soit parce que ce sont des points d'actualité soit parce que ce sont des questions dont j'ai été saisi dans le courant de la semaine et que je souhaite aborder avec les responsables des différentes directions. Mais c'est bien qu'on en parle en réunion plénière parce que ça permet à tout le monde d'être informé de tous ce qui ce passe - quelques fois je travaille en binôme si on peut dire avec un directeur quand on a des sujets qui concernent vraiment qu'un directeur, un sujet ponctuel, j'en parle en réunion ici avec lui ou avec elle mais quelques fois ces sujets peuvent en même temps dans le cadre de l'information intéresser les autres donc j'essaie de voir en fonction des sujets si je dois les traiter seul à seul ou si je dois les traiter en réunion élargie en plénière, selon le type de sujet c'est moi qui évalue à chaque fois* ».

On peut observer ici plusieurs phénomènes : tout d'abord, les dossiers font l'objet d'une activité collective de qualification ou de requalification ; le directeur propose lui-même la dénomination qui qualifie le dossier ou la valide. Il accompagne toute qualification de ses conséquences en termes d'action et de responsabilités pour ceux qui sont présents : qui s'en charge, dans quel délai, en faisant attention à quoi… Du fait de son statut, le dirigeant est amené à produire des actes de langage à buts assertifs et déclaratifs. Comme nous l'avons présenté plus haut, un acte déclaratif correspond à la transformation effective d'un état du monde. Qualifier un dossier d'urgent, le prendre sous sa responsabilité ou le confier à tel acteur correspond à une transformation effective de l'action de ceux qui sont concernés mais aussi de la manière dont le dossier sera priorisé ou non, suivi, contrôlé, considéré par chacun.

De plus, au cours des réunions, les questions constitutives des dossiers sont exprimées ou expriment des points de vue, des intérêts, des enjeux particuliers. Particuliers parce qu'ils sont exposés par des acteurs qui occupent une certaine position dans un sous ensemble du système. Ils visent donc des buts propres à leur statut, position, buts, situation etc.

Le dirigeant effectue plusieurs actions lorsqu'il intervient : tout d'abord, il cherche à faire exprimer des points de vue différents sur le dossier pour en élargir la portée au-delà du périmètre et de la signification proposés par un acteur particulier. Il sollicite des informations mais il peut en apporter lui-même pour élargir, modifier ou réduire, bref transformer la nature du dossier et le requalifier. Ainsi, comme cela a été observé dans une autre étude du groupe (Ulmann, 2008, 23-24), lors de la présentation du « contrôle de gestion » par un directeur régional (DR) à ses collaborateurs, ce dernier le requalifiait pour convaincre ses collaborateurs : « *Il ne faut pas voir le contrôle de gestion comme quelque chose qui serait destiné à faire du contrôle ou à faire de la gestion. […] C'est un outil qui entre dans la chaîne de performance comme une aide au pilotage* ». Le dirigeant va, par exemple, introduire une dimension économique dans un dossier technique, une dimension stratégique ou une dimension d'équilibre entre services, ramener le patient dans le jeu, etc. Ainsi, un DGS de mairie précise, dans une autre étude du groupe (Durat, 2007, 81) : « *On alerte sur la non faisabilité financière, juridique ou technique, sur les effets secondaires* ».

Le dirigeant peut aussi relier deux dossiers présentés sans liens ou les rapporter à des projets en cours, à des priorités, à des risques ou à des objectifs généraux de l'hôpital. Ce faisant, il opère une requalification des dossiers avec les autres. Enfin, en qualifiant un dossier, le dirigeant lui donne une orientation. Il suppose qu'elle va assurer la stabilité du système et permettre d'avancer dans une certaine direction.

La plus value de l'action du dirigeant est d'opérer à partir d'une représentation fonctionnelle du système global. Sa principale ressource pour conduire les transactions est sa connaissance du tout et des parties qu'il est souvent le seul à avoir. Comme l'a énoncé un dirigeant de PME dans une autre étude du groupe (Robin et al., 2007, 53), « *il revient donc aux dirigeants de donner la maturité stratégique aux cadres de direction* ». Les réunions sont une source d'entretien et de transformation de son système de représentations et d'actions. Ainsi, à propos d'une réunion de service, un directeur régional affirme (voir une autre étude du groupe, Ulmann, 2008, p. 35) : « *dans leurs réactions, la manière de présenter leurs dossiers je peux repérer la maturité de réflexion des services sur certains sujets* ». Les réunions sont aussi le principal espace d'action sur les autres par la médiation du travail collectif sur les dossiers et par les transactions qui s'opèrent avec les différents acteurs. Sa position l'amène à tenir un sens global et à assurer pour les autres la continuité et l'unité des actions particulières conduites au sein des sous-ensembles du système. Il le fait à partir de la conceptualisation qu'il a opérée au cours des années. On voit se dessiner les conditions de la construction d'un système fonctionnel de représentations et d'actions. La participation répétée à un vaste ensemble de réunions et d'échanges de toutes natures assure la construction et la mise à jour d'informations pertinentes, actualisées et redéfinies pour la conduite de l'ensemble du système. Ce point a été souligné par un DGA dans une autre étude du groupe : « *Le comité de direction nous oblige à passer du quotidien à une vision transversale, c'est un moment de réflexion, une vision en recul.* » (Durat, 2007, p. 111)

Nous allons présenter ici des extraits d'une réunion de direction que nous avons analysés à l'aide du cadre de l'analyse interlocutoire afin de mettre à jour la dynamique du traitement collectif des dossiers et le rôle spécifique du dirigeant. Les extraits sont issus d'un comité de direction, réunions régulières (hebdomadaires dans la plupart des cas) où le dirigeant et les directeurs administratifs passent en revue un certain nombre de dossier en cours dans l'hôpital et décident d'actions à mener. Nous avons été particulièrement attentifs à observer quelle a été la position du dirigeant par rapport à chacun des dossiers. Nous avons codé les énoncés selon les catégories des actes de langage présentées plus haut.

Exemples de dossiers traités en comité de direction

Sujet : un mail de protestation d'un médecin suite à une coupure des mails.

Le DG qualifie la situation (« *problème récurrent* ») et énonce un directif pour que le service informatique « *fasse autrement* ». Cet énoncé vise une action directe du service concerné.

Sujet : lettre d'un médecin qui se plaint du peu de suite données à son travail sur un dossier.

Le DG énonce des assertifs sur le projet du médecin : « *courrier positif* », « *elle est prête à s'impliquer* », « *ce serait dommage de se passer de compétences comme ça* ». Il poursuit avec des énoncés directifs et commissifs qui l'engagent : « *donc je fais le courrier, il faut vraiment les impliquer* » et un nouvel assertif : « *c'est un projet majeur* ». Le DG énonce ensuite un assertif sur le même projet dans d'autres établissements : « *c'est lourd* », puis un commissif qui engage l'ensemble du personnel : « *on essaiera de faire mieux* ». Un directeur pose une question et énonce un assertif : « *c'est vaste* ». Le DG répond par un autre assertif « *c'est un travail pas suivi car les services n'ont pas joué le jeu* », en proposant une nouvelle interprétation de la situation. Il redonne l'objectif du dossier (baisser le temps d'hospitalisation avant intervention) et énonce un nouvel assertif en guide de conclusion : « *c'est un travail intéressant* ».

Sujet : le contrat de remboursement des médicaments.

Le DG, suite à un mail, demande une information à un directeur. Un directeur l'informe sur ce qu'il est prévu de faire. Le DGA continue le questionnement. Le DG énonce des directifs : « *attention à ne pas rater la marche, on a intérêt à bien respecter le calendrier* », « *je voudrais voir le contenu ensemble en terme de % d'avancement* ». Il énonce aussi des assertifs : « *il s'agit de remboursement* » ayant des impacts importants. Il conclut par un directif : « *moi je ne voudrais pas qu'on ait de problèmes en interne, je veux être sûr de tenir nos engagements* ». Le directeur concerné énonce un assertif sur l'ARH[15] et ses demandes. Le DG répond par un énoncé directif : « *moi je ne veux pas de problème en interne* », et des énoncés assertifs : « *ce n'est pas un document purement administratif* », « *ça nous engage* ». Il conclut par un directif : « *il faut qu'on en reparle* » et une date est fixée. Les qualifications du dossier ont amené le DG à justifier la nécessité d'avancer différemment sur ce dossier.

Sujet : demande de création d'une douche dans un service de gynécologie.

Le DG demande des informations à une directrice suite à un mail. Elle répond par la « *surprise* ». Elle rappelle des éléments du dossier (assertifs : le déménagement était prévu depuis longtemps, une seule douche pour le service

---

[15] Agence Régionale d'Hospitalisation.

de gynéco). Le DG énonce pourtant un assertif qui va dans le sens de la demande du service : « *c'est vrai que c'est un peu juste* ». La directrice propose une solution. Le DG demande une information complémentaire (combien de temps le service reste là). La directrice l'informe. Le DG utilise la réponse pour énoncer un directif (raisonnement conditionnel : si ils restent là un an, alors on ne va pas faire de gros travaux, mais il y a un effort à faire). Il le justifie par un assertif : « *dans le cadre concurrentiel local* ». Et s'interroge : « *quelle est la bonne mesure ?* ». La directrice : produit des assertifs pour nuancer le besoin de travaux : « *ça me paraît démesuré* », les membres du service ont la « *nostalgie* » des anciens locaux, « *c'est pas de la grande politique, c'est du constat* ». Puis elle produit un commissif : elle s'engage à faire une proposition de douche dans un mois. Le DG le valide en énonçant un assertif : « *attention, c'est un secteur sensible* » puis un directif : « *il faut faire attention* », en référence à un autre service, « *il ne faut pas que ça devienne une affaire d'état* », « *il faut être méfiant et aller vite* ». Il le justifie par un autre assertif : « *ça prend vite des tournures qu'on n'arrive pas à maîtriser* ». Il énonce enfin un directif : « *le meilleur moyen est d'éviter le problème, c'est de travailler suffisamment à l'avance avec eux* ».

Le dernier exemple illustre ce que peut être l'activité du dirigeant lors de la discussion d'un dossier en réunion : il sollicite une nouvelle information puis propose un choix (par un directif) en référence à d'autres éléments de la situation, extérieurs à l'hôpital *(« concurrence »)*. Il sollicite aussi une information complémentaire (durée d'occupation des locaux), ce qui confirme son choix. Il le justifie auprès de la directrice, qui semble réticente, en référence à un autre dossier (un autre service où ça s'est mal passé), à une qualification de la situation *(« secteur sensible »)* et à un rappel de leurs objectifs : ne pas créer une *« affaire d'état », « maîtriser la tournure »*. Il en tire enfin une règle d'action pour la suite (anticiper). Il prend donc le choix au regard d'éléments sur la situation mais aussi de sa connaissance de l'environnement extérieur à l'hôpital et de dossiers passés. Il prend en compte l'implication d'une décision particulière sur l'ensemble de l'hôpital : *« ne pas créer une affaire d'état »*.

Ce qui est travaillé et discuté en réunion, c'est donc bien la signification des dossiers. Les dirigeants développent des éléments de signification sur certains objets, apportent de nouveaux points de vue, construisent une signification pour l'hôpital et en référence à l'hôpital dans son ensemble et sa dynamique et pas seulement pour une de ses parties (un service, un domaine, un acteur ou un groupe d'acteurs...). Chaque acteur contribue à l'élaboration des significations, notamment dans le cadre des échanges institués, mais seul le directeur général peut institutionnaliser certaines significations, c'est-à-dire qualifier objets, événements, situations, et décisions d'action. Les dirigeants participent et orientent cette activité collective en apportant de nouvelles informations, basées notamment sur des points de vue différents, énoncent des justifications (renvoyant aux buts et aux prescriptions), ils établissent des comparaisons avec des situations similaires vécues dans le même établissement ou dans d'autres, et leurs conséquences... Autant de manières de qualifier et de faire accepter et partager ces qualifications.

Les significations et les qualifications sont des objets de négociations en constante évolution, avec des stabilités momentanées. Lorsque nous parlons de négociation, nous ne limitons pas l'acception du terme en ne faisant référence qu'à des rapports de pouvoir et d'influence entre acteurs ou groupes d'acteurs. Nous retenons également l'acception de négociation au sens de discussion des significations, dans des espaces de discussion, de raisonnements collectifs dont le modèle de l'enquête de Dewey traduit assez bien la nature. Il s'agit de mener des enquêtes contrôlées : pour faire évoluer les significations, il y a nécessité de disposer d'arguments pertinents, susceptibles d'être soumis à la discussion publique. Le tout étant contrôlé par l'ensemble des éléments du cadre réglementaire qui régit le fonctionnement d'un établissement

Conclusion

La recherche que nous avons conduite est, en somme, une recherche préliminaire au sens où elle a principalement abouti à montrer que le travail des dirigeants est un travail observable et analysable comme n'importe quel autre travail.

Le travail des dirigeants est en effet un travail concret, qui se réalise tout au long de séries de situations dans lesquelles ces dirigeants rencontrent d'autres acteurs : entretiens formels ou informels, réunions de toutes natures. C'est dans et par les échanges langagiers que ce travail s'effectue et que nous pouvons parvenir à définir concrètement ce que signifient ces énoncés de fonctions que sont définir et conduire une stratégie, mobiliser des personnes, mener une politique, opérer des transformations, etc.

Tout au long des situations de leur quotidien, les dirigeants ont à opérer deux grands types d'activités :

Le premier type d'activité consiste à construire (au moment de leur prise de fonction) puis à entretenir une représentation fonctionnelle du système sociotechnique qu'ils ont à diriger. Cette représentation est unique, du fait même de la position qui leur est attribuée. Elle s'élabore et évolue dans et par les événements qui interviennent et par les rencontres qui occupent leurs journées. Ce qui semble pouvoir contribuer à la singularité de la représentation fonctionnelle du dirigeant tient pour une large part au fait que ce dernier doit rencontrer les différentes catégories d'acteurs. En effet, c'est l'ensemble des points de vue (au sens piagétien du terme) qui peut lui permettre de construire un point de vue des points de vue, ou un point de vue unique à partir des points de vue nécessairement partiels et plus partiaux. Les rencontres sont l'objet de négociations, au sens où elles forment en fait des enquêtes : des événements surviennent qui interrompent ou menacent ou troublent la continuité des situations et du fonctionnement général de l'établissement. Enquête signifie poser les problèmes, les interroger, chercher des solutions, les soumettre à la réflexion experte, ou négociée, et cela dans le cadre des possibles réglementaires ou économiques. Nous pensons ainsi que certains types de rencontres et les modalités de l'enquête collective adoptées par chaque dirigeant contribuent ou non à utiliser le potentiel de développement des représentations fonctionnelles de chaque dirigeant. A partir de là on peut poser une question pour les recherches en cours : dans quelle mesure les pratiques des dirigeants, les habitudes de tel ou tel établissement favorisent-elles ou non les enquêtes contrôlées et les négociations ? On imagine ainsi aisément comment un dirigeant peut se couper des sources d'évolutions et d'ajustement de sa représentation de l'établissement qu'il dirige ainsi que des remises en question que les discussions avec d'autres peuvent permettre.

Le deuxième type d'activité consiste à construire des significations et qualifier des faits, événements, situations etc. afin de les instituer et d'en faire des objets d'action ou des référents pour l'action. Le « dossier » est une forme particulière d'objet de travail. C'est un objet matériel et concret fait de documents, il est ouvert à d'autres, il est déclaré comme préoccupation, c'est à dire qu'il est à traiter. Il fait l'objet du travail d'enquête et doit amener à des décisions. C'est en fait un objet intermédiaire entre ce qui est à traiter et l'action des uns et des autres. Il faut travailler le dossier pour agir effectivement sur les choses. Le dossier doit s'enrichir de données, d'analyses, d'états des lieux, de diagnostics et conduire à des décisions. Il est à l'origine de réunions, d'entretiens. Le dossier est qualifié, comme le sont les objets et situations qu'il est supposé traiter et ces qualifications qui lui sont données engendrent des modes différents d'actions collectives. Elles concernent aussi, indirectement les objets et situations qui sont traitées dans ce dossier.

La qualification n'est pas une désignation, c'est un acte qui instaure un certain état du monde au sens où il lui donne une valeur particulière à partir de laquelle et en fonction de laquelle, les acteurs concernés réfèrent leur propre conduite. La qualification tend probablement à être d'autant plus suivie d'effets qu'elle est à la fois rationnellement discutée et établie, et qu'elle est conforme au cadre réglementaire. Rationnellement discutée signifie qu'elle a permis aux acteurs concernés de faire valoir leurs arguments, leur connaissance, leur expérience, leurs enjeux à propos de la situation, des objets de celle-ci, des actions futures, qui sont qualifiés. Ceci se déroule à la fois dans les réunions officielles mais aussi tout au long des rencontres qui mettent le dirigeant en situation de conduire des enquêtes et de négocier les significations des choses avec d'autres.

Une double approche théorique et méthodologique : didactique professionnelle et analyse interlocutoire des actes de langage

Pour observer et analyser l'activité, nous avons tout d'abord adopté le cadre théorique et méthodologique de la didactique professionnelle, elle-même inspirée d'approches de psychologie du travail (ergonomie) et des théories de l'activité.

L'analyse du travail considère les situations – en tant que part de l'environnement avec laquelle un individu est en interaction – et l'activité – que celui-ci déploie dans et avec cet environnement - comme les deux faces d'une même pièce.

Il s'agit donc, d'une part, d'analyser les situations de travail, de mettre en évidence la part active du monde avec laquelle des professionnels sont en interaction, les objets, les phénomènes, en fonction desquels et sur lesquels il faut agir. Les situations sont à la fois diverses et variables. Or, pour reprendre les propos de Vergnaud (1996), un professionnel compétent est précisément celui qui est capable de se débrouiller avec une plus grande variabilité des situations. Les situations sont aussi composées, d'une autre façon, de dimensions invariantes. La notion d'invariant est parfois comprise de manière erronée : les invariants ne sont pas ce qui est parfaitement stable dans une situation ; les invariants sont les éléments communs aux situations qui sont susceptibles de varier en permanence. Par exemple, le degré d'adhésion d'un groupe aux décisions d'un dirigeant constituerait un autre invariant, de même l'état du budget ou celui de dégradation d'un bâtiment médical.

Il s'agit aussi, dans un second temps, d'analyser l'activité que des professionnels mènent dans des situations données. L'activité peut être définie, en première approche, comme une suite d'actions de transformation d'objets en vue de certains buts et à l'aide d'outils (De Montmollin, 1986). Mais l'activité ne se déploie pas sur des objets isolés, elle se déploie dans et avec des situations. Comme le souligne Clot (2000), ce à quoi on renonce, ce que l'on tait ou ce que l'on ne fait pas, ce que l'on ne peut pas faire, tout cela appartient à l'activité. Les actions ne se réduisent donc pas à l'exécution d'actions matérielles ou symboliques sur le monde. Elles sont émotions et raisonnements, elles sont finalisées et elles ont lieu dans des situations variées et variables qui impliquent des adaptations, des compromis, et sont guidées par des visées souvent multiples. Analyser l'activité revient donc à observer quelles actions les professionnels mènent dans quelles situations, et à tenter de comprendre et de reconstruire avec eux, notamment à partir de leur parole sur leur travail, comment ils ressentent, réagissent, interprètent, décident d'agir, en fonction de quels systèmes de buts, de connaissances et de croyances (ce que Vergnaud, 1996, appelle les « propositions tenues pour vraies sur le réel »). Les systèmes de pensées mobilisés par les professionnels peuvent aussi être qualifiés de « représentations fonctionnelles » au sens de Leplat (1985). Par leurs prises d'informations, les professionnels se construisent et actualisent en permanence une représentation des situations de travail, fonctionnelle dans le sens où cette représentation est finalisée par les intentions d'action et déformée par elles (voir Laude et al., 2008).

Enfin, nos premières observations nous ont amenés à mobiliser un second cadre théorique pour analyser l'activité des dirigeants, celui de la pragmatique conversationnelle et notamment celui de l'analyse interlocutoire, basée sur la théorie des actes de langage (Trognon, 1999). Dans le cadre de cet article, nous soulignerons seulement que cette théorie est une théorie de l'action langagière (parler c'est agir) et qu'elle présente un très grand nombre de compatibilités avec la théorie des connaissances en acte de Gérard Vergnaud utilisée en didactique professionnelle. De ce point de vue, les activités langagières peuvent être envisagées et analysées comme n'importe quelles activités. Elles ont pour fonction d'agir sur le monde, de produire des effets sur lui, par le biais des effets sur les autres. Les productions langagières constituent le matériau concret et observable de l'analyse.

Chapitre 6

FONCTION SOCIALE DES ACTIVITÉS DE QUALIFICATION

Sandra Alvear[16]

Introduction

Comprendre le travail d'un dirigeant avec un intérêt particulier pour les activités de communication, nous a conduit à étudier un aspect important de ce travail : l'activité de qualification, que nous présenterions volontiers comme « une activité discursive, dans une activité sociale ».

Nous nous appuierons sur la Théorie Cognitive de l'Apprentissage, et nous inscrirons dans une perspective psycho-culturelle (Vigotski L.S., Bruner J.). L'activité de qualification peut se comprendre au moyen de la notion d'acte humain de référence (Bruner J., 1966) et en s'appuyant sur la théorie des actes de langage.

Nous nous intéressons plus particulièrement au lien entre le contexte social de la qualification et la fonction de la qualification, en complément de la contribution de Claire Tourmen, Patrick Mayen et Lina Samrany.

---

[16] Dans le cadre de son doctorat, réalisé au Crf-Cnam – thèse soutenue en janvier 2011, Sandra Alvear, de l'Université de Talca au Chili, a mené une recherche sur les dirigeants d'hôpitaux au Chili parallèlement à l'étude menée par l'équipe française sur le même champ. Une des particularités des dirigeants d'hôpitaux au Chili est qu'ils sont « médecins » contrairement à la situation française.

1. Les activités de qualification : des activités discursives et sociales

A travers l'activité de qualification, l'environnement professionnel se trouve modifié ou reconstitué. Pour atteindre les objectifs de l'organisation, le dirigeant cherche à influencer autrui, ses collaborateurs, au travers des « jugements de valeur » qu'il formule. C'est une réélaboration interprétative avec un regard rétrospectif et/ou prospectif du dirigeant.

Les activités de qualification se font dans un contexte construit dynamiquement et parallèlement par le sujet « énonciateur/destinataire » et le « sujet interprétant ». Au travers des activités de qualification le dirigeant transforme la perception d'autrui de l'environnement professionnel selon les scénarios qui lui sont favorables, comme une source de développement des *milieux de travail* et des sujets eux-mêmes.

Les activités de qualification sont une des expressions des affects présents dans les activités d'évaluation, elles sont une anticipation d'une stratégie sociale, et peuvent être vues comme des activités de co-construction de la situation (Ulmann A.-L., 2005) entre le dirigeant et ses collaborateurs. Elles sont un processus médiatisé qui induit une représentation chez autrui, elles permettent de poser le cadre dans lequel les collaborateurs vont construire du sens.

Cette activité de qualification en situation professionnelle peut être vue selon deux approches complémentaires :

L'une est centrée sur le destinataire, avec une fonction interactionnelle, en établissant des relations professionnelles et en préservant ces relations. Selon cette approche le discours est très étroitement lié à l'action : il s'agit d'agir sur autrui ; on parle en agissant, pour agir ou pour faire agir autrui. Nous pouvons dire que les activités de qualification facilitent la coordination de l'action collective. Elles s'expriment implicitement par l'énonciateur et normalement désignent : une invitation, une félicitation, une demande ou un reproche.

L'autre est centrée sur le contexte : il s'agit de la transmission d'informations pour représenter l'environnement professionnel et communiquer à autrui sur la base des objectifs et des enjeux de l'organisation. Nous pouvons dire que les activités de qualification, selon cette approche, s'effectuent dans une perspective unidirectionnelle. Dans le contexte de l'entreprise publique, le dirigeant est obligé de respecter la loi, les normes ou les procédés, du fait que l'allocation de ressources est associée au développement d'anticipations souhaitables pour l'organisation.

Une grille d'analyse de l'activité de qualification est proposée en annexe (p. 155 – 156). Nous nous concentrerons, dans cet article, seulement sur le lien entre les points 1 et 5 de cette grille d'analyse : le contexte social de la qualification et la fonction de la qualification.

2. La construction des places dans les activités de qualification.

Pour bien comprendre le contexte social de la qualification, il convient de mettre en évidence la place de l'agent qui qualifie, l'adresse de la qualification, et la relation sociale dans laquelle se fait la qualification.

Deux propriétés sont à relever :

Un premier élément est en lien avec l'identité sociale des acteurs : leur poste de travail et leur genre professionnel

Un second est en lien avec l'identité discursive des acteurs dans l'acte de qualification : l'énonciateur, du point de vue de la production discursive, le destinataire du point de vue de la réception, sans relation d'indépendance dans l'acte de qualification. (Benveniste, 1966)

Ainsi, si nous pensons que **le sujet destinataire de l'acte de qualification est construit par l'énonciateur**, alors ce sujet est construit sur la base d'une stratégie en rapport avec l'affect que l'énonciateur cherche à produire chez le destinataire.

Trois modalités concernant le binôme « énonciateur/destinataire » sont à relever :

La plus fréquente dans notre recherche est celle où l'énonciateur et le destinataire ont choisi un « mode neutre » pour se présenter, ils utilisent les pronoms « on, il, ils » : l'énonciateur se « cache », il ne fait pas mention de ses engagements ou préférences.

Exemples de verbatim (extraits de réunion) :

« *Les critères de la Direction Régionale de Santé sont discrétionnaires dans la répartition des ressources...* »

« *Le pouvoir s'approche de plus en plus de celui qui a le droit...* »

« *Il faut apprendre à optimiser nos ressources pour augmenter notre productivité...* »

Si nous nous posons la question du point de vue de l'identité discursive : « qui a produit l'énoncé ? », la réponse est « il » ; l'énonciateur prend de la distance avec le destinataire, il n'y fait pas d'allusion explicite, l'énonciateur s'adresse à un destinataire pluriel (ils).

Nous observons aussi que le dirigeant en tant qu'énonciateur de l'acte de qualification se présente en invoquant plusieurs personnes de l'hôpital, c'est-à-dire le « mode collectif » et utilise le « nous ».

Exemples de verbatim (extraits de réunion) :

« *Nous ne pouvons pas être d'accord mais il faut savoir que nous appartenons au service public. La Direction régionale nous donne des directives et par conséquent nous devons les accomplir en concordance avec notre réalité locale...* »

« *Nous avons beaucoup à faire pour le contrôle des infections intra hospitalières...* »

« *Nous devons nous préoccuper de faire les choses avec beaucoup d'attention...* »

De façon moins fréquente, le dirigeant en tant qu'énonciateur se présente sur un « mode individuel », il est centré sur le « Je », et le destinataire peut être « Je, Tu ou Ils ».

Exemples de verbatim (extraits de réunion) :

« *Je crois que les bonnes intentions de ce système sont intéressantes, mais en même temps avec un tel système, il me semble qu'il faut se protéger...* »

Dans ce cas l'énonciateur se présente comme quelqu'un qui est très engagé dans la situation qui est qualifiée, l'expression « Je », du point de vue de l'énonciateur montre l'adhésion au discours institutionnel ou à l'activité qui est qualifiée, mais du point de vue du destinataire il prend de la distance, le destinataire est plus fréquemment reconnu sous « Il/Ils » que « Tu/Vous ».

b) Le deuxième élément à souligner dans le contexte social de la qualification est en rapport avec **le type de relation sociale et discursive dans lequel se fait l'acte de qualification**.

Si nous nous focalisons sur *l'identité sociale des acteurs* de la qualification, alors nous parlerons de relation symétrique et asymétrique. On peut faire l'hypothèse que les relations qui prévalent à l'hôpital entre le Directeur et les Chefs de Service ne sont pas établies par lignée hiérarchique, mais plutôt par la relation de collègues, de pairs, relative à leur qualité de médecins.

Si nous nous focalisons sur *l'identité discursive des acteurs* de l'acte de qualification, nous parlerons de la relation comme une partie de l'acte de qualification même, sur la base du type de relation que l'énonciateur voudra établir avec le destinataire (Watzlawick, 1972). Nous avons trouvé trois types de relation établie au moment de faire l'acte de qualification à savoir : l'assertion, l'intimation, l'interrogation.

L'assertion permet à l'énonciateur de présenter l'acte de qualification avec certitude et autorité, il n'indique pas que l'énoncé représente la vérité, mais il s'offre avec un sentiment de connaissance sur ce qu'il est en train de se dire, du fait de sa propre expérience et/ou de celle des autres. Il utilise alors des mots qui permettent de persuader l'énonciateur.

Exemples de verbatim (Extrait de réunion) :

« Le taux de mortalité « sepsis » s'est incrémenté graduellement à l'hôpital. Les hôpitaux qui ont diminué le taux de mortalité par « sepsis » n'ont pas dépensé plus d'argent, ils n'ont pas utilisé plus de personnel. Ils se sont organisés du point de vue de l'urgence pour faire face à de telles situations. »

L'intimation permet d'interpeller le destinataire, en l'occurrence ses collaborateurs, avec l'intention que le destinataire (l'adresse) qui reçoit l'acte de qualification sache à quoi s'en tenir. Il s'agit surtout d'un moyen de pression pour influencer la construction du sens d'autrui.

Exemples de verbatim (Extrait de réunion) : le dirigeant a dit :

« Si la sous-direction d'infirmerie est créée tout va se compliquer, les responsabilités professionnelles ne sont pas bien définies, qu'est-ce qui arrive si le sujet d'attention d'un patient passe au judiciaire ? De qui est-ce la responsabilité ? »

L'interrogation permet de stimuler chez les autres l'esprit d'initiative et d'agir en conséquence de ce que l'énonciateur a dit.

Exemples de verbatim (Extrait de réunion) :
« Est- ce que vous avez compris la dépendance de la gestion des lits ? Pour moi, la dépendance de la gestion des lits, c'est quelque chose que je ne comprends pas. »

Enfin, nous pouvons conclure que le type de relation qui s'établit entre l'énonciateur – ici avec l'identité sociale de « Dirigeant » - et le destinataire – ici avec l'identité sociale de « collaborateurs » - se fait sur la base de l'assertion, qui s'exprime dans un énoncé déclaratif – affirmatifs ou négatif - mais avec certitude.

3. Les grandes fonctions sociales de l'activité de qualification

3.1 Une fonction de limitation d'espace d'action

Les activités de qualification sont associées à des enjeux de pouvoir inhérents à la complexité d'un hôpital. Normalement les actes de qualification sont orientés vers l'imposition de rapports de pouvoir et permettent de façonner les interactions sociales à l'intérieur de l'hôpital selon des schémas prévisibles et non négociables, en montrant leur compatibilité avec les idées partagées, par exemple la place du médecin et la place de l'infirmière ou encore le sens donné aux lits à l'hôpital et en montrant en quoi ils servent l'intérêt général.

Exemples de verbatim :
« Est-ce que vous avez compris la responsabilité de gestion de lits ?... Pour moi, la responsabilité de la gestion des lits, c'est quelque chose que je ne comprends pas dans la nouvelle structure de l'hôpital, maintenant je ne sait pas si elle est là pour des raisons pratiques ou professionnelles, peut être pour des raisons pratiques, ça reste sous la responsabilité de la sous-direction de soins aux patients (dirigé par une infirmière), qu'est-ce vous pensez ?... Mais nous croyons que la gestion des lits, pour des raisons professionnelles, devrait être sous la responsabilité de la sous-direction médicale. Parce que la gestion des lits est en relation avec la fonction des médecins, par exemple les médecins peuvent suspendre la sortie du patient ; aussi c'est eux qui décident de l'hospitalisation des patients ». (Extrait de réunion).

La fonction de la qualification dans ce cas est de donner un cadre interprétatif à autrui (les infirmières et les médecins) de l'ordre d'une présupposition *« la responsabilité de l'unité de gestion des lits par la sous-direction de soins n'est pas bonne »*. Autrement dit, dans cet exemple le dirigeant recherche la préservation de l'espace de pouvoir du médecin face aux infirmières et en même temps il cherche la limitation de l'espace d'action *« les lits sont une expression territoriale des médecins »*.

3.2 Une fonction de mise en perspective des activités des subordonnés

L'action de qualification incorpore une composante de certitude qui peut s'apprécier dans l'acte de qualification avec des expressions relevant du « savoir », du « croire ». Nous avons constaté que plus il y a un vécu d'incertitude, plus on constate des phénomènes de qualification. On qualifie abstraitement une partie de la réalité *« la situation dans laquelle nous sommes »* pour détacher et imposer des perspectives dans l'événement *« la situation dans laquelle on agit »*, en insufflant des présupposés à autrui sur l'action la plus favorable.

Exemples de verbatim :
« Les mauvaises pratiques c'est l'hôpital qui devra les payer et pas la Direction Régionale de Santé, par conséquent nous devons nous préoccuper de faire les choses avec beaucoup d'attention, nous devons commencer à

remplir les fiches cliniques correctement, nous devons faire les consentements informés des patients… Tout qui ce n'est pas fait correctement va déséquilibrer le budget de l'hôpital. Si l'hôpital perd un procès, il devra payer et répondre avec son patrimoine, par exemple face à des choses négatives comme les négligences médicales. » (Extrait de réunion.)

La fonction de la qualification est alors de donner un cadre interprétatif à autrui, les collaborateurs, et, à travers eux, de mettre en perspective une façon d'agir pour tout le personnel de l'hôpital.

Les dirigeants entrent dans ce processus généralement en cas de conflit, de crise, d'urgence administrative. Les réunions sont des instances pour trouver des accords, chacun y défend sa position, avec ses différents procédés et sa technique, il y a des tensions de réaction, c'est-à-dire des émotions, mais ce sont toujours des négociations conversationnelles qui se manifestent avec l'intention d'arriver à un consensus (réel ou feint) permettant une construction collective.

3.3 Une fonction de préservation d'image : de l'organisation et de soi-même

L'action de qualification incorpore une composante prescriptive, dans le domaine de l'obligation, qui peut s'apprécier avec des expressions du type : « il faut », « on doit ».

Exemples de verbatim (Extrait de réunion) :

« *Il faut sanctionner les employés qui achètent des produits à l'intérieur de l'hôpital. Je demande aux Chefs de Service leur collaboration, ce n'est pas un moindre sujet, en vérité, c'est une pratique très répandue et pas seulement des gens externes de l'hôpital, aussi des employés de l'hôpital. Un chef de service m'envoie une note où il m'indique qu'il a surpris une professionnelle de l'hôpital qui vendait des bijoux dans son bureau. Qu'est-ce qui reste pour les professionnels à qui nous devons donner l'exemple quand nous nous comportons de telle façon.* ». (Extrait de réunion).

La fonction de la qualification dans ce cas est d'interpeller les Chefs de Service pour les compromettre dans leur rôle de préservation de l'image de l'hôpital et de soi-même en tant que responsable de la direction de l'hôpital.

4. Le lien entre le contexte social de la qualification et l'analyse de la fonction de la qualification

Le dirigeant en tant que représentant de l'organisation est un canalisateur du regard sur l'environnement professionnel. A travers l'acte de qualification, il propose des formes pour regarder cet environnement et l'action même en aidant à la négociation du sens par des cadres interprétatifs qu'il propose à ses destinataires (ses collaborateurs).

Un des liens les plus importants entre le contexte social de la qualification et la fonction est que le dirigeant en tant qu'énonciateur construit le destinataire de l'acte de qualification, comme nous l'avons déjà spécifié plus haut. Par contre, nous savons qu'au moment où le destinataire décode l'énoncé il fait des liens avec des situations différentes de celles de l'énonciateur (Bruner J., 1992), donc nous pouvons dire qu'il y a une différence entre le « sujet destinataire » et le « sujet interprétant ».

Exemples de verbatim (Extrait de réunion)
(Dirigeant) :
« Est-ce que vous avez compris la responsabilité de la gestion des lits ?... Pour moi, la responsabilité de la gestion des lits, c'est quelque chose que je ne comprends pas dans la nouvelle structure de l'hôpital..., mais je crois que la gestion des lits, pour des raisons professionnelles, devrait être sous la responsabilité de la sous-direction médicale. »
(Infirmière) :
« A mon avis l'unité de gestion des lits me semble très logique dans l'organigramme, les infirmières et les médecins participent à la gestion des lits. Il y a une partie médicale comme la résolution médicale, qui a l'intention de résoudre le problème de santé du patient, et de l'autre côté l'infirmière est responsable de l'optimisation du recours-lit... »

Dans cet exemple le dirigeant se présente sous une forme anonyme dans son acte de qualification « on, il », mais en prenant en compte son identité sociale de « médecin », nous comprenons que pour lui (énonciateur) « les lits » sont une expression de territoire, et que donc le destinataire qu'il a construit est en rapport avec l'image qui pour lui représente ces lits, image qui fait partie de la mémoire collective (Bruner J., 1986) de l'hôpital. Toutefois, dans cette situation le dirigeant ne peut pas déployer son identité sociale dominante « de médecin », parce que ce serait une forme de prise de distance par rapport au discours institutionnel, du Ministère, discours qu'il est censé représenter à l'hôpital.

D'ailleurs, si nous appelons l'identité sociale du destinataire « les infirmières », le lien fait par rapport à tel événement de l'environnement du travail - l'assignation du lit au patient – est très différent pour les infirmières pour qui « la loi » leurs donne l'opportunité de prendre du pouvoir face au médecin, donc elles réagissent d'une façon différente face à l'acte de qualification du Directeur de l'Hôpital et des Chefs de Service.

Les activités de qualification sont des requalifications pour les autres, donc, qualifier pour les autres est en même temps une façon de prendre le pouvoir sur l'environnement de travail et une appropriation dudit environnement pour la proposer aux autres.

Nous pouvons dire que l'énoncé du « dire » que porte l'acte de qualification est compris comme une « proposition explicite » (Bruner J., 1986) faite par l'énonciateur. Cette proposition explicitée pour le destinataire se transforme en une présupposition (cadre interprétatif) au moment où il qualifie, tout d'abord pour lui, parce que c'est à partir de là que le destinataire construit du sens, en lien aussi avec le concept de cadre interprétatif et de mémoire collective (Bruner J., 1986).

Enfin, nous sommes bien sûr conscients qu'il est impossible de vérifier si l'interprétation faite par le destinataire de l'acte de qualification coïncide avec la proposition faite par l'énonciateur et si l'intention de l'énonciateur est atteinte, voire performative.

Conclusion

L'activité de qualification traduit un acte mental dans un acte discursif et social. Au travers des activités d'évaluation, le dirigeant interprète l'environnement professionnel et au travers des activités de qualification le dirigeant transforme cette « interprétation », dans un acte discursif, selon les scénarios qui lui sont favorables, pour influencer la construction du sens d'autrui, ses proches collaborateurs ou le personnel en général. C'est une réélaboration interprétative comme une source de développement des *milieux de travail* et des sujets eux-mêmes.

La place de l'agent qui qualifie se construit en lien avec sa double « identité sociale et discursive ». Du point de vue social notamment, c'est l'identité de « Dirigeant » qui prédomine, et du point de vue discursif l'acte de qualification se fait dans position neutre et assertive.

Par contre concernant la place de l'agent évaluateur, c'est celui qui fait la demande d'évaluation qui exerce un pouvoir de tutelle sur les acteurs qui font l'action d'évaluation.

Finalement, les grandes fonctions de l'activité de qualification représentent une manifestation du « faire » du dirigeant dans laquelle il y a l'intention dominante «'d'influencer autrui », dans sa construction du sens, avec l'objectif d'atteindre les buts de l'organisation, l'hôpital.

Grille d'analyse de l'activité de qualification

1 - Le contexte social de la qualification (discursive et sociale) :	
\multicolumn{2}{l}{Identification et distribution des rôles des acteurs de l'acte de qualification. L'acte discursif dans le contexte social.}	
Place de l'agent qui qualifie :	Le sujet qui émet l'acte discursif, l'énonciateur et le locuteur, selon leur identité discursive et sociale. « je, il, on, nous ».
A qui s'adresse la qualification :	De qui je vais changer la représentation. Le sujet vers qui l'acte de communication est dirigé, le destinataire, l'interlocuteur, l'interprétant, selon leur identité discursive et sociale. « il, on, ils, tu, vous ».
Relation sociale dans laquelle se fait la qualification :	Identification du type de relation qu'il y a entre eux : Externe : Symétrique, Asymétrique et Interne : assertion, interrogation, intimation.

2 – Objet de la qualification (sociale et pragmatique) : Ce qui est qualifié, le processus social comprenant des personnes, des actions ou des situations, situées dans une réalité sociale et un environnement professionnel déterminés.	
Contexte :	Dans quel niveau de réalité sociale se situe l'objet de qualification.
Qu'est-ce qui est qualifié :	Un processus social peut être des personnes, des actions, des situations, des prescriptions, c'est variable.
Personnes :	Les personnes concernées par l'objet de qualification. Ils peuvent être présents ou pas dans la réunion.

3 - Analyse de l'acte de qualification (mentale et discursive) :	
En fonction de quoi on qualifie :	Le moyen de travail pour émettre un acte de qualification.
À partir de quoi on qualifie :	Les matériaux de travail pour émettre un acte de qualification.
Jugement de valeur ou d'utilité.	Un adjectif qualitatif ou substantif, en rapport avec la catégorie qualifiée : numéraux, de grandeur, indéfinis, des verbes d'obligation qui impliquent un acte de qualification.

4 - Les modalités discursives de l'acte de qualification (discursive) :	
Les verbes des processus relationnels	Les verbes qui établissent des liens entre deux entités (Halliday, 1985) : être, approcher, donner, enseigner, agir, etc.
Les verbes de mesure	Les verbes de mesure, tel comme augmenter, incrémenter ou diminuer. (Blanca ; Domingue, 2008)
Les verbes des processus matériels	Ils comprennent les verbes qui en général sont en relation avec le « *faire* » d'une entité, cela signifie qu'une entité commence le processus et elle agit de quelque façon sur l'autre (Halliday, 1985) : faire, avoir
Les verbes des processus existentiels	Les verbes qui indiquent la manifestation des choses, au début, dans leur développement et dans leur fin, ainsi que les altérations temporelles qui peuvent se présenter (un temps) (Blanca ; Domínguez, 2008) : il y a, s'attarder, s'avancer, etc.
Les verbes d'obligation	Les verbes ayant des rapports avec le sens d'obligation. En même temps, ils peuvent se manifester comme des catégories de jugement de valeur ou d'utilité. Aussi ils peuvent avoir une forme positive ou négative : falloir, devoir, il est nécessaire.

5- Analyse de la fonction de la qualification	
Fonction de la qualification	Les buts de l'acte de qualification, toujours compris comme un acte d'influence sur autrui. Elles s'expriment de façon explicite ou implicite. Qu'est-ce qu'il passe avec ce qui est qualifié, est-ce qu'il expose une partie de son identité ?
Indicateur de la fonction de la qualification.	Ils montrent les principaux indicateurs qu'on trouve dans le processus d'analyse de données. Ils sont orientés principalement par la fonction de la qualification.

Adaptation sur la base de : Jean Marie Barbier (1993). *La evaluación en los procesos de formacion*, Barcelone- Paidos

QUATRIÈME PARTIE

MARQUER SA PLACE

Chapitre 7

CONSTRUIRE
L'ESPACE D'ACTION LÉGITIME

Emmanuelle Betton, Laurence Durat

La position hiérarchique au sein d'une organisation ne suffit pas à assurer l'autorité de celui qui dirige, sa capacité à faire agir autrui, ni à déterminer mécaniquement son espace d'action légitime aux yeux de ses collaborateurs comme de ses partenaires externes. Celui dont le pouvoir est issu de son statut de dirigeant peut ne pas réussir à faire autorité auprès des personnes avec qui il travaille et dont il doit impulser l'engagement à agir. Si l'action de diriger a pour spécificité d'agir sur « l'engagement même des sujets individuels et collectifs dans l'activité » (chapitre 3), il est intéressant de se demander ce qui rend cette action possible durablement, au-delà des moyens qui sont conférés au dirigeant par son statut. Il ne s'agit pas ici de décrire l'ensemble des comportements produits par le dirigeant pour faire agir ses collaborateurs dans le sens visé par l'organisation (chapitre 4) ni même d'explorer les modes de justification de ces moyens mis en œuvre, mais de nous intéresser plus particulièrement à la façon dont le dirigeant construit et maintient la légitimité perçue de son pouvoir, tant pour lui-même que pour ses collaborateurs. Dans cette perspective, la légitimité est conçue comme « une ressource essentielle du pouvoir » (Pichard-Stamford, 2001), qui lui permet de s'exercer efficacement et durablement. Il nous intéresse de comprendre comment le dirigeant se construit une légitimité qui n'est pas donnée *a priori*, comment il l'ancre dans les dispositifs manipulés et les situations rencontrées dans l'exercice de sa fonction, comment il préserve son espace d'action légitime dans l'interface avec les instances politiques de l'organisation et les entités externes dont elle dépend et qui mettent en jeu sa crédibilité à l'interne (chapitre 4), comment enfin il maintient sa posture par les compromis qu'il réalise entre plusieurs logiques d'action et plusieurs espaces d'activité.

1. Légitimité et rapport au politique

Pour une part, la construction de la légitimité du dirigeant est mise en jeu dans le rapport au politique, et plus généralement aux décideurs élus. Sur l'ensemble des terrains où nous avons rencontré des dirigeants, leur légitimité se trouve « sous-ordonnée » à une légitimité surplombante qui est celle des politiques : présidents du conseil d'administration dans les établissements hospitaliers ou dans les organisations de l'économie sociale, maire ou président des conseils généraux ou régionaux, administration centrale et préfets dans le cas des directions locales du Travail et de l'Emploi, détenteurs du capital dans la sphère privée. Cela est particulièrement manifeste pour les dirigeants du secteur public : qu'il s'agisse des dirigeants des collectivités territoriales, des établissements publics de santé, ou des services déconcentrés du ministère du Travail, tous ont à rendre compte de leur action à des élus ou au représentant de l'Etat. Dans l'économie sociale, ce rapport de subordination est également prégnant. Quant au secteur privé, les questions de légitimité ne se posent pas de la même façon, puisque les décisions politiques et techniques sont détenues par les mêmes acteurs, mais l'inscription dans un espace local est également une ressource pour accroître la reconnaissance des dirigeants.

Le rapport le plus direct est celui qu'entretiennent les dirigeants territoriaux avec l'équipe politique (municipale, départementale ou régionale) puisque leur mission est explicitement de mettre en œuvre le projet de mandat de l'exécutif local élu par les citoyens. En ce qui concerne les directeurs d'hôpital, ils ont à porter leurs projets devant le conseil d'administration qui est présidé par le Maire de la commune de rattachement de l'établissement. Ainsi, c'est le rapport qu'entretiennent ces deux personnes et, au-delà d'eux, la confrontation entre les différentes rationalités en présence qui pèsent dans toute décision stratégique. Les directeurs départementaux (DD) et régionaux (DR) du Travail, de la Formation et de l'Emploi ont en charge la mise en œuvre des orientations données par les services du Premier Ministre, tandis que l'organisation de ces services « repose sur le principe d'une déclinaison de l'action publique calquée sur le découpage administratif régions et départements ».

« Si dans les textes officiels, cette organisation ternaire tend à structurer et décliner l'action publique en grands domaines distincts, le travail d'un coté et l'emploi de l'autre, sur le terrain ces domaines se superposent constamment, ce qui brouille les frontières des prérogatives de chacun et oblige les DR et les DD à savoir construire et adapter régulièrement leurs modes de coopération avec les préfets ». A cela s'ajoutent les relations avec l'administration centrale « qui se matérialisent au travers des débats techniques portant souvent sur les mesures destinées à développer l'emploi » (Rapport sur l'activité des dirigeants des services déconcentrés du ministère du Travail – Ulmann AL, 2008). Dans le champ de l'économie sociale, le rapport au politique n'est pas moins compliqué, même s'il s'agit de la politique de l'institution elle-même. La fonction de dirigeant salarié dans les organisations de l'économie sociale confère un pouvoir, acquis par délégation, quant aux ressources stratégiques à mettre en œuvre pour appliquer le projet politique et les orientations dessinées par les élus (membres des conseils d'administration, présidents, sociétaires). Ce pouvoir s'exerce dans l'espace des relations avec les collaborateurs et des activités de gestion et de coordination. Les dirigeants salariés ont ainsi en charge le registre technique de la fonction de direction (Rapport sur les dirigeants de l'économie sociale). Dans le secteur privé, une séparation est également instituée entre détenteurs du capital (les propriétaires de l'entreprise) et dirigeants salariés, engendrant des mécanismes parfois forts complexes de contrôle de la latitude managériale des dirigeants opérationnels par les actionnaires. Concernant plus particulièrement les dirigeants de

PME, une part de leur légitimité se trouve également inscrite dans l'action qu'ils développent dans l'espace local (chapitre 4). Participer à l'économie locale, développer l'emploi contribuent à renforcer leur légitimité en tant que dirigeant et leur emprise auprès des salariés en même temps que leur reconnaissance sociale au sein de la communauté locale. Ce qui suppose, à l'inverse, que les décisions qu'ils prennent en tant que dirigeants et vis-à-vis de leurs salariés se trouvent exposées au jugement du groupe local auquel ils appartiennent (Rapport sur l'activité des dirigeants de PME. – Robin J-Y., 2008)

D'une manière générale, on peut faire l'hypothèse que l'activité des dirigeants dans ses rapports avec les instances politiques de l'organisation ou avec les espaces sociopolitiques dans lesquels elle se déploie mette en jeu de manière plus ou moins conflictuelle leur légitimité ainsi que leur crédibilité vis-à-vis des acteurs internes de l'organisation (chapitre 4).

2. Définir un territoire d'action spécifique

Une séparation est instituée dans les discours, et présentée comme « naturelle », entre la sphère technico-administrative et la sphère politique qui ne rend pourtant pas compte de la réalité vécue par les dirigeants. Elle semble davantage avoir pour fonction la définition de territoires d'action bien distincts, pour les élus et pour les dirigeants, visant à préserver des espaces d'autonomie pour ces derniers et à limiter les incursions des politiques dans la gestion courante.

Dans la sphère publique, il est convenu de présenter la dimension technico-administrative comme ayant sa propre légitimité, complémentaire de la légitimité politique détenue directement par les élus à la tête des exécutifs. Or, il ressort de nos observations que cette vision d'une distinction naturelle de ces deux dimensions et d'une complémentarité nécessaire et aisée entre elles provient surtout d'une rationalisation *a posteriori* à vocation auto-réalisatrice. Ce discours dualiste institue la coordination entre les différents acteurs comme évidente à la condition que chacun reste dans son rôle : aux politiques la définition des orientations stratégiques, et aux dirigeants la mise en musique de la partition écrite. La description de l'activité des dirigeants comme simple application de décisions politiques ne rend pas compte des phénomènes en jeu. Derrière une séparation formelle entre la dimension administrative et technique et la dimension politique de la fonction de direction, il y a une imbrication de fait et des rapports de force.

En premier lieu, l'inégalité entre les logiques en présence dans les faits (la légitimité de référence étant celle de l'élu par le fait même de cette forme de désignation), conduit en cas de divergences à avantager les options des élus au détriment de celles des dirigeants. On peut observer cette imposition de la logique politique sur la logique managériale sur de nombreux terrains : concernant par exemple les dirigeants des services déconcentrés du ministère du Travail, le territoire de l'action publique est loin d'être un espace de collaboration fluide. Il se découvre parfois « comme un champ de manœuvre à protéger d'incursions trop pressantes ou prégnantes du Préfet » (Ulmann AL, 2008) cette équation se retrouve dans les demandes faites aux dirigeants du travail par les instances ministérielles qui ne peuvent être ignorées. Dans le cas des dirigeants des collectivités territoriales et de l'économie sociale, les élus peuvent aller jusqu'à confisquer ce pouvoir d'action technique au nom même du projet politique. Ainsi, la coopération avec les dirigeants élus paraît constituer un nœud relationnel, d'autant plus difficile à dénouer que la séparation des responsabilités de direction en une fonction politique et une fonction technique d'exécution peut parfois devenir un champ d'affrontement et d'incompréhension. La difficulté est accrue par le fait que dans l'économie sociale, les dirigeants sont, pour la plupart, des militants en situation d'employeurs, ce qui ne va pas sans difficulté de positionnement, d'autant plus que les salariés sont en mesure de jouer de ces contradictions. Cette inégalité dans le rapport de force parfois vivement rappelée (« *c'est moi qui rends des comptes aux citoyens* » disent les élus) tend à produire des « stratégies de dominés », c'est-à-dire de résistance passive ou active, de contournement voire d'influence de la part des dirigeants afin d'élargir leur marge de manœuvre dans le cadre du maintien d'une collaboration. En effet, la rupture ou le conflit ouvert signerait une complète impossibilité d'agir pour le dirigeant.

En second lieu, nous pouvons souligner qu'une séparation totale dans l'activité n'est guère pratiquée et serait peu opérante si elle était instrumentalisée en l'état. Les processus décisionnels que nous avons pu observer montrent l'intervention des dirigeants à chaque étape de l'élaboration pour réorienter, affiner, développer, requalifier un dossier proposé par les élus. De même les élus n'interviennent-ils pas seulement à la genèse des processus mais interagissent à de multiples occurrences. Si bien que la co-production est permanente entre la sphère politique et managériale, dans un flux continu et insécable. Le dirigeant ne pourrait fonctionner s'il n'intégrait pas pleinement la dimension politique de sa fonction. Ainsi, un dirigeant d'hôpital qui a développé une rationalité d'efficacité et d'intégrité gestionnaire n'acquiert pas pour autant une crédibilité externe s'il a méconnu la force des rapports politiques internes à son établissement, comme cela a pu être le cas pour un directeur d'hôpital qui a joué (et perdu) son poste en apurant pourtant les finances de son établissement avec beaucoup de rigueur (Rapport sur l'activité des dirigeants des établissements publics de santé – Laude L., 2008) ; de même les dirigeants territoriaux ne peuvent inscrire leurs projets dans une logique purement administrative ou technique en occultant la dimension nécessairement politique de toute action publique territoriale : « *rien de pire qu'un dossier financièrement ajusté, techniquement huilé mais pas vendable politiquement* ». Ce qui conduit un certain nombre de dirigeants à revendiquer une magistrature d'influence sur les décisions politiques, une co-élaboration qui doit pourtant rester officieuse dans un certain nombre de cas pour préserver l'élu dans ses prérogatives et dans sa capacité à s'attribuer la genèse de la décision.

Enfin, il apparaît que le dirigeant est parfois lui-même au cœur de cette compréhension du politique de par son propre parcours : soit parce que le choix même de sa fonction relève d'un intérêt pour la sphère politique, soit parce que l'exercice managérial est directement issu d'un parcours militant ou politique (directeurs de cabinet devenant directeurs de service ou dirigeants associatifs anciens militants syndicaux par exemple).

Dans le secteur privé, la définition du territoire d'action est encore très souvent abordée dans le cadre de la préparation des dirigeants à l'exercice de leurs fonctions, à travers un corpus de connaissances techniques et reflète une identité de technicien partiellement inadéquate. De fait, l'évolution de ces organisations (hiérarchies auparavant fortement structurées) a entraîné une transformation profonde du rôle des dirigeants, ceux-ci n'assurant plus seulement des tâches techniques, mais étant amenés à se situer dans des positions beaucoup plus instables, redéfinissant ainsi leur identité managériale (Hendry, 2006) au cœur de tensions multiples et en demeure de construire et reconstruire en permanence les conditions de coordination, de confiance et de direction préalablement garanties par la légitimité même de la structure. Ainsi certains dirigeants font-ils état de la difficulté à déterminer leur sphère d'activité, le niveau de leurs interventions, sommés de prévoir et d'anticiper l'avenir alors même que le règlement de problèmes techniques et la gestion des collectifs humains les occupent bien plus qu'ils ne l'envisageaient.

3. Tensions entre des logiques d'action et de sens plurielles

Cette tension entre décideurs et dirigeants trouve un écho dans la tension interne qui met également en jeu la légitimité des dirigeants, sur le plan personnel cette fois. Ces champs d'affrontement entre acteurs que nous venons de décrire font se rencontrer des logiques d'action et de sens qui ne se recouvrent pas forcément, voire même se trouvent en conflit : logiques commerciales, financières, de production, logiques citoyennes, politiques, militantes, logiques de l'emploi et du travail, etc. (chapitre 3) Ces logiques d'action distinctes et les modes de justifications sur lesquelles elles reposent sont en partie incarnées par des acteurs différents. De ce point de vue, le dirigeant se trouve à l'interface entre des espaces d'activités distincts vis-à-vis desquels il doit composer des compromis soutenables qui permettent d'engager durablement les membres de l'organisation (chapitre 3). Mais qu'il soit de fait possible ou non de faire converger ces logiques dans l'action, celles-ci peuvent exister dans le même temps sous la forme d'une tension ou d'un conflit intérieur chez le dirigeant lui-même.

Ainsi, les dirigeants de l'économie sociale se présentent souvent comme tiraillés entre une logique de rentabilité financière et une logique militante. Les dirigeants que nous avons interrogés ont tous exprimé le souci d'une « *bonne gestion financière* » permettant de garantir la viabilité financière de l'entreprise dans un espace économique de plus en plus concurrentiel. Dans le même temps, le discours construit par l'économie sociale condamne la recherche de rentabilité comme susceptible d'oublier « *l'humain* » au cœur des organisations. Les dirigeants de l'économie sociale se trouvent ainsi confrontés à une double injonction : préserver des modes de rapports sociaux et porter un projet d'entreprise en continuité avec les valeurs de l'économie sociale et en même temps contribuer à professionnaliser l'entreprise au regard des nouvelles contraintes financières et législatives. Le parallèle peut être fait avec les dirigeants hospitaliers et territoriaux qui eux aussi mobilisent, face aux injonctions de groupes d'acteurs influents (les tutelles régionales, les responsables médicaux ou soignants dans le contexte hospitalier ; les services du Cabinet, les adjoints ou vice-présidents, les groupes politiques dans le contexte territorial), le respect de la légalité des actes ou de l'équilibre budgétaire, voire le recours aux valeurs de service public (continuité des soins, égalité d'accès aux services) et d'intérêt général quand les situations leur paraissent omettre ces dimensions constitutives de leur identité professionnelle collective et ne faire droit qu'à une part des intérêts légitimes. C'est dans ce contexte qu'il faut comprendre l'urgence, telle qu'elle s'exprime dans les demandes de formation, à élaborer des outils de gestion et des modes d'encadrement qui seraient « acceptables » au regard des spécificités du secteur. Il résulte de cette double injonction une tension récurrente dans l'activité quotidienne des dirigeants, dont les entretiens témoignent abondamment.

Ce type de conflit interne, perçu comme un corollaire inévitable de la fonction dirigeante, peut également se lire comme une tension identitaire, qui met en jeu d'un coté l'identité pour soi – ce que l'on voudrait être en tant que dirigeant – et de l'autre l'identité pour autrui – celle qui se dévoile à travers les pratiques que l'on donne à voir. Cette tension identitaire se trouve exacerbée lorsqu'elle met également en scène l'identité professionnelle héritée du premier métier ou du parcours biographique. Ainsi, les dirigeants de l'économie sociale sont souvent d'anciens militants, associatifs ou syndicaux, qui éprouvent de grandes difficultés à se penser comme employeurs et assument mal les exigences gestionnaires propres à la fonction. Il en est de même des dirigeants des services déconcentrés du ministère du Travail dont la plupart ont été inspecteurs du travail. « Ces dirigeants semblent souvent affectés, même s'ils s'en défendent en développant des arguments très rationnels, par cette image de « *traître* » renvoyée par des collaborateurs qu'ils estiment » (Rapport sur l'activité des dirigeants des services déconcentrés du ministère du Travail – Ulmann A-L., 2008). Outre la nécessité, pour ces dirigeants, de faire le deuil de leur ancien métier, se trouve ici mise à mal l'identité pour soi du dirigeant (Dubar, 1991), dans sa confrontation avec l'identité pour autrui telle qu'elle est révélée dans ces conflits.

Il ressort ainsi de notre enquête qu'une part importante de l'activité du dirigeant et de l'énergie qu'il déploie dans l'exercice de sa fonction consiste à se construire une légitimité, pour autrui et pour soi. Vis-à-vis des collaborateurs, la légitimité à construire suppose de gérer les rapports de force qui l'oppose aux instances politiques, ou aux autres groupes d'acteurs, de préserver ses marges d'action face à des menaces d'intrusion, de répondre aux injonctions qui émanent d'espaces que le dirigeant ne maîtrise pas. Vis-à-vis de lui-même, il s'agit de gérer les tensions entre des logiques d'action plurielles, et les dilemmes qui en découlent, de nature souvent politique ou éthique, de composer des compromis délicats lorsque sont mises en jeu des positions idéologiques auxquelles il tient et qu'il revendique ou a revendiqué de par son parcours dans d'autres espaces sociaux et professionnels.

Construire sa légitimité de dirigeant, c'est ainsi tenter de résoudre, d'intégrer, de dépasser ou au moins de gérer les tensions internes et externes qui traversent l'exercice de la fonction. Dit autrement, un des objets de travail des dirigeants consiste à travailler sa légitimité, c'est-à-dire en quelque sorte à se prendre soi-même comme objet de travail. Le dirigeant déploie une activité propre à définir sa posture afin d'optimiser l'usage du pouvoir qui lui est conféré par son statut et d'en assurer la légitimité. Si cette activité ne trouve pas nécessairement un champ d'expression dans le cours de l'activité, elle peut se réaliser en « temps caché » et de façon concomitante à la réalisation des fonctions et des taches « ordinaires » du dirigeant. Elle a cependant un impact considérable sur leurs conditions de réalisation et sur leur efficacité. De même qu'elle influe sur les marges d'autonomie du dirigeant et sur la définition de l'espace au sein duquel il peut exercer son pouvoir. De ce point de vue, l'activité du dirigeant se trouve prioritairement à l'intersection entre deux des dimensions repérées de l'acte de diriger, à savoir « donner à voir » et « construire du sens » (chapitre 3). Nous allons voir en effet que les stratégies déployées par les dirigeants pour construire leur légitimité et leur espace d'intervention couvrent ces deux dimensions et en supposent une troisième, la dimension de régulation. Nous allons montrer ce que la nécessité de construire et de maintenir une légitimité jamais définitivement acquise induit tant au niveau de l'activité elle-même du dirigeant qu'au niveau de la qualification qu'il propose de son activité.

4. Les modes de régulation des interactions

Comme nous avons pu le voir, les organisations sont sans cesse tiraillées par des logiques différentes, voire antagonistes. La théorie de la régulation sociale développée par Reynaud (1995) apporte un éclairage intéressant sur les pratiques observées ; pour cet auteur, les règles sociales sont un construit collectif, produit de la rencontre de plusieurs groupes sociaux aux valeurs divergentes. Ces règles ne fonctionnent pas comme des prescriptions intangibles, mais en tant que référence pour l'évaluation de l'action. Or la régulation sociale connaît une pluralité de sources : la régulation de contrôle, imposée par le haut (« top-down »), et une régulation autonome (création d'une référence normative alternative) pour dépasser l'inefficacité de certaines contraintes venues d'en haut. L'activité réelle est le résultat d'un compromis entre ces deux sources de régulation en négociation entre le système officiel élaboré et le système indulgent que construisent les acteurs, dans une lutte pour la reconnaissance de leur propre référence.

Nous distinguerons deux types de tentatives de régulation des interactions entre les dirigeants et les divers groupes en présence : d'une part les situations de soumission, abandon ou renoncement de l'une des parties à faire valoir ses options et les effets que ce choix engendre, d'autre part les situations où un accord est recherché sur des principes organisateurs, des guides d'action qui régulent les interactions sociales.

4.1 Acceptation de la logique prééminente

Une partie des dirigeants du secteur public et de l'économie sociale interrogés présentent leur relation aux élus sur le mode d'« *un rapport de force* » ou d'« *une dualité de pouvoir* » entre les dimensions techniques et stratégiques de la fonction de direction, dont ils sont responsables, et son registre politique dont se réclament les instances électives de l'organisation. Le rapport nécessaire aux orientations et choix des élus peut parfois être vécu comme une exigence « *tyrannique* » ou comme une

« *ingérence* » : ils « *empiètent* » sur les prérogatives du dirigeant salarié ou « *viennent mettre leur grain de sel* ».

Nous faisons l'hypothèse que l'expression de ce type de frustrations est liée à l'échec de la part des dirigeants à faire valoir leurs points de vue dans les échanges avec les élus et au ralliement par renoncement, abandon ou soumission à la logique défendue par ces derniers. Une telle issue du rapport de force a des effets divers : soit les conflits d'intérêts trouveront à s'exprimer dans une situation ultérieure, soit les dirigeants tentent par d'autres moyens à leur disposition de freiner le processus d'une décision à laquelle ils n'adhèrent pas : « *si une décision est manifestement contraire aux intérêts communs, ne serait-ce qu'irrationnelle au plan budgétaire, mais imposé par tel élu, si haut placé soit-il, je considère qu'il est de mon devoir de fonctionnaire de trouver à l'éviter, tout en ne m'opposant pas frontalement à l'élu* ».

Mais les dirigeants peuvent aussi résoudre la tension avec le politique, représenté ici par les élus, par le recours à diverses rationalisations *a posteriori* d'une activité vécue comme incohérente.

Par exemple, la description précédente de leur activité comme « *entravée* » par le pouvoir politique des élus est présentée dans le même temps comme ayant du sens pour eux, ce sens étant justement d'être « *ordonnée au politique* », y compris dans ce que cela peut avoir de contraignant, c'est-à-dire de rendre possible, par leur travail quotidien, l'exercice de la mission politique des élus. Par leur souci d'une gestion efficace des ressources, ils déchargent les dirigeants élus des tâches techniques et stratégiques qui nuiraient à la continuité de l'action politique. La tension vécue par le dirigeant dans son rapport au politique et la menace que cette tension fait peser sur la légitimité de son pouvoir se trouvent donc en partie acceptées voire résolues dans la (re)présentation qui est offerte d'une activité dont la valeur et la signification sont précisément d'être soumise au politique.

Ainsi, la référence au sens permet une qualification de l'activité, dans ses dimensions gestionnaires, qui masque la contradiction possible entre ce registre d'activité et le registre politique. Cette parole recueillie dans les entretiens rend compte de la façon dont les dirigeants font « l'expérience de leur travail » et, par là même, de la façon dont ils parviennent à « tenir » face à des injonctions potentiellement contradictoires. Ainsi, le discours sur le sens devient une modalité de résolution de la tension.

Dans la même perspective, d'autres dirigeants acceptent une qualification « *restrictive* » de leur fonction, celle du dirigeant gestionnaire de « *la maison* », assurant les conditions d'une action politique continue et déchargée des soucis du quotidien, car elle offre, paradoxalement, la possibilité d'une valorisation de leur pouvoir, cette position de dirigeant gestionnaire s'instituant comme la source d'un contre-pouvoir propre aux dirigeants : selon cette perception, les élus sont également dépendants d'une gestion efficace des ressources internes à l'entreprise (humaines, stratégiques, techniques), gestion qui se doit elle aussi d'être continue pour que leur action politique ne soit pas vaine ou inefficace. Par l'obligation qui est faite aux dirigeants de veiller en permanence à la bonne marche de la « *maison* », ceux-ci reconquièrent une forme de pouvoir dont les élus sont, de fait, en grande partie privés. Il s'agit d'un pouvoir que l'on peut qualifier de « domestique », conquis par la présence continue du dirigeant dans l'entreprise, et qui s'oppose au pouvoir « politique » des élus, lui-même corrélé à leur présence « discontinue ». Il s'agit dans ce cas de penser son pouvoir comme relatif contre-pouvoir ou à tout le moins comme susceptible de générer sa légitimité intrinsèque par l'interdépendance potentiellement conflictuelle qu'elle génère pour les élus.

Enfin, d'autres dirigeants font état du primat du quotidien dans leur activité, qui les contraindrait à se cantonner à l'immédiateté et à ne plus pouvoir intervenir dans la sphère décisionnelle des élus. Ils justifient par ce raisonnement, même s'ils semblent le regretter, le renoncement à l'interaction des deux logiques en présence.

Cette résolution relative de la tension s'exprime néanmoins sous la forme d'une frustration éprouvée par les dirigeants à être « *tellement accaparés par le quotidien* » et les problèmes de gestion qu'ils ne peuvent plus consacrer de temps à « *alimenter la réflexion des élus* » et être ainsi « *force de proposition* », c'est-à-dire à préserver la dimension politique de leur fonction. Un certain nombre des dirigeants interrogés se présentent comme « *happés* » par le terrain, dominés par les injonctions du court, voire très court terme et les exigences de gestion. Ici, la présentation de soi en tant que dirigeant associée à l'image d'une présence continue et indispensable, permettrait d'occulter la mise en tension, ou serait une façon de la gérer. La fuite en avant dans l'activité peut se présenter comme une façon de lui donner du sens. Cette posture d'entière mise à disposition des dirigeants vis-à-vis du terrain permet également de conforter leur légitimité face aux élus : plus ils sont indispensables à l'organisation, plus ils assurent leur pouvoir « domestique » face à une potentielle ingérence du pouvoir politique dans ce domaine réservé de la gestion quotidienne.

Il s'agit également d'observer que cette alternative situe le registre d'action du dirigeant : soit dans le seul registre technique soit dans le registre politico-technique. Ainsi, lorsqu'ils se décrivent comme « *indispensables* », présents à tout et pour tous, épuisant les dimensions temporelles et spatiales de l'organisation, ils exploitent une partie des dimensions possibles de leur champ d'action et s'y cantonnent ; s'ils structurent leur intervention en complémentarité ou subsidiarité avec les autres membres de l'équipe, n'intervenant que dans les seuls objets où ils estiment « *apporter une valeur ajoutée* », ils donnent à voir une autre forme d'autorité. En fonction de ces postures différentes, peut se construire, pour eux-mêmes et pour les autres, une certaine image de leur pouvoir et de leur identité de dirigeant.

4.2 Recherche de guide d'action

Nous avons observé d'autres tentatives de régulation des interactions entre les dirigeants et les élus ou d'autres collectifs en présence qui se présentent comme la recherche d'un accord sur des principes organisateurs, des guides d'action qui régulent les interactions sociales.

En effet, dans un certain nombre de cas, les négociations semblent aboutir à la production des règles d'action sur le mode de collaboration et sur la sphère d'intervention de chaque groupe. Ces principes organisateurs tendent à reconnaître la légitimité de chaque groupe, en tout cas la pertinence de positions multiples pouvant prétendre à se coordonner en vue d'un projet commun. Un tel projet ne peut s'effectuer et se consolider que par une régulation collective des activités.

Un premier exemple met en jeu la latitude managériale laissée par les élus et les dirigeants dans les collectivités territoriales. De fait, la présence discontinue de l'élu dans les situations managériales (présence par les décisions, absence au quotidien) introduit une possible interprétation par le dirigeant de la volonté de l'autorité territoriale, ce qui dégage de fait une autonomie d'action importante, reconnue d'ailleurs par les élus eux-mêmes : « *donc je sais ce qui se passe, je ne suis pas absent, mais le DG, chez moi, a une vraie sphère d'autonomie par rapport notamment à tout ce qui relève de l'administration municipale. Et je ne m'invite pas dans les réunions de direction générale, enfin, je ne l'empêche pas de travailler. C'est la relation de confiance* ». La brièveté des temps de rencontre entre dirigeants et élus est ainsi relevée : « *Ah ben, si on est invité ensemble, par exemple cette semaine, on était mardi chez les banquiers de la place, on est allé ensemble en voiture, ça nous a pris l'aller-retour 40 minutes, voyez des temps informels, parce que c'est un homme qui va vite, quand même, donc pas besoin de lui expliquer longtemps, il passe rapidement d'un sujet à un autre* ». Elle se double fréquemment de discontinuité : « *Je vois mon chef de l'exécutif 1, 2, 3 fois par semaine, 30 minutes, on fait le point sur tous les dossiers* ». Ce sont autant de conditions sinon volontaires, du moins organisées, qui introduisent une latitude dans l'interprétation des décisions politiques. Cette interprétation est délicate, puisque subjective et opportune : « *Le décryptage reste quelque chose de très empirique avec les élus. Nous n'avons pas de réunion formelle sur des sujets de fond, ça les emmerde très vite. Je profite d'interstices pour placer des sujets à forts enjeux* ». Elle s'adosse en même temps à une expérience préalable de cette relation élu-dirigeant et d'intervention dans des contextes où le rapport au politique est prégnant : « *Alors après effectivement, il y a des choses qu'il faut décoder, certainement, parce que la politique ce n'est quand même pas une science exacte…* ». Cette interprétation est cependant une forme de régulation acceptée dans certaines limites. Rien n'empêche en effet à l'élu de revenir sur l'interprétation posée par le dirigeant si elle ne correspond pas à celle attendue. La marge de manœuvre dégagée est donc prise dans le cadre contraignant de la relation du dirigeant avec l'élu dont les règles de collaboration sont toujours susceptibles d'être renégociées : « *si un DG devait me mettre en difficulté sur le plan des équilibres budgétaires, cela romprait le pacte de confiance* ».

Dans une autre mesure, la structuration de l'activité du dirigeant vis-à-vis de ses partenaires (collaborateurs, élus, acteurs extérieurs à l'organisation) est pensée comme une régulation de nature à dégager une autonomie d'action pour de nombreux dirigeants rencontrés.

Luttant précisément contre cet engloutissement dans le quotidien évoqué précédemment, ces dirigeants initient, afin de « *ne pas avoir le nez dans le guidon* », des actions délibérées d'organisation du temps, du système de délégation et d'autres stratégies de préservation de leur disponibilité dans le but de conserver la maîtrise de leur activité et leur capacité à intervenir dans les champs sur lesquels ils s'estiment pertinents. A cet égard, l'agenda n'est pas pour tout dirigeant, comme on le présente communément, un réceptacle de toutes les demandes s'imposant à lui mais un outil primordial de structuration du temps et de hiérarchisation des activités (Rapport sur l'activité des dirigeants de la fonction publique territoriale – Durat L., 2007).

L'emploi du temps est le support d'une intense activité de sélection et de traitement différencié des rencontres en fonction de critères de sensibilité et de particularités des dossiers (porteurs de dossier, urgence de la question, risques associés). De très nombreuses options sont prises à l'occasion de l'inscription dans l'agenda, qui n'est pas rempli de manière réactive et spontanée mais qui est reformulé, recadré, réorienté en permanence et traduit donc les représentations opérantes du dirigeant quant à ses priorités ; il porte trace des principes organisateurs de l'activité propres au dirigeant et régule ses interactions avec ses partenaires. Ainsi l'emploi du temps des dirigeants révèle-t-il également leurs différents réseaux de travail et leur mode d'activation : qui reçoivent-ils régulièrement, dans quelles conditions, en traitant les dossiers de quelle manière ? Les réponses à ces questions nous renseignent sur le mode de régulation privilégié par chaque dirigeant mais aussi sur ses critères d'évaluation de l'activité.

Ce faisant, ces dirigeants décident des modalités de leur intervention sur les processus en cours et contribuent à produire des règles qui vont organiser les activités de leurs collaborateurs et de leurs divers partenaires dans l'activité.

Conclusion

« La légitimité apparaît pour le dirigeant comme une ressource essentielle du pouvoir : il ne peut y avoir de pouvoir durable sans légitimité » (Pichard-Stamford, 2001).

Les pratiques de management sont des pratiques de pouvoir et les dirigeants élus comme les dirigeants nommés sont porteurs de discours de pouvoir dont on ne peut négliger la dimension éthique et politique. Les différentes légitimités en présence ne sont pas nécessairement alignées, ce désalignement provoquant désaccords, oppositions, compromis, voire ruptures dans la coopération.

La résolution, l'intégration, le dépassement ou pour le moins le travail sur ces tensions, externes et internes, font partie intégrante de l'activité des dirigeants. Cette activité se décline en stratégies fort variées de négociation allant d'une position de reddition face à une légitimité dominante à des tentatives de production de principes organisateurs de nature à pacifier momentanément les interactions sociales.

Suivant l'idée que les acteurs produisent le système social davantage qu'ils ne sont déterminés par lui, la théorie de la régulation sociale développée par Reynaud (1995) consacre l'autonomie partielle de l'acteur social, de « sa capacité de construire des règles sociales et d'y consentir » (p. 20), selon un parti pris de la négociation permanente. Le sens donné à la négociation est large : « on peut appeler négociation entre deux parties toute situation où l'une et l'autre mettent en œuvre leur pouvoir respectif pour influencer une décision » (p.179). Ce qui nous intéresse ici ce sont avant tout les rapports de pouvoir et la manière dont ils s'installent, se résolvent ou s'exacerbent grâce à un échange social dont la négociation constitue l'une des formes avec le conflit. Le triptyque conceptuel de J. D. Reynaud est précisément le conflit, la négociation et la règle : la production de règles par les acteurs se construit avec l'échange social, conflictuel ou non, et elle en constitue le principal résultat en ce sens que l'échange à travers lequel un acteur produit une règle à laquelle un autre réagit constitue en soi une négociation. Chaque acteur va à la fois y jouer *autour* des règles (pour les interpréter ou les détourner à son avantage) et *sur* les règles car cet échange, par l'action qu'il suppose et le précédent qu'il crée, contribuera à éprouver ou à transformer le système de règles existant.

Chapitre 8

DIRIGER AU JOUR LE JOUR :
ENTRE MYTHE ET RÉALITÉ

Laetitia Laude, Daniela Rodriguez, Anne-Lise Ulmann

Ce chapitre a pour objet de montrer que l'activité de diriger, loin d'être rationnelle, organisée et prévisionnelle comme semble souvent le suggérer les méthodes de management développées dans les livres à l'intention des dirigeants et des managers en général[17] est au contraire une activité traversée par des ajustements quotidiens qui mettent en tension voire en contradiction l'action et l'intention, l'acte et la parole, le vouloir faire et le pouvoir faire. Cet intérêt pour le travail réel nous amène à faire l'hypothèse que ces dirigeants, accaparés par des sphères d'intervention très diverses se trouvent essentiellement mobilisés par la construction du sens de leurs actes, à la fois pour eux-mêmes, mais aussi pour l'ensemble de leurs collaborateurs. Nous nous proposons donc de regarder dans ce chapitre la manière dont ces dirigeants travaillent à réduire la diversité de leurs champs d'intervention, puis comment ils trouvent un point d'équilibre entre les différents paramètres qu'ils veulent privilégier dans leurs actions, enfin, comment ils se mobilisent et mobilisent leurs collaborateurs pour faciliter les engagements dans l'action.

---

[17] A ce sujet voir par exemple Duncan W. J. (1990), Bartoli, A. (2005), Barabel, M., Meier O. (2006)

1. Réduire la diversité des champs d'intervention

1.1 Une activité en clair-obscur

De nombreux travaux montrent que l'activité des dirigeants se caractérise par des tâches fragmentées et diversifiées (Barabel 2006, Livian 2006), mais peu s'intéressent au fait que le dirigeant se situe à l'interface d'espaces d'activité différents où plusieurs logiques s'entrecroisent. Il s'ensuit que l'élucidation de leurs activités à partir exclusivement de la description des tâches observables, comme pourrait conduire à le faire des méthodes de type ethnographiques ne rend que partiellement compte de leur activité. Le travail d'un dirigeant est en effet complexe à appréhender car il se donne à voir progressivement et difficilement, surtout à un chercheur, forcément extérieur aux processus de travail. Nos premières analyses nous conduisent à attribuer à l'acte de diriger cinq particularités : langagière, diverse, implicite, polyfonctionnelle et secrète.

1.1.1 Une activité principalement langagière

Les dirigeants rencontrés passent de longs moments en réunion, au téléphone ou en entretien et peu de temps à produire concrètement. Souvent d'ailleurs lorsqu'ils effectuent une activité de production concrète, par exemple, l'écriture de notes de travail, ils le font « *en temps caché* », pour reprendre l'expression de l'un d'eux, c'est-à-dire chez eux, sur leur temps personnel, ou entre deux réunions par exemple, comme si ce type d'action ne pouvait trouver place dans l'organisation de la journée.

1.1.2 Une activité diverse

En lien direct avec ce que F. Mispelblom Beyer (2006, 34) appelle « poly activité » pour qualifier la diversité des phénomènes sur lesquels un encadrant intervient, nous considérons également que l'activité est d'une extrême diversité. Au cours du même quart d'heure le dirigeant peut passer sans transition visible d'une réflexion très stratégique avec un collaborateur sur la conduite à tenir pour faire face à des enjeux sociaux complexes (par exemple, l'ouverture de magasins le dimanche, la restructuration des services de l'hôpital, le devenir financier de l'association...) à une activité plus concrète comme la relecture et la signature de notes établies par d'autres collaborateurs, en passant par une activité logistique consistant à signer des bons de commande urgents. Un dirigeant de l'économie sociale soulignera :

[...] J'enregistre les chèques... J'accueille les familles, j'organise mes réunions ; quand je suis au bureau, c'est moi qui réponds au téléphone, qui renseigne les familles, j'accueille beaucoup de personnes qui souhaitent avoir des renseignements sur la création de structures ; j'entretiens les relations avec les centres de formation, avec des tutelles. (Dir. économie sociale).

1.1.3 Une activité « silencieuse »

L'activité se révèle également très « silencieuse » car bien des situations sont traitées par les collaborateurs proches sans le recours aux mots : un silence pesant dans le cours d'une réunion, peut en dire long sur ce qu'il adviendra de la situation évoquée, des regards de complicité avec des collaborateurs proches, un dossier mis en attente, sans raison apparente... constituent des indices précieux pour comprendre l'activité du dirigeant, à la condition d'aller les élucider, dans un second temps.

1.1.4 Une activité polyfonctionnelle

L'activité se caractérise aussi par une poly fonctionnalité des actes posés dans la mesure où les intentions qui justifient une action sont souvent multiples, explicites ou implicites et s'inscrivent le plus souvent dans des temporalités variées. Par exemple, accepter une invitation, pour un dirigeant du ministère du Travail constitue un acte professionnel polyfonctionnel qui lui permet sur le moment, de manifester par sa présence un intérêt pour le sujet de la cérémonie, tout en se montrant (non comme sujet mais comme représentant de l'Etat) à d'autres acteurs institutionnels ; à plus long terme sa présence ici et maintenant lui offre aussi une occasion de repérer des acteurs intéressants à solliciter sur d'autres projets qu'il doit mener ultérieurement, voire d'anticiper, par un repérage informel des préoccupations des invités, d'éventuels conflits ou incompréhensions sur la politique mise en œuvre... La participation à ces activités, en apparence extra-professionnelles, s'inscrit toujours dans des temporalités de courts et de moyens termes avec des enjeux de travail multiples. Cette poly fonctionnalité potentielle de la situation préside souvent implicitement au choix de se rendre ou de ne pas se rendre à ces invitations. S'il ne s'agit que d'être là, se montrer, le dirigeant délèguera probablement sa présence à d'autres collaborateurs.

1.1.5 Une activité secrète

Enfin l'activité est fréquemment secrète, lorsque la gravité et la confidentialité des décisions qui doivent être prises imposent une discrétion absolue. Au moment de notre recherche, des licenciements massifs prévus mais encore confidentiels dans le secteur des équipementiers automobiles, pré/occupaient le dirigeant sans qu'il puisse s'en ouvrir à quiconque. Ces savoirs indicibles contribuent à orienter leurs actions, mais ne peuvent être décelés, surtout par un observateur extérieur qui ne connaît pas l'ensemble du champ sur lequel intervient le dirigeant.

Cette diversité interroge alors la cohérence même de l'activité. Les dirigeants sont-ils constamment mobilisés physiquement et subjectivement par des sujets aussi variés et différents ou bien maintiennent-ils une cohérence d'action, par delà la diversité de leurs activités ? Le constat de l'opacité de l'activité des dirigeants évoqué dans plusieurs des chapitres de ce livre, tient en grande partie à la diversité des sphères d'intervention sur lesquelles ils interviennent. Cette diversité, perçue tant par les chercheurs que par les dirigeants mêmes, qui soulignent parfois la difficulté de passer rapidement d'un sujet à un autre, semble inhérente à la posture même de dirigeant.

« *C'est extrêmement diversifié, c'est extrêmement diversifié... non seulement par le nombre de choses à faire, mais par la qualité, la nature différente des choses...* » (Dirigeant de l'Economie sociale)

1.2 « Faire système » à partir de la diversité

Hiérarchiquement au sommet de l'organisation, à l'interface de l'environnement externe de la structure et de l'organisation interne, ces dirigeants ont aussi en commun d'être à la croisée d'enjeux politiques, sociaux, stratégiques, et techniques. Le traitement d'une situation est rarement la seule résolution d'une question dont la portée serait uniquement technique ou stratégique mais comporte toujours différentes facettes dont certaines ne sont pas visibles simultanément pour un observateur extérieur. D'une certaine manière l'activité des dirigeants, comme notre globe terrestre, est toujours partiellement éclairée. Une partie reste toujours dans l'ombre, mais cette part d'ombre, consciente ou inconsciente, n'en est pas moins présente et agissante, quand elle n'est pas lancinante pour le dirigeant (cf. chapitre 12). Nous pouvons sur ce point faire l'hypothèse d'une différence entre les dirigeants expérimentés et les novices qui tient dans cette capacité à prendre en compte cette part d'ombre. Les dirigeants expérimentés savent intégrer dans leurs actes cette part d'incertitude, alors que les plus novices ont tendance à la sous-estimer, parfois à leurs dépens.

« Quand on s'est fait prendre une fois, on devient plus prudent quand on reçoit les syndicats. On attend d'avoir des assurances pour parler parce que si après on se rétracte c'est là que les problèmes commencent. ... Là l'expérience apprend. On se trompe une fois, pas deux... » (Dirigeant du ministère du Travail)

Il semble que trois dimensions soient systématiquement présentes dans l'activité :

– une dimension politique, qui concerne la définition par le dirigeant de la stratégie qu'il veut mettre en œuvre au sein de son organisation. Cette dimension suppose l'anticipation et donc la construction d'une représentation de ce vers quoi il souhaite orienter l'action des collaborateurs en prenant en compte l'organisation dans son environnement socio-économique. Cette dimension, sans doute la plus connue, se trouve traversée par deux autres dimensions.

– Une dimension technique, qui, loin de n'être que la stricte application opératoire de la dimension politique, concerne plutôt la gestion des champs de responsabilités qui configurent l'organisation. Ces différents champs (financiers, sociaux, production de services…) se trouvent souvent en tension parfois même en contradiction, alors même qu'ils contribuent tous aux finalités de l'organisation.

« On doit assumer la contradiction : quoique l'on fasse, on n'échappe pas au fait qu'on est dans une économie capitaliste et tous, nous nous autogérons. » (Dirigeant de l'économie sociale).

« S'intéresser seulement aux questions financières c'est réducteur. Ne pas s'occuper des affaires financières c'est suicidaire. Notre objectif c'est de durer (au sens que l'hôpital dure). Si on ne tient pas compte des déficits et de ce qui va se passer dans les années qui viennent, c'est notre outil de travail que l'on met en péril. » (Dirigeant d'un établissement de santé)

Enfin une dimension subjective, traverse les manières de faire de ces dirigeants. Cette dimension est ici liée aux conceptions individuelles du dirigeant : son histoire, ses positions personnelles, ses valeurs, ce à quoi il tient (et qui le tient). Rarement reconnue directement, sans doute parce que la subjectivité vient en rupture avec l'image d'un dirigeant en distance avec les complexités du travail, elle constitue non seulement le moteur du sens de l'action à engager (parfois en construisant des rationalisations a posteriori) mais se révèle aussi un puissant point d'appui pour rendre acceptables auprès de ses collaborateurs des choix qui ne sont pas partagés.

« Écoutez, la politique ce n'est pas une question d'argent car derrière il y a des hommes et des femmes, des réalités concrètes, des idées, des objectifs, des projets, du travail. » (Dirigeant de l'économie sociale)

Dans le domaine de l'économie sociale, l'implication identitaire personnelle des dirigeants est particulièrement prégnante, notamment lorsqu'ils s'expriment sur leur prise de responsabilités au sein de leur structure. Ces dirigeants témoignent des milliers d'heures prises sur le temps personnel, qu'ils consacrent à leur travail. La vie de la famille et la vie professionnelle ne font bien souvent plus qu'une, et la confusion des espaces est très fréquente.

« Voilà, moi je suis dérangée, ça m'arrive d'être dérangée pendant la nuit. Je ne dis pas que je suis dérangée tous les jours, hein. (…) Si je suis en vacances, je peux être appelée, même en week-end. S'il y a un problème, je peux être appelée. Bon alors, il y a une mission permanente, s'il y a un problème dans l'établissement : s'il y a un incendie, s'il y a... » (Dirigeant de l'économie sociale)

Ces trois dimensions ne sont pas cloisonnées mais s'interconnectent et s'éclairent mutuellement. Pour les chercheurs, focaliser le regard sur l'une d'entre elles donne indirectement des informations sur les autres dimensions. Une activité en apparence technique comporte donc souvent une dimension politique non accessible directement.

Pour les dirigeants, la diversité de sphères d'intervention caractéristique de leurs activités, bien qu'elle soit souvent soulignée comme fatigante et éprouvante subjectivement, semble en quelque sorte jugulée par des axes de travail structurants et centraux. Nous pouvons alors reprendre à la suite de B. Vidaillet (1996, 174) la notion « d'agenda décisionnel » qui montre « que le dirigeant a tendance à focaliser ses préoccupations autour de quelques problématiques prioritaires et interdépendantes, autour desquelles il en décline d'autres complémentaires et liées, plutôt que de développer simultanément plusieurs groupes autonomes de problématiques. L'agenda se trouve dominé par une thématique d'objets de décision. » Ainsi en fonction des représentations que chacun se forge de sa fonction, l'agenda décisionnel sera différent.

« C'est-à-dire qu'il y a toujours des priorités. Vous gérez une priorité pendant quelques jours, et il y en a déjà d'autres qui sont présentes » (Dirigeant de l'économie sociale)

Dans l'étude sur les dirigeants des services déconcentrés du ministère du Travail (Ulmann, 2008), nous montrons également à l'occasion de l'analyse des emplois du temps que les choix d'investissements plus personnels sont également cohérents avec la conception implicite que chacun élabore sur son propre rôle. Des sujets qui impliquent des mobilisations plus ou moins politiques, par exemple les mesures sur l'emploi attirent souvent les directeurs qui s'attachent à la mise en visibilité de la fonction. Des sujets davantage techniques, par exemple les risques professionnels, semblent plutôt préférés par des dirigeants très investis sur ce type de sujets et peu attirés par les rapports directs avec le Politique.

L'éclatement et la diversité des activités sont alors réduits par la manière dont le dirigeant essaie de ramener ces différentes situations à ses préoccupations dominantes. Si ce travail d'intention de réduction de l'éparpillement des activités semble systématique pour les dirigeants étudiés, en revanche, la nature des préoccupations peut être assez différente d'un dirigeant à l'autre, et ce, au sein d'une même organisation. Les directeurs départementaux du travail par exemple ne structurent pas leurs « agendas décisionnels » sur les mêmes problématiques, alors que tous, sur leur territoire, sont confrontés à des questions assez similaires. Pour les uns la centration de l'agenda décisionnel se fera autour de la problématique de l'emploi et notamment de la mobilisation sur les mesures en faveur des jeunes, pour d'autres ce sera sur la création d'entreprises, d'autres encore s'attacheront plutôt à développer un travail de proximité avec les branches professionnelles... Même si dans les discours tenus ces directeurs montrent toujours les liens entre ces différentes actions, dans les faits, l'organisation de l'activité et les manières de penser et d'orienter le travail sont davantage traversées par ces questions prioritaires et centrales pour eux. Ces centrations principales peuvent alors expliquer les difficultés fréquemment rencontrées lorsqu'il s'agit « d'homogénéiser » les pratiques des dirigeants. Derrière les procédures imposées, visant une homogénéisation des modes de fonctionnement des services du Ministère, se joue la conservation de son espace à soi, « son pré carré » sa liberté d'interprétation de chef d'orchestre qui permet à chacun d'exercer son action en fonction de conceptions plus personnelles, forgées par l'expérience, les particularités locales mais également des conceptions et des valeurs personnelles. Par ce travail de réduction de la diversité des problématiques autour d'axes structurants qui concentrent la diversité des problèmes à traiter, l'action prend sens pour eux mais aussi pour autrui.

« J'estime que mon rôle c'est aussi d'être très attentif à ce qui se passe en interne. Dès que je le peux je participe aux réunions des services […] je tiens à assumer mon rôle de « patron » de la structure. Mon prédécesseur, d'après ce que j'ai pu comprendre n'était pas aussi présent que moi ; il s'est plutôt investi sur l'externe, moi je tiens à être présent en interne. » (Dirigeant des Services déconcentrés du Ministère de Travail)

« Mon rôle n'est pas de participer aux réunions de l'interne. Mes adjoints le font très bien et je trouve problématique de doubler les fonctions. C'est du luxe et on n'a plus les moyens. Ils me tiennent au courant bien sûr, et s'ils ont besoin de moi, je suis là… Mais c'est sur l'extérieur que j'ai un rôle à jouer : avec les chefs d'entreprises, les partenaires de l'emploi… » (Dirigeant des Services déconcentrés du Ministère de Travail)

2. Trouver un point d'équilibre

Le principe des « agendas décisionnels » montre que les dirigeants s'attachent à réduire l'éparpillement de leurs différentes activités pour les rapporter à quelques axes structurants, souvent établis à partir d'une conception subjective de leur fonction, ils doivent aussi faire face à des situations complexes qui les conduisent à établir des compromis délicats à construire. Pris entre l'acte et l'intention ils se trouvent parfois dans des situations difficiles à vivre subjectivement.

2.1 L'élaboration des compromis

Si comme l'exprime D. Segrestin (2004, 13), « la gestion des entreprises est par définition un art du mouvement », l'activité des dirigeants pourrait alors consister à essayer de maîtriser ce mouvement en travaillant à partir de différents espaces sociaux en tension. Les dirigeants apparaissent dans leur vie quotidienne cernés par de multiples difficultés émanant de sources diverses (externes ou internes à l'organisation) où plusieurs logiques sont à l'œuvre : juridique, politique, productive, managériale etc. Ils doivent construire des compromis pour orienter l'action de leurs collaborateurs et se donner à voir dirigeants et non dirigés.

Ces compromis permettent une stabilité temporaire de l'action collective, mais ils sont rarement durables. Tôt ou tard, les collectifs traversés par les rapports de force agitant la vie sociale des organisations conduisent à remettre sur l'ouvrage les compromis pour s'ajuster collectivement aux nouvelles tensions ou aux contradictions.

Dans nos observations, ces moments de tension ont souvent pour origine des transformations importantes ou des mutations comme celles que vivent les établissements publics de santé depuis une vingtaine d'années (Vincent, 2005) ou celles récemment mises en œuvre dans les services déconcentrés du ministère du Travail.

Dans les établissements de santé, par exemple, les dirigeants semblent faire face à une jonction d'attentes contradictoires qu'ils doivent tenter de faire converger : les prescriptions de la tutelle – réduire les coûts de fonctionnement tout en maintenant une qualité de soin – celles des personnels – qui demandent plus de moyens, notamment humains-, celles des patients, – portés à toujours plus d'exigences et d'informations sur leur situation – celles des politiques – pour lesquels l'hôpital est souvent un sujet sensible pour les électeurs. Ces attentes ne sont pas seulement des injonctions discursives, elles impliquent de faire des arbitrages entre des considérations d'efficacité, de légalité et de moyens. Il s'agit alors d'articuler le respect de la réglementation et les impératifs de fonctionnement, soit « *faire que ça marche* ». L'impératif de conformité et l'impératif de résultat qui, dans les discours, convergent aisément, se trouvent, dans les faits, en tension. Aux dirigeants de savoir les faire converger ou d'en réduire l'écart.

Dans le domaine de l'économie sociale, la situation, sur le fond, n'est pas très différente. Le respect des valeurs chères à ce mouvement se trouve souvent en tension avec les enjeux d'efficacité. Il s'agit de construire des organisations (donc des micro-sociétés) en harmonie avec un projet de société juste et solidaire. Le mot tension renvoie à une dynamique : il s'agit de gérer les termes de la tension comme un fil tendu entre deux éléments qui ne se joignent jamais. Il permet ainsi de saisir les différentes manières dont le dirigeant assume la gestion de ces deux éléments opposés mais non contradictoires pour aboutir à une activité professionnelle tenable et originale (Vidal-Rosset, 2004). Le dirigeant doit alors réussir à mener son activité en respectant une certaine conception des rapports humains. La problématique financière se centre sur le défi et le souci de faire de l'entreprise une entreprise rentable et efficiente. Il lui revient de faire converger les principes d'une organisation structurée à partir de valeurs humanistes et la nécessité de rendre l'organisation prospère.

« On doit assumer la contradiction : quoique l'on fasse, on n'échappe pas au fait qu'on est dans une économie capitaliste et tous, nous nous autogérons. » (Dirigeant de l'économie sociale)

« C'est beau d'avoir de grandes idées mais si ça ne repose pas sur une réalité économique, ça ne va pas bien loin. » (Dirigeant de l'économie sociale)

Fréquemment, les dirigeants, qu'ils soient dans des structures privées, publiques ou associatives, sont donc amenés à prendre des décisions dans des situations où les tensions se présentent sous la forme de dilemmes, de contradictions, voire de paradoxes. Ils se trouvent contraints d'effectuer une *« gestion des contradictions »* (Brabet 1993) qui s'inscrit au cœur même de la réflexion et de l'action. Ces contradictions sont irréductibles et leurs régulations nous paraissent provoquer et constituer un des aspects centraux de l'activité du dirigeant.

Outre ces tensions liées à la structure même de l'activité, les décisions à prendre s'effectuent en fonction de cycles ou de temporalités différentes souvent déterminées par d'autres espaces professionnels : le financier, l'administration, le politique… Le dirigeant est alors agi et non-acteur et il doit s'attacher à garder la main sur l'activité pour ne pas se laisser porter par elle. Le rapport au temps s'avère essentiel, à la fois pour permettre le bon déroulement de l'activité mais aussi pour garder la maîtrise des situations.

« C'est du quotidien, comment dire ? C'est pas du quotidien, c'est sur des périodes, il faut penser sur des périodes, parce qu'il y a le moment des charges sociales, là on sort d'une période de rentrée où j'étais beaucoup (bis) sur le lieu, parce que chaque jour, on accueillait deux ou trois enfants, donc... » (Dirigeant de l'économie sociale)

« J'ai des états trimestriels à envoyer avant le 30 de chaque mois, on est aujourd'hui le 29, donc comme demain je suis en réunion de Bureau, cette après-midi en deuxième partie de journée, il va falloir absolument que je vois avec... » (Dirigeant de l'économie sociale)

C'est dans les situations où les logiques antagonistes et les temporalités s'entrecroisent que le dirigeant déploie son activité, essaie d'avoir une représentation suffisamment unifiée, et claire de ses propres buts et des buts de l'organisation, qu'il fait des choix pour prendre des décisions. Dans ces moments délicats, il fait des choix qui visent l'amélioration du fonctionnement de sa structure ou la préservation de sa situation, grâce à un diagnostic sans cesse renouvelé de l'état de ce fonctionnement par l'accès à l'information par différents circuits (directs et indirects). Ce faisant, il se confronte à des conflits de rationalités ou de logiques. Ce moment de la décision souvent très bref au regard des enjeux qui se décident au travers de ces choix, peut expliquer le sentiment partagé, par tous les dirigeants rencontrés, du poids de la solitude et de la charge subjective de la responsabilité

« C'est souvent l'exercice qui est le nôtre. On est à la fois obligé d'appliquer les textes et de vraiment faire en sorte que nos établissements soient gérés et gérables. Donc de faire des compromis. Où de faire le grand écart pour trouver un moyen, tout en respectant au mieux possible la réglementation (...) mais sans remettre en cause la philosophie de ce qu'on a mis en place nous, qui marche bien. Donc c'est un peu le grand écart. C'est souvent le cas. » (Dirigeant des établissements de santé).

« Certains de ses critères de réussite sont liés au « fonctionnement » de l'hôpital et des projets mis en œuvre : « quand on est allé au bout d'un projet, il est en place, il fonctionne, ou bien dans une discussion, dans un enjeu quelconque on a réussi à faire prévaloir ses idées parce qu'on pense

qu'elles sont bonnes pour l'établissement et son fonctionnement, alors ce sont parfois des petites choses. C'est une succession de petites choses ou bien de grands sujets d'ampleur, de grande ampleur. » (Dirigeant des établissements de santé).

2.2 Concilier réforme, stabilité et image de soi

A travers ces jeux de compromis sans cesse remis sur l'ouvrage il semble que les dirigeants tentent à la fois d'introduire des changements dans les routines tout en maintenant l'organisation dans son fonctionnement. Ils sont concomitamment à la recherche d'un « *progrès* », du « *changement* » dans une certaine direction, mais gardent en même temps des préoccupations liées à la recherche du maintien du système et de sa « *survie* ». La physique et les mathématiques nous rappellent que l'équilibre est un état du système qui permet les évolutions, dont la stabilité et qu'il n'y a pas d'équilibre sans mouvement : le maintien de l'équilibre se fait par des ajustements permanents contre la chute, la dislocation, l'arrêt.

En prenant appui sur cette notion nous pouvons interpréter les conduites de ces dirigeants comme un jeu d'équilibre à trouver entre des buts de modification du système selon certaines finalités *(« améliorer », « changer », « progresser »)* et l'intention du maintien de son unité pour assurer la continuité de son fonctionnement *(« assurer la continuité des soins », « ça tourne », « ça marche », « être gérable », « maintenir l'équilibre financier »)*. Ainsi, l'activité des dirigeants s'orienterait vers la recherche d'un équilibre toujours instable entre ce qui est souhaité par le dirigeant et ce qui est possible dans l'organisation à un moment donné. Dans les établissements de santé, comme pour les structures de l'économie sociale ou les services déconcentrés du ministère du Travail, les dirigeants sont dans la situation de trouver la manière de rendre compatible ce qui devrait être modifié pour un établissement et ce qui est considéré comme « vital » dans l'organisation, c'est-à-dire ce qui permet de tourner, de fonctionner quotidiennement. Cette recherche d'un principe d'équilibre nous permet de faire l'hypothèse que les dirigeants pourraient avoir des profils plus ou moins réformateurs ou conservateurs – s'ils privilégient l'un ou l'autre aspect, ou qu'un même dirigeant sera plus ou moins réformateur ou conservateur selon les situations rencontrées – certaines nécessitant des changements importants, d'autres moins.

« Je peux prendre l'exemple des bateaux, c'est un gros paquebot et vous ne bougez pas un gros paquebot comme vous bougez un petit navire de pêche ». « *Oui, il y a toujours des compromis à faire. Il y a des idées sur ça, qui ne sont pas particulières à l'hôpital comme la notion d'équilibre. Un corps social, c'est comme un corps comme vous et moi. Pour pouvoir avancer, on a besoin d'équilibre et en même temps on n'a d'équilibre que si on se meut. C'est pareil sur la gestion d'une structure hospitalière. »* (Dirigeant d'un établissement de santé)

« Alors, moi, j'essaie de trouver un équilibre, je ne considère pas les critères d'ancienneté et je ne donne pas une prime fixe », dit l'un d'eux, c'est-à-dire qu'il module en fonction de l'investissement au travail mais le risque est de faire *« à la tête du client »* (Dirigeant d'un établissement de santé).

Si nous nous situons du point de vue des intentions du dirigeant et du diagnostic qu'il construit de la situation de l'organisation et par conséquent de ce qui devrait être modifié, nous faisons l'hypothèse que les dirigeants pourraient avoir des profils plus ou moins réformateurs ou conservateurs – s'ils privilégient l'un ou l'autre aspect –, ou qu'un même dirigeant sera plus ou moins réformateur ou conservateur selon les situations rencontrées – certaines nécessitant des changements importants, d'autres moins. Au ministère du Travail, par exemple, la recherche de ce point d'équilibre nous a conduits à identifier deux modes d'action différents des dirigeants : un mode portant à l'innovation et au changement et un mode plus conservateur. Dans le premier cas de figure, le dirigeant se considère comme un « *animateur* » qui « *impulse* » de nouvelles manières de faire sans les imposer ; dans le second cas de figure, il signale qu'il est « *le patron* » et entend à ce titre faire respecter ce qu'il décide. Ainsi, selon la manière dont chaque dirigeant se représente son rôle, *« patron »* ou *« animateur »*, les modalités de travail peuvent être assez différentes.

Pour autant, ces différentes manières d'investir la fonction comme animateur ou patron ne correspondent pas à un trait de personnalité, mais à des choix effectués par chacun en fonction des risques, du temps et du contexte des sujets qu'ils ont à traiter. Ces dirigeants ne sont pas par nature animateur ou patron, mais en fonction des sujets qu'ils ont à traiter vont adopter une position plutôt qu'une autre. En cherchant toujours le point d'équilibre entre l'analyse des risques encourus avec le changement, le contexte social dans lequel ce changement doit être mis en œuvre, le temps imparti pour le conduire, sans omettre, même s'ils en parlent moins, leur propre image ou place dans la conduite de ces changements, ces dirigeants pilotent leur organisation à partir de ces quatre paramètres qu'ils ajustent en fonction des enjeux.

« Ces transformations des modes de budgétisations sont en fait des révolutions. J'y vois de nombreux dangers, mais je pense que l'on ne peut absolument plus à continuer à faire comme on a toujours fait. Il faut que nos agents le comprennent et qu'ils changent leurs manières de faire, c'est sûr… En même temps, je pense que si le niveau central va trop vite, ne prend pas en compte la complexité de ces changements culturels dont ils ne mesurent pas la complexité, on reproduira à l'identique les mêmes erreurs… C'est pour ça que je tiens à participer aux expérimentations. » (Dirigeant des services déconcentrés du ministère du Travail)

3. Construire des croyances collectives

Il arrive qu'en pilotant ainsi son organisation le dirigeant prenne des décisions qui entrent en contradiction avec les règles ou les normes qu'il a par ailleurs instituées ou qui s'imposent à lui. Les dirigeants hospitaliers témoignent qu'ils sont parfois d'autant mieux à même de résoudre les problèmes pratiques qu'ils s'écartent des voies officiellement approuvées. Ces dernières fonctionnent alors soit comme des garde-fous (pour empêcher des excès), soit comme des guides (pour indiquer des visées générales), soit comme des mythes (pour montrer qu'on tient à des règles ou à des valeurs qu'il est malheureusement difficile de mettre en œuvre (Meyer et Rowan, 1977).

3.1 La transgression requalifiée

Ces difficultés renvoient à une dimension souvent oubliée de l'activité managériale, la transgression, c'est-à-dire un ensemble d'actions qui sont en contradiction avec les règles (lois et règlements par exemple) ou les normes (Chanlat, 2008). Ce mécanisme est mobilisé au service de l'organisation, dans le cadre de règles instituées et fondées sur des principes d'intemporalité et d'universalité.

Cette dimension du travail des dirigeants n'est pas différente de celles de tous les collaborateurs si l'on adopte la définition du travail donnée par la clinique de l'activité où le travail n'est pas donné à l'avance mais implique, selon P. Davezies (2007, 32) que l'opérateur apporte « un ensemble de particularités supplémentaires que la hiérarchie n'est pas en mesure de percevoir ». La transgression peut alors être comprise comme une réponse aux situations singulières ou aux contextes particuliers. Cependant pour un dirigeant, cette dimension transgressive inhérente à toute activité implique en plus la construction d'une légitimité de cette décision de transgresser. Les dirigeants, dans ces moments où la transgression s'impose à eux, s'appuient sur un système de valeurs, leur permettant non seulement de construire du sens mais aussi manifester aux collaborateurs qu'ils gardent la maîtrise de la situation. La transgression est alors euphémisée en la formule « *d'artifice réglementaire* », davantage rassurante pour les acteurs qui devront mettre en œuvre concrètement cette transgression.

« Bien sûr il m'arrive de m'écarter de la réglementation, par exemple, on a fait voter hier tout un ensemble de règles sur le fonctionnement de la CME et du conseil exécutif qui sont à la marge de la réglementation.

Le DRH me dit que ce n'est pas réglementaire. Je lui réponds, qu'effectivement, cela ne l'est pas mais que comme ça, ça marche. Et c'est vrai qu'il ne faut pas être en infraction totale avec la réglementation mais il faut d'abord que ça marche (…) on essaye de trouver un artifice réglementaire qui rend la chose possible ». (Dirigeant d'un établissement de santé).

Tous les dirigeants rencontrés nous ont décrit de manière précise les formes prises par ces transgressions et la manière avec laquelle ils pouvaient influencer leurs décisions et modes d'action. Nous ne citerons ici qu'un exemple particulièrement illustratif de ces transgressions reconfigurées pour permettre l'action des collaborateurs dans le milieu hospitalier :

« On est soumis (cela heurte au quotidien notre probité) à des exigences contradictoires : d'une part vous devez assurer la permanence des soins, sinon vous n'êtes pas un directeur efficace, efficient, vous ne faites pas votre travail, vous privez la population d'une couverture sanitaire. Mais, d'autre part, vous devez aussi respecter les normes et règles de la comptabilité publique. La réalité c'est que pour venir remplacer tel docteur le dimanche, on vous dit « c'est tant ». Vous dites « non ça ne va pas », on vous dit « et bien je ne viens pas ». Et, à côté [dans d'autres établissements de soins], ils disent « oui » donc il y va. Vous êtes obligé de négocier les conditions qu'on vous propose pour assurer la permanence du service public. Vous enfreignez l'un ou l'autre : où vous n'assurez pas la permanence des soins il y a un vide et ça ne va pas et si vous payez la personne plus cher ça ne va pas non plus. Alors, si vous voulez que tout aille, il faut trouver quelqu'un qui vienne au prix.

On a pris le parti de ne pas faire les choses en douce. Quand par exemple vous voulez payer quelqu'un plus que ne vous y autorise la réglementation il y a deux façons de faire : soit vous allongez la durée de la présence de manière fictive sous forme de fausse déclaration ; soit on passe un contrat de travail en annonçant la couleur.

[...] Cette pratique n'est pas destinée à nous couvrir mais à informer de telle sorte que la tutelle ne puisse pas dire qu'elle ne savait pas.

Le choix consistant à allonger la durée à l'apparence de la légalité si personne ne vient enquêter pour voir qui était là ou pas. Formellement c'est propre. Alors que l'autre choix c'est tout de suite manifester que quelque chose ne va pas. C'est un choix ».

Le mécanisme de transgression est justifié comme étant au service de l'organisation, dans le cadre où les règles instituées, fondées sur les principes d'intemporalité (elles s'appliquent quels que soient les contextes) et d'universalité (elles s'appliquent à tous), ne peuvent tenir compte des situations singulières ou des contextes. Ces transgressions présentées par les dirigeants comme une caractéristique de leur activité nécessitent la construction d'un discours les légitimant et les confirmant dans la place de celui qui dirige. L'enjeu principal n'est donc pas la transgression en tant que telle, mais le discours de légitimation qui lui donne sens.

Pour les dirigeants de l'économie sociale, les transgressions ne sont pas énoncées aussi clairement, mais se révèlent à partir des modes de fonctionnement en décalage avec les valeurs affichées de la structure mais qui trouvent leur légitimité dans le besoin de rentabilité :

« *En ce qui me concerne, je trouve que l'utopie a ses limites : un ingénieur est quand même mieux payé qu'un balayeur. Il ne faut pas que le seul partage soit celui des difficultés. On doit vivre à minima en autofinancement.* » (Dirigeant de l'économie sociale)

Ces transgressions sont parfois perçues par les collaborateurs comme des trahisons qui opèrent à l'inverse des mythes qu'ils croyaient partagés :

« *Dès fois je suis scandalisé de voir ce qu'ils acceptent, au mépris même de la réglementation !* » (Inspecteur du travail à propos de son directeur)

La réduction de la tension entre idéal et pragmatisme devient alors un enjeu de travail délicat et parfois impossible :

« *Ils sont très compétents mais dès fois manquent de recul et je dirai de souplesse. Ils s'accrochent à la réglementation, c'est bien… ils sont là pour ça… mais parfois pour avancer faut aussi faire des concessions… Les syndicats aujourd'hui ne savent pas négocier, faut donc faire très attention, être souple, faire au mieux sans se mettre à dos les employeurs. J'ai du mal avec certains là-dessus…* » (Directeur à propos de ses collaborateurs inspecteurs)

3.2 Croire et faire croire

Il semble alors que le travail du dirigeant ne soit pas « entièrement réductible aux dynamiques ordinaires de l'action en organisation » (Segrestin, 2004, 51). Il doit en effet pour lutter contre les routines de l'organisation bureaucratique, pour faire adhérer à une nouvelle rationalité gestionnaire, pour donner à voir une nouvelle représentation de sa structure, plus dynamique, efficace, productive, sociale…, nourrir son discours des croyances et des mythes de l'innovation managériale. Car, plus l'activité semble incertaine, plus le besoin de la formaliser pour lui donner de la visibilité concrète est marqué. Segrestin y voit, et nous le suivons sur ce point, « un signe parmi d'autres de la réticence des [dirigeants] à reconnaître qu'ils pratiquent un art foncièrement incertain, car puisant à la source d'un savoir métaphorique plus qu'à la source d'un savoir déductif ». Un dirigeant du ministère du Travail, éprouvé par les réformes en cours, exprimera avec force clairvoyance la dimension essentiellement discursive de son activité :

 « ... *on est un peu transformé en représentant de commerce, pour ne pas dire bonimenteurs... On n'a rien à vendre... si des promesses...!* »

L'activité des dirigeants recouvre une dimension essentiellement discursive dont l'enjeu n'est pas tant l'efficacité de l'action mais la structuration de mythes et de croyances destinés à construire au sein de l'organisation une communauté d'appartenance soudée permettant l'illusion d'une action vécue comme cohérente. D'une certaine manière ces dirigeants doivent faire croire l'ensemble de leurs collaborateurs aux mythes de leur efficacité managériale, et pour cela y croire eux-mêmes.

L'instauration de ces croyances suppose une capacité à qualifier la réalité pour créer ce que l'on pourrait appeler des leurres partagés sorte « d'abri contre la violence du réel » (Cléro, 2007, 123) qui vont installer l'autorité du dirigeant. L'exemple de la régularisation des papiers administratifs d'un jardinier venu de Pays de l'Est nous parait illustrer ce travail d'élaboration de leurre partagé.

> Le maire d'une petite ville souhaite proposer à un jardinier venu des Pays de l'Est un contrat aidé lui permettant de résider en France. Cette possibilité se trouve invalidée par les services du dirigeant que nous observons, au motif du principe de « l'immigration choisie » qui ne peut s'appliquer à ce jardinier. Dans l'entretien avec le maire, le dirigeant évite d'aborder le sujet (fortement controversé) d'immigration choisie mais prend un parti pris plus technique en soulignant l'incomplétude du dossier, notamment l'absence d'informations sur une embauche à la fin du contrat aidé. Le maire explique alors que pour des raisons dites « tactiques », il ne peut inscrire l'embauche dans le dossier mais confirme qu'elle est prévue. Cet argument dénoue la situation : puisque

l'embauche est prévue à terme, le dossier peut être revu dans le sens demandé initialement.

Le maire comme le dirigeant savent bien que l'embauche du jardinier est loin d'être assurée sinon le recours à cette mesure n'aurait pas lieu d'être. Pourtant chacun a de bonnes raisons d'y croire et surtout de faire croire à l'autre qu'il y croit. La métonymie de l'embauche alors que le dossier concerne le respect du principe plus large de l'immigration choisie transforme légèrement la nature des échanges et permet à chacun de construire un leurre partagé sur l'avenir de ce jardinier. Le terme « *embauche* » permet de faire diversion sur l'utilisation quelque peu usurpée de cette mesure d'emploi et d'une certaine manière requalifie le réel. Il instaure l'illusion d'un accord et permet à chacun de croire, dans le cadre restreint de cet échange, puis ultérieurement de faire croire à tous les acteurs des services concernés, que le principe est respecté parce que le jardinier sera embauché. « *J'ai obtenu l'embauche, donc il n'y a pas de risque.* » conclura le dirigeant.

Ce subterfuge langagier offre les éléments pour ré agencer et interpréter autrement le réel. Il permet la construction des marges d'action qui orientent silencieusement, au travers de multiples artefacts, le pouvoir d'agir des collaborateurs. Ces reconstructions ne sont pas faites au hasard mais semblent toujours structurées sur le principe de quelques construits fondateurs partagés.

Pour autant, même si les mythes sont particulièrement structurants dans le champ de l'économie sociale, il existe dans les structures publiques comme privées, des utopies partagées, qui, à l'image des mythes, facilitent la mobilisation dans l'action. Il en est ainsi, par exemple, de l'utopie de la transparence et de la mutualisation des pratiques qui justifient dans les services déconcentrés du Ministère du Travail, l'élaboration fastidieuse de tableaux de bord ou la structuration toujours différente de plans d'action permettant d'agir en meilleure « *connaissance de causes* ».

L'activité des dirigeants dans le domaine de l'économie sociale semble donc traversée par cette tension entre d'un côté le mythe de l'économie sociale, auquel s'identifient les dirigeants et de l'autre les exigences sociales, économiques et organisationnelles avec lesquelles les dirigeants doivent composer au quotidien. Dans le cadre des services du ministère du Travail, la tension entre le mythe d'un état régulateur et porteur de justice et d'équité et le renforcement des contraintes sociales, législatives et économiques conduisent aux mêmes tensions. La référence implicite au mythe semble donc essentielle pour engager l'action d'autrui et continuer à faire croire au sens de l'action.

A travers leurs parcours, les engagements pris et les responsabilités endossées, ces dirigeants montrent qu'ils ne sont pas seulement attachés à la réalisation de l'efficience de leur organisation, mais qu'ils tiennent aussi à la réalisation d'un idéal collectif, l'incarnation de « leur » mythe. Ils ont donc souvent le sentiment de s'inscrire dans une lignée symbolique à laquelle ils se réfèrent souvent pour justifier leur position :

« *On tend à partager tout à parts égales, y compris les salaires, on redistribue, on participe, on est juste. C'est le partage des richesses, l'égalité des salaires.* » (Dirigeant de l'économie sociale)

« *Les critiques de l'Etat sont virulentes, mais les gens savent aussi qu'on les protège* » (Dirigeant des services déconcentrés du ministère du travail)

Ces mythes et ces utopies, sorte d'« images opératives » partagées permettent l'engagement de l'action mais comportent aussi leurs contraires, véritables anti-mythes qui opèrent néanmoins comme un mythe, dont il faut, cette fois, rester à distance. Dans le domaine de l'économie sociale, par exemple, cet anti-mythe s'incarne dans l'image du « patron » (cf. Betton et al. 2008). Dans les services déconcentrés du ministère du Travail, l'anti-mythe est incarné dans la figure de ceux qui cherchent à s'affranchir des règles : les fraudeurs.

Contraints de plus en plus par des systèmes de contrôle essentiellement quantitatifs, dont ils reconnaissent à la fois la nécessité mais déplorent en même temps le manque de pertinence au regard du sens du travail et de la qualité des actions menées sur le terrain, ces directeurs souffrent de voir leurs marges de manœuvre se réduire, au point de les enfermer dans des modes de fonctionnements dont ils ne partagent plus la philosophie et dans lesquels ils peinent à trouver des issues qui leur ouvriraient de nouvelles perspectives d'action. Le mythe fédérateur opère de plus en plus difficilement, certains

« *n'y croient plus* » pour reprendre les dires d'un directeur du travail. Les désillusions subjectives semblent lourdes, même si, confrontés aux problèmes concrets du travail, l'intérêt et le sens de l'action à mener, écartent ces sentiments pesants et réenclenchent des dynamiques de travail. Ces pertes de croyances dans les mythes fédérateurs, entraînent des désillusions mais n'empêchent pas le travail et l'innovation, parfois mêmes les stimulent-elles.

« *C'est vrai que parfois j'en ai marre, mais il faut tenir... c'est parce qu'on y croit qu'on tient* »

Dans son activité quotidienne, le dirigeant doit faire face à de nombreuses tensions qu'il essaie par de multiples moyens de juguler mais qui le rendent particulièrement vulnérable. Seul subjectivement, même s'il est entouré de nombreux collaborateurs et d'adjoints proches, il doit déjouer les risques du changement comme ceux de la stabilité et pour cela se référer à des mythes et des utopies qui lui permettent de croire au sens de sa mission et de faire croire l'ensemble de ses collaborateurs à l'efficacité sociale et productive de ses orientations. En effet, « personne ne disposant par avance de toutes les connaissances nécessaires à la maîtrise du changement, la mobilisation des acteurs, suppose de « décoller du réel » (Ségrestin, 2004, p. 49).

Chapitre 9

DYNAMIQUES D'INVESTISSEMENT ET CONFIGURATION D'ACTIVITÉ

Christian Chauvigné, Laurence Durat, Laetitia Laude

D'un agenda de dirigeant effectivement réalisé à l'autre, la répartition des activités peut paraître une énigme tant les configurations observées sont diverses. Les temps passés au sein de l'établissement ou en dehors, avec des acteurs internes ou des acteurs externes, en entretien ou en réunion, avec des politiques, des administratifs ou des experts, varient beaucoup d'un dirigeant à l'autre. Si des variations sont observables entre les différents champs d'études (fonction publique d'Etat, fonction publique territoriale, fonction publique hospitalière, économie sociale, secteur privé), notamment le temps partagé avec des politiques dans la fonction publique territoriale, chacun de ces champs est marqué par de grandes disparités dans la configuration des activités de chacun des dirigeants. Entre pression du contexte et orientations personnelles, le dirigeant construit son rôle dans un rapport au temps et à l'espace qui lui est toujours singulier.

D'un point de vue complémentaire à celui présenté dans le chapitre précédent, nous évoquerons ici trois dynamiques sur lesquelles le dirigeant a prise et qui orientent la configuration de son activité : la dynamique des sphères d'intérêt ; la dynamique de l'équipe rapprochée ; la dynamique de la délégation. Les exemples rapportés sont principalement issus des observations réalisées auprès de dirigeants territoriaux ou de dirigeants d'établissements de santé, mais les analyses peuvent être étendues à d'autres contextes.

1. La dynamique des sphères d'intérêt

Le manager n'agit pas ex nihilo sur un contexte d'une plasticité totale. D'une part, ce contexte est déjà façonné par les usages et pratiques historiquement constitués et de ce fait recevra avec plus ou moins de flexibilité ces actions. D'autre part, il agit en interaction avec ses pairs (les autres managers de même niveau), ses collaborateurs et les prescripteurs de son action. Ces interactions varient en fonction des problématiques et projets.

Nous avons pu identifier quatre sphères qui orientent, par leurs interactions, le périmètre d'intervention du dirigeant.

Tout d'abord, la sphère politique agit comme un élément particulièrement structurant auprès d'un certain nombre de dirigeants rencontrés. C'est vrai dans une certaine mesure dans les directions du travail et de la formation avec les relations au représentant de l'Etat, le préfet, et dans l'économie sociale dont les structures sont présidées par des élus. C'est particulièrement le cas pour les dirigeants territoriaux en prise directe avec les élus de la collectivité et dans le milieu hospitalier, où l'élu préside le conseil d'administration de l'établissement. Le positionnement de celui-ci influence nécessairement le périmètre d'intervention du dirigeant.

Ensuite les experts au sens de la bureaucratie professionnelle (par exemple les médecins dans les hôpitaux, les juristes dans les collectivités territoriales) marquent la place donnée aux administrateurs. Egalement les tutelles administratives, garantes des résultats attendus, orientent l'activité. Enfin, le groupe professionnel, son histoire et ses usages, imprègne consciemment ou non, le possible et ce qui ne l'est pas, dans le périmètre d'intervention du dirigeant.

Le dirigeant intègre à la fois chacune des logiques de ces sphères dans son activité, et à la fois les articule, fabrique de la cohérence, gère les tensions entre elles.

La dynamique d'action dans un contexte marqué par la prégnance des jeux sociopolitiques nécessite de transformer les opportunités en forces managériales par la maîtrise de ces rationalités sociopolitiques à l'œuvre. Le pouvoir du dirigeant n'acquiert la puissance requise pour conduire l'action qu'à la condition de gérer habilement la dynamique conflictuelle entre tous les acteurs et tous les intérêts en présence. Bref il s'agit d'apporter du sens et des envies d'action suffisamment partagées, au-delà des conflits et des inerties.

Dans nos recherches, il est apparu que les comportements des dirigeants vis-à-vis des demandes qui leur sont faites au sein de leur institution ne sont ni univoques, ni stables. Ainsi, ils se positionnent à chaque fois par rapport aux injonctions issues des diverses sources d'influence, en fonction de leurs propres convictions, de celles de leurs collaborateurs, des pairs situés hors de l'institution, des acteurs de la sphère politique. En somme, ils évaluent les propositions d'action afin de se situer dans l'action : mettre en œuvre, temporiser, obtenir des compléments d'information, négocier voire même contourner, résister à la pression à agir.

Ces résultats sont intéressants à plus d'un titre : d'une part ils signalent que le rôle global de l'encadrement et encore plus celui des dirigeants, a nettement évolué entre la conception classique de relais de centres de décision et d'instrument privilégié de ceux-ci, et l'émergence d'une catégorie de personnes concentrant toujours d'importantes responsabilités mais en situation de réévaluer les injonctions qui leur sont faites. Le dirigeant apparaît ainsi souvent en mesure de transformer la demande qui lui est faite plutôt que de la transmettre simplement ou d'y faire barrage. Transformer de sorte qu'elle soit acceptable pour lui et pour ses collaborateurs, surtout son équipe de direction, qui auront à la mettre en œuvre quotidiennement en opérant des ajustements à la marge ou réellement majeurs ; c'est la preuve que les dirigeants intègrent et « métabolisent » en quelque sorte les flux d'influence ascendants et descendants. C'est ainsi qu'ils peuvent user de réelle créativité tout en se situant dans un environnement contraint.

Cependant, ces attitudes sont mises en scène dans un jeu dont les acteurs sont connus et dont les critères d'évaluation de ces acteurs ne sont pas nécessairement identiques. C'est le cas en l'occurrence des salariés et du sommet hiérarchique d'une entreprise, dont les objectifs ne se recouvrent que partiellement. Chacun est porteur de logiques de structure qui cherchent à se renforcer de façon parfois contradictoire. Et le dirigeant est au carrefour de ces logiques successivement convergentes et divergentes d'où il lui appartient de maintenir l'équilibre sous peine d'être disqualifié par l'une des forces en présence et d'en perdre crédit et autorité. Cet équilibre nécessairement instable se renégocie constamment.

Ainsi, si les pressions venant du conseil d'administration ou des autorités de tutelle (pour les hôpitaux), de l'exécutif politique élu (pour les collectivités territoriales) ou des représentants de l'Etat semblent incontournables, le dirigeant ne peut pourtant absolument pas minorer les autres partenaires de son activité. Il doit composer avec les différents pôles de collaboration, et travailler à élargir un périmètre de recouvrement qui seul pourra dégager une marge de manœuvre, la zone d'action du manager.

Si la stratégie qu'il adopte lui fait épouser une logique en ignorant l'autre, ce tissage laborieux ne pourra se faire. Privilégiant les injonctions des autorités sans tenir compte de ses collaborateurs, de la charge de travail qui est la leur, de leur capacité à traiter les dossiers ou de leur manque de moyens d'action, il va augmenter la distance avec eux, distance sociale et relationnelle, obérant ainsi leur adhésion et leur mobilisation ultérieure quant à la productivité du service ou département. De même, à prendre prioritairement en compte les attentes de ses collaborateurs, il risque de se couper de ses prescripteurs, des finalités qui sont les leurs, des codes par lesquels ils entendent agir, or c'est par eux qu'il est évalué.

Le dirigeant fait en cela l'expérience difficile de la séparation, de l'impossibilité de l'appartenance aux différents groupes avec qui il agit : quelle que soit sa proximité avec les prescripteurs, il n'est pas des leurs, quelle que soit la qualité de la collaboration avec ses équipes, il n'en fait pas partie. C'est cependant cette position particulière de modulation de la distance qui permet une médiation pertinente.

Dans ce contexte, en fonction des enjeux spécifiques des situations mais aussi des identifications qu'il opère aux autres acteurs du champ, le dirigeant compose son activité et la déploie dans des lieux et des temps spécifiques.

2. La dynamique de l'équipe rapprochée

La collaboration fonctionne entre un dirigeant et son équipe, sa « garde rapprochée », sous condition d'un certain nombre de règles implicites ou explicites de la relation, dont la reconnaissance de leurs rôles des uns par les autres. Pour le dirigeant, ses adjoints forment une instance régulatrice du fonctionnement des services. Le dirigeant garantit la légitimité de ses adjoints auprès des services en les nommant et en les confirmant dans leur position mais aussi en leur assurant une protection en cas de mise en question ou de déstabilisation.

« Un jour, il y a eu un souci avec un dossier, le Président s'est fâché, qu'est-ce que c'est que cet…, sanctionnez-le ! J'ai dit « Président, c'est moi ». Mais non, je sais bien que ce n'est pas vous. « Président, je me permets d'insister, c'est moi ». En fait il a compris que je ne cèderai pas, que j'assumerai l'erreur en tant que DGS. Et ça les vices-présidents le savent, ils le savent maintenant. »

« Et les DGA aussi, du coup. Vous les protégez ? »

« Oui aussi. Je recadre aussi, mais c'est à moi d'assumer ce qui se passe dans l'organisation. Mais c'est ma manière de faire, j'ai vu d'autres façons de travailler. Moi j'estime qu'on a des devoirs, en tant que direction générale, c'est clair, nous travaillons dans ce sens, mais on a aussi des droits, et je m'emploie à les faire respecter aussi. » (DGS collectivité territoriale).

Ce type de renforcement joue de façon double : il produit une légitimité croisée et fonde la capacité à agir du DGS avec ses collaborateurs. La solidarité joue à plusieurs niveaux mais implique une unité de discours dans la présentation aux services ou à tout partenaire extérieur :

« Moi, j'ai bien vu pour le montage budgétaire, il y a des choses qui n'ont pas fonctionné, la chaîne budgétaire n'a pas fonctionné, enfin pas bien, et bien un matin, j'ai dû réunir tout ce petit monde quoi, et leur dire,

ça va pas ! Pourtant je sais que les DGA l'avait dit ; mais à eux, je leur ai dit « vous n'avez pas été assez au créneau, vous n'avez pas été assez prêts, assez visionnaires », et aux cadres, je leur ai dit que ça ne marchait pas. Je l'ai dit en 2 temps, j'ai dit à mes DGA, ensemble, entre nous, qu'il ne faut pas que ça se reproduise, il faut que l'année prochaine, ils travaillent autrement, mais bien sûr, devant mes cadres, je n'allais pas démolir mes DGA, j'ai eu deux discours, hein. »

« Donc une solidarité. »

« Ah ben oui, mais c'est clair, sinon, il n'y a plus de crédit derrière. » (DGS collectivité territoriale).

Le dirigeant n'est pas toujours en situation de choisir ses cadres de direction. A maintes reprises, les dirigeants ont indiqué la nécessité de « faire avec » les équipes en place. Ils peuvent être amenés à redistribuer les postes fonctionnels entre les membres de l'équipe, il est également possible d'intégrer de nouveaux directeurs adjoints (avec lesquels ils ont le plus souvent travaillé dans leur précédent poste) à l'occasion de départ en retraite ou d'incitation au départ. Le choix de l'équipe de direction est une question clé au moins pour deux raisons.

D'abord, elle témoigne d'une évolution des bureaucraties publiques. Si l'on a longtemps considéré dans les bureaucraties que l'activité du dirigeant était indifférente à la personne qui dirige, désormais la position de cadre et de dirigeant s'incarne et se personnalise.

Ensuite, elle rend compte de la nécessité pour le dirigeant d'être assuré de la loyauté de ses collaborateurs. Ainsi témoigne cette directrice des finances *« j'ai toujours suivi les arbitrages et les choix du DG. Sur le plan des finances ses décisions m'ont quelquefois semblé risquées mais c'est lui le patron ».*

La « loyauté » mainte fois présentée comme principe majeur de fonctionnement dans l'équipe de direction s'exprime notamment en faisant remonter au dirigeant toute information sensible ou dont la source est jugée sensible (les adjoints au maire ou vice-présidents dans les collectivités territoriales, les acteurs des instances médicales en structure hospitalière). Elle signifie aussi une reconnaissance de l'autorité du dirigeant :

« Mais à partir de moment où on a choisi une posture on la tient, si on

n'est pas content, on s'en va ! Et donc, moi j'avais le plus grand respect pour mon DGS et jamais il me serait venu à l'idée de lui monter sur les plates-bandes, jamais ! » (DGS collectivité territoriale.)

L'exigence de loyauté se double de la recherche de débats contradictoires avec les adjoints.

« *Que des directeurs fonctionnels résistent et défendent leur direction, moi fondamentalement ça ne me choque pas. On ne peut pas demander à S. qui démarre sa carrière, on lui dit il faut que tu me rendes des postes, elle résiste. Ca ne me choque pas, je ne suis pas pour une équipe de direction monocolore, c'est cela qui me choquerait. Une fois que les décisions seront arrêtées, ce qui me choquerait c'est qu'elle ne suive pas les décisions, je ne suis pas inquiet, ce n'est pas ça. Une fois qu'on lui aura dit « faut rendre trois postes », elle va les rendre. Qu'avant elle dise : « je ne peux pas » ça ne me choque pas, alors que j'avais un collaborateur F. lui ça le choquait ; il me disait tout le temps, « tu laisses trop d'autonomie aux gens ». Je pense qu'il y a des formes de management totalement différentes* ».

Là encore, le travail d'unification, de non-morcellement des positions est important, on le perçoit lors d'évocation de stratégies d'évitement de conflit : autant que faire se peut, éviter que les désaccords ne se transforment en affrontement interpersonnel interne à la direction générale :

« *Les conflits latents, interpersonnels, c'est encore plus dur, c'est le pire ; la concurrence, la jalousie peuvent aussi être perverses dans une équipe.* » (DGA collectivité territoriale).

« *Par rapport à la direction générale : je suis un porte-parole des préoccupations des services. Participer à la cohésion globale. Eviter les affrontements, c'est la pire des choses pour une direction générale. Si chacun défend son pré carré, sa boutique. La cohésion prime sur les vues de nos directions. L'exercice n'est pas naturel !* » (DGA collectivité territoriale).

Ainsi l'équipe de direction générale, autour du dirigeant, joue le rôle de système de métabolisation des situations, évènements et dossiers, ce qui présente plusieurs particularités : cette garde rapprochée le met en demeure de faire exister une dynamique d'équipe, avec la conscience d'être une équipe (distincte des cadres, solidaire et avec la possibilité de participer aux décisions de l'institution, travaillant à l'élaboration de représentations communes). Elle assure au dirigeant la fonction de relais à ses demandes, de force d'initiative ainsi que d'expertise sur les dossiers. De fait, l'équipe de direction générale apparaît comme une instance de renforcement de sa légitimité à diriger pour le dirigeant (présence en pointillé de l'exécutif, pressions et contrôles multiples de la part d'acteurs extérieurs) mais aussi comme un moyen de résister à la pression très forte propre à la situation particulière du dirigeant à la tête de l'organisation.

L'investissement consenti vers son équipe rapprochée délimite le territoire d'intervention du dirigeant par démultiplication et substitution. Du point de vue de l'activité déployée, cet investissement permet d'en limiter d'autres et participe à l'économie générale de la configuration de l'activité du dirigeant.

3. La dynamique de la délégation

L'autonomie laissée aux collaborateurs est à interpréter comme une dimension de l'action du dirigeant sur l'activité de ceux-ci. Laisser des secteurs entiers d'activités hors de son champ d'intervention, alors qu'il en assume la responsabilité, consiste pour le dirigeant à conférer cette responsabilité à d'autres acteurs sans tout à fait s'en départir.

Les dirigeants rencontrés au cours de l'étude revendiquent, en général, la mise en place d'une large délégation. Pour ce dirigeant qui réfute un rôle privilégié d'arbitrage, cela suppose de bien choisir ses collaborateurs ; ainsi un dirigeant *« qui passe son temps à arbitrer »* n'a pas, selon lui, fait les choix adéquats. C'est d'ailleurs au nom du fait qu'il n'a pas pu choisir ses collaborateurs, qu'un autre dirigeant regrette de ne pas pouvoir déléguer davantage. Pour tous, la délégation fonctionne sur la base de la confiance mais elle suppose aussi un système de retour d'informations. Pour l'un d'entre eux, la question centrale de la délégation est celle de la responsabilité du directeur. Le dirigeant doit assumer tout ce qui se passe dans son établissement même s'il n'en est pas la cause directe. Il doit pouvoir couvrir ses collaborateurs s'ils ont fait une erreur, *« il faut une certaine générosité »* affirme-t-il. Mais s'il est nécessaire de déléguer beaucoup, c'est aussi, pour le dirigeant, la condition pour ne pas être enfermé dans la gestion des dossiers au quotidien et pour pouvoir prendre de la hauteur, réfléchir à la stratégie, développer des réseaux à l'extérieur de l'établissement souvent sources de reconnaissance interne et de renforcement de la légitimité du dirigeant.

L'observation montre que la délégation donnée aux membres des équipes de direction est, en général, très large pour ce qui concerne le pilotage des activités relevant de leurs domaines respectifs d'intervention. Ceci est vrai dans tous les établissements observés. La plupart des directeurs fonctionnels en témoignent par l'évocation de *« la grande autonomie »* dont ils disposent. Il peut même arriver que le dirigeant n'intervienne pas du tout sur un domaine délégué.

Cette autonomie se développe toujours dans un cadre d'objectifs ou d'orientations qui peut être plus ou moins large.

L'espace d'autonomie par domaine est délimité en fonction de la définition des « dossiers » considérés par le dirigeant comme étant sensibles ou prioritaires (chapitre 5 et rapport sur les dirigeants des établissements de santé). D'ailleurs les membres de l'équipe de direction sont généralement chargés de faire connaître au dirigeant toute information, de rendre compte de tout projet de décision, relevant de leur secteur et susceptibles d'avoir des répercussions sur des enjeux concernant l'institution dans sa globalité. Pour le dirigeant, il s'agit d'anticiper sur toute question qui pourrait se traduire rapidement en *« dossier sensible »*.

« Il attend en revanche que nous on l'informe de tout et qu'il ne soit pas informé d'un problème par une voie détournée »

« Il est en attente d'initiatives de notre part mais on sait que nous devons le tenir informé pour tout ce qui peut avoir une portée stratégique vis-à-vis du corps médical, des représentants du personnel… »

Le dirigeant peut alors être amené à intervenir directement :

« Certains dossiers s'inscrivent dans le quotidien… A un certain moment, un sujet qui est dans le quotidien peut déraper…, et à ce moment

la direction générale est amenée à intervenir »

Par ailleurs, le dirigeant peut à tout moment interférer sur un domaine lorsqu'un nouveau « dossier sensible » a un impact dans ce domaine ou lorsqu'une décision concerne un « dossier sensible » délégué au responsable d'un domaine. Dans ce dernier cas, le retour d'informations sur le dossier s'impose au collaborateur.

« Soit ce sont des consignes qui viennent des tutelles..., soit ce sont de nouvelles consignes données lors de nos entretiens... Il me dit « on avait fixé ça, il faudrait prendre en compte de nouvelles données », on réajuste le dossier ; ça peut être aussi par le biais de réunions de direction ».

« Quand ce sont des décisions importantes, c'est forcément le directeur... Pour moi, ce qui est important c'est quand ça implique des choix différents de ceux qui ont été pris »

« De tous les dossiers qu'il délègue, il y a forcément du reporting où il est amené à être au courant de l'avancement de tel ou tel dossier et il y a parfois des décisions à prendre et c'est là qu'il intervient ».

Si une forte autonomie est concédée dans chaque secteur ou domaine d'intervention aux collaborateurs du dirigeant, celle-ci est circonscrite au fonctionnement quotidien, en routine, à la gestion de dossiers n'ayant pas de caractères sensible ou prioritaire. A l'inverse, dès qu'un dossier est doté, par le dirigeant, de ces propriétés spécifiques, il est l'objet d'un traitement direct ou d'une délégation sous tutelle.

Dans l'autonomie laissée aux collaborateurs, il est ainsi nécessaire de bien différencier celle qui porte sur des activités non investies par le dirigeant et celle qui porte sur des activités stratégiques déléguées (dossier sensible ou gestion de projets). Pour la première, un simple devoir d'alerte est attendu ; pour la deuxième, des retours d'information réguliers peuvent être demandés et des consignes données. Dans tous les cas, les collaborateurs insistent sur la confiance que supposent, pour le dirigeant, les délégations et l'autonomie accordées. Cette confiance doit pouvoir être confortée, au risque sinon de voir limiter la marge d'autonomie.

La nécessité de se fier à ses collaborateurs est d'autant plus forte pour le dirigeant que la marge d'autonomie laissée est importante et que le suivi est non systématique dans un contexte où la responsabilité du dirigeant est sur le plan managérial et juridique toujours engagée.

Dans les faits, différents usages de la délégation peuvent être observés :

La délégation peut être mise en œuvre pour permettre au dirigeant de prendre de la distance par rapport à l'activité quotidienne de l'organisme (établissement ou service), pour s'investir des activités de développement, de promotion de l'organisme, le représenter à un autre niveau d'action.

La délégation peut être mobilisée pour répartir les responsabilités dans une logique fonctionnelle. La délégation est établie de manière contractuelle et suppose de rendre compte au dirigeant des effets de l'activité déployée.

La délégation peut fonctionner comme un transfert de responsabilité dont la mise en œuvre est couverte par le directeur.

La délégation peut être conditionnelle et remise en cause à tout moment en fonction des enjeux perçus par le dirigeant. Elle suppose alors de fréquents retours d'information. La délégation s'exprime, en définitive, sous des figures diversifiées, relatives à la posture du dirigeant.

Les zones d'autonomie des collaborateurs, ainsi définies, dessinent les frontières toujours singulières et évolutives de la sphère d'intervention du dirigeant ; singulières, car c'est le dirigeant qui, au final, qualifie les dossiers après une élaboration, le plus souvent, collective ; évolutives, car de multiples déterminants internes ou externes sont susceptibles de faire varier l'appréciation que porte le dirigeant sur les caractères sensibles ou prioritaires des dossiers. Corrélativement, de nombreuses activités de l'établissement ne sont pas l'objet d'interventions directes de la part du dirigeant, sauf lorsque leur traitement problématique n'a pu faire l'objet d'une résolution à une étape préalable.

4. Une configuration d'activités marquée par l'empreinte du dirigeant

Si son contexte d'intervention n'est pas d'une plasticité totale, s'il est soumis à de nombreuses injonctions, parfois contradictoires, de ses prescripteurs, le dirigeant construit son activité à partir de l'interprétation des situations et des enjeux qu'il leur associe en préservant un certain équilibre entre les intérêts en présence, en maintenant mobilisée son équipe rapprochée et en laissant à d'autres le soin de développer légitimement des actions dont il est responsable. Ce faisant, le dirigeant structure et délimite les temps et les espaces de son activité. On voit bien à l'étude des agendas par exemple, et même si de grandes tendances sont observables chez tous les dirigeants (amplitude horaire importante, nombre de rencontres hebdomadaires élevé, débordement du temps de travail sur le temps privé, faible proportion de temps non programmé) à quel point la structuration de son activité obéit à la hiérarchisation des objectifs de chaque dirigeant et présente une variabilité forte : temps alloué aux interlocuteurs internes et externes, attention portée à certains projets plutôt qu'à d'autres, contrôle plus ou moins intensif, délégations différenciées, etc. (rapports sur les dirigeants territoriaux et les dirigeants des établissements de santé). Si les choix qu'il opère sont situés et prennent en compte des paramètres propres à leur contexte d'insertion, ils sont aussi déterminés par la posture du dirigeant dans sa relation aux différents acteurs inscrits dans les dynamiques sur lesquels il essaie d'influer.

Cette posture intègre des dimensions cognitives liées aux anticipations faites par le dirigeant sur les comportements des autres acteurs mais aussi des dimensions émotionnelles liées notamment aux identifications du dirigeant à l'égard de l'un ou l'autre de ces acteurs, ou encore à la confiance qu'il leur accorde. A ce niveau s'exprime la face la plus personnelle de l'activité du dirigeant, celle qui conduit nombre d'observateurs à la conception naïve d'une aptitude intrinsèque à incarner le rôle. Si l'empreinte de la personne du dirigeant est réelle sur la configuration de son activité, celle-ci prend forme dans une matière complexe et active, toujours originale, dont les forces internes, les contraintes et les résistances participent à cette configuration.

CINQUIÈME PARTIE

ETRE DIRIGEANT

Chapitre 10

COMMUNIQUER DES VALEURS PRODUIRE, FAIRE PRODUIRE, SE PRODUIRE

Joris Thievenaz

Ce chapitre propose d'investir la fonction des valeurs présentes au sein des discours des dirigeants. Nous faisons ici l'hypothèse, que lorsque ces professionnels font référence à des valeurs, c'est dans une double intention : agir sur les autres afin d'orienter leur activité, mais également agir sur eux-mêmes. Si la plupart des situations de communication (dans l'espace du travail comme de la vie privée) comportent ce phénomène de double adressage, celui-ci apparaît de façon particulièrement prégnante chez les dirigeants. En effet, l'acte de diriger est source de multiples tensions que les professionnels tentent d'apaiser, notamment à travers des stratégies communicationnelles. Derrière ces communications *dans* et *pour* le travail, se situe un processus plus large de construction d'une posture professionnelle, qui relève de la formation du sujet.

1. Un surinvestissement des valeurs au sein des discours managériaux

Une première observation s'est imposée à nous, celle de la très grande référence à des valeurs au sein des discours de ces professionnels. En effet, lorsque nous avons proposé aux dirigeants de décrire leur travail, leur fonction, ou encore la manière dont ils conçoivent la gestion du personnel… nous avons pu constater une récurrence significative des valeurs. Les valeurs présentes au sein de ces discours sont très hétérogènes : elles renvoient tantôt à des valeurs qui seraient *personnelles* (celles que le dirigeant exprime en les renvoyant à son parcours, sa biographisation de professionnel, ses convictions…), et tantôt à des valeurs *de groupes* (représentatives de sa profession, du savoir-faire…).

Ces professionnels apparaissent fréquemment en mouvement, à la recherche d'un temps qui manque, mais toutefois profitent des espaces au sein desquels un discours, une référence à des valeurs peut avoir lieu. Les dirigeants que nous avons rencontrés organisent, au sein de leur emploi du temps, des espaces spécifiques où une parole valorisée et valorisante, destinée aux autres et à soi, peut voir le jour. C'est par exemple, le cas de plusieurs réunions de régulations ou de rencontres d'équipes auxquelles nous avons pu assister et dont nous présenterons des extraits au sein de ce chapitre.

1.1 Un intérêt particulier pour les valeurs mises en mots par les dirigeants

Notre intention n'est pas ici d'évaluer les valeurs des dirigeants en général ou les valeurs des dirigeants rencontrés, mais plutôt d'accéder à une meilleure compréhension de la référence aux valeurs dans leur activité communicationnelle. Si l'on considère l'acte de diriger comme une action ayant spécifiquement pour intention « d'agir sur l'engagement de l'activité d'autrui » (Barbier, Chapitre 3), comment peut-on alors appréhender la place de l'énoncé des valeurs au sein des stratégies d'influence sur l'engagement des autres ? Que peut-on dire du rapport aux valeurs dans l'activité quotidienne du dirigeant ? Quelles fonctions jouent-elles ?

Afin d'investir cette question, nous désirons situer nos propos, ainsi que le vocabulaire employé, dans le postulat théorique et les distinctions proposées par J-M Barbier. (Voir ci-dessous) :

Une approche des valeurs

« *Préférences d'engagement, représentations finalisantes et valeurs signifiées* » in Valeurs et activités professionnelles, sous la dir. de Jean-Marie Barbier, l'Harmattan, Action et Savoir, 2003.

En suivant cet auteur, nous choisissons de distinguer plusieurs types de valeurs. En effet, dans le cas présent, il nous fut nécessaire de ne pas confondre les propos tenus par les dirigeants, les actions entreprises, ou encore le modèle auquel ils paraissaient se référer. Nous avons donc, toujours selon ce modèle, distingué au sein des matériaux, « les valeurs-en-acte, les valeurs- référents et les valeurs signifiées » (Barbier, 2003, 122) :

- Les « valeurs-en-acte » ne se situent pas dans leurs discours mais bel et bien dans l'engagement physique ou matériel du sujet au sein des actions entreprises, c'est-à-dire « de valeurs telles que l'on peut les inférer du constat d'un engagement dans des activités » (Ibid., 128).

- « Les valeurs-référents » constituent un modèle de référence, une image du souhaitable ou plus précisément « les représentations que se font les sujets de ce qui à leurs propres yeux, vaut (ou valait) « la peine » ou « le coup » d'être fait (ou d'avoir été fait) dans une situation donnée » (Ibid., 131).

- « Les valeurs énoncées ou signifiées » par des sujets donnent lieu à des communications écrites ou verbales. Ces valeurs sont mises en mots au sein d'un discours portant sur les actions. Ces valeurs formalisées correspondent à « ce que pour les sujets il importe de dire ou de communiquer relativement à leurs engagements dans des activités » (Ibid., 139). Cet affichage ou signification de valeurs s'inscrit dès lors « dans les relations entre acteurs sociaux (individus ou groupe et dans leurs stratégies réciproques » (Ibid., 141).

C'est dès lors à partir de ce troisième type de valeurs, les valeurs-énoncés (signifiées), que nous allons construire nos propos. Si celles-ci correspondent « à ce que pour les sujets il importe de dire ou de communiquer relativement à leurs engagements dans des activités » (Ibid., 137) nous désirons questionner ici la fonction de ces valeurs présentes dans des discours accompagnant l'activité des dirigeants.

Lors du processus de recherche, nous avons pu recueillir deux types de discours de la part des dirigeants : un premier adressé au chercheur durant des entretiens de type compréhensif (propos sur leurs représentations du métier), et un deuxième, que ces dirigeants adressent à leurs collaborateurs en situation de travail (durant les réunions d'équipe, les rendez-vous avec les membres du personnel, ou des partenaires externes…).

Dans un cas comme dans l'autre, ce qui nous est apparu en premier lieu est le nombre important, puis la récurrence, de propos explicitement référés à des valeurs (que ce soit les leurs, celles de l'entreprise qu'ils représentent, ou encore de l'institution dans laquelle ils évoluent...). Ces valeurs mises en mots servent apparemment à souligner ce que le dirigeant estime juste ou bon de faire, à légitimer son action auprès des partenaires ou encore à affirmer son style de management. Nous verrons plus tard qu'elles jouent également un rôle important dans le positionnement du sujet. Mais pour cela, nous désirons dans un premier temps, situer davantage la place et la nature des valeurs au sein des propos recueillis. Les dirigeants que nous avons rencontrés évoluent au sein d'environnements très hétérogènes (contexte social d'exercice, pouvoir dont ils disposent, nombre de collaborateurs…), cependant il est possible d'affirmer que, malgré cette grande diversité, tous émaillent leurs propos de valeurs qui ne sont toutefois pas de même nature et n'appartiennent pas aux mêmes univers de référence.

1.2 Les valeurs signifiées peuvent avoir une portée variable pour celui qui les énonce

Nous considérons l'activité de communication en général, comme une intention de la part du sujet-énonciateur (signifier un message, proposer une image de soi…). La mise en discours de valeurs par le dirigeant peut se comprendre dans une intention de *portée variable*, son étendue pouvant être souhaitée ou imaginée de manière *universelle*, *contextualisée* ou *spécifique*. Il est possible, en effet, à titre d'exemple, de distinguer :

1/ des valeurs signifiées à *portée universelle*. Elles sont présentes dans les discours à travers les notions de démocratie, de partage des richesses, du travail bien fait. Ex : « *Le militantisme du dirigeant doit s'appuyer sur une conception sociale* ».

2/ des valeurs signifiées à portée *contextualisée*. Celles-ci sont mises en mots en relation avec des éléments relevant davantage de la structure ou du système évoqués, tels que le travail en équipe, l'appétence pour le contact de la matière produite. Ex : « *On est un modèle d'entreprise qui est axée sur ses valeurs comme le développement personnel de ses salariés* ».

3/ des valeurs signifiées à portée *spécifique*. C'est probablement le cas des valeurs se rapportant à un fonctionnement souhaité et spécifique à une entreprise, un secteur de production défini, comme par exemple la valorisation des moments conviviaux au sein du personnel, l'accompagnement des personnes... Ex : « *On a un mode de répartition des richesses dans l'entreprise qui fait que les gens savent pourquoi ils restent le soir* ».

Cette variation dans l'intention de la portée des valeurs qui sont énoncées est à entendre comme le projet du dirigeant de spécifier le niveau d'importance qu'il leur accorde. Toutefois, la référence aux valeurs nommée ci-dessus, ne serait pas aussi présente au sein des discours managériaux si elles ne remplissaient pas une véritable fonction de régulation de l'activité. C'est ce que nous nous proposons à présent d'investir en soulignant l'origine de cette régulation, puis sa mise en œuvre au sein des stratégies de communication.

1.3 Les valeurs sont souvent énoncées dans un contexte de tension perçue

Plusieurs autres chapitres de cet ouvrage expriment particulièrement bien l'idée selon laquelle le dirigeant quel qu'il soit, est au quotidien confronté à des injonctions paradoxales auxquelles il doit pourtant répondre. Que ce soit dans son « *rapport au politique* » (Durat, Betton, Chapitre 7), ou avec ses collaborateurs ou ses pairs, il paraît être dans une activité essentiellement « en tension » car il évolue au sein d'un nombre très important de situations où il doit, comme nous l'expliquera l'un d'entre eux, « *réaliser régulièrement le grand écart* ». A titre d'exemple, nous pourrions évoquer, chez les dirigeants d'établissements de santé une tension entre rationalité financière et celle relative à la qualité des soins ; chez les patrons de P.M.E un compromis à trouver entre la préférence pour des activités techniques appartenant au métier et les lourdeurs de la gestion administrative et financière ; les dirigeants de l'Economie sociale doivent au quotidien faire un choix entre la poursuite d'un engagement militant et la pérennité financière de leur projet. Ces différentes tensions apparaissent dès lors presque structurelles à l'activité de direction.

Cette dynamique de tension permanente pourrait être repérée au sein d'autres fonctions. Cependant, ce qui apparaît constitutif de l'activité du dirigeant est que celui-ci, plus que les autres, va être *exposé* dans la manière dont il va être confronté à ces tensions et dans les stratégies qu'il va mettre en place pour y répondre. Le dirigeant, en étant au quotidien à l'interface de plusieurs logiques de fonctionnement (souvent hétérogènes et parfois contradictoires), se retrouve au centre de cette pluralité avec l'impératif de prendre des décisions qui concerneront un ensemble d'acteurs. Nous parlerons alors de cette fonction comme *une activité particulièrement exposée*. Cette exposition de soi et de son activité serait en ce sens le résultat d'une situation d'interface entre différents acteurs (à l'intérieur comme à l'extérieur de l'entreprise), mais aussi en lien avec les notions de prises de risque, de choix stratégiques à opérer, de respect des normes juridiques qui entourent son action ; toutes ces situations ayant comme particularité de devoir faire un choix au nom d'un collectif.

Notre intention spécifique ici est de faire apparaître la correspondance entre la présence de tensions et la signification de valeurs. Nous allons pour cela proposer une analyse d'un extrait d'entretien réalisé avec un dirigeant du secteur privé (P.M.E) :

Entretien avec un dirigeant

Séquence 1

Chercheur : la gestion du personnel, comment ça se passe ?

Dirigeant - Les gens ont besoin qu'il y ait un seul patron. Dans la réflexion récente, on voudrait qu'il y ait à nouveau deux patrons, mais... même si les rôles sont répartis, même si les décisions sont prises à plusieurs, il faut qu'il y ait un seul patron, une personne bien précise. Mais en même temps, on peut être dirigeant et garder son âme militante !

Séquence 2

Chercheur : Comment ça ?

Dirigeant - Une certaine égalité de gens... Et puis la conviction que c'est plus intéressant en collectif, que c'est plus épanouissant de travailler à plusieurs que tout seul !

Séquence 3

Chercheur : Et ça marche ?

Dirigeant - Ce que j'ai toujours remarqué, c'est que si on exerce sa fonction de manière claire, il n'y a pas de problème. Y compris sa fonction de sanction. Je suis là pour rappeler des règles, pour qu'il y ait un équilibre, et les gens le demandent. J'ai été amené à faire des licenciements (...) on est allé aux Prud'hommes et on a obtenu gain de cause, mais c'est pas ma manière de voir les choses

Séquence 4

Chercheur : Mais concrètement comment ça se passe ?

Dirigeant - Il faut que les gens comprennent bien qu'on n'est pas là pour être autoritaire, mais pour défendre un collectif. Si on ne respecte pas les règles, il faut que quelqu'un le fasse pour les autres. Et je suis là pour faire respecter les règles et donc les gens.

Séquence 5

Chercheur : Malgré votre prise de fonction, en tant que patron vous êtes resté...

Dirigeant - Depuis 17 ans, je suis toujours militant, je suis idéaliste, parce qu'il vaut mieux. Je suis pas désabusé de dire que ces valeurs-là elles sont trop idéalistes. C'est une identité qu'on a chez nous, on est professionnels et des bons, mais on l'est parce qu'on a cette démarche collective. Les gens ne sont pas interchangeables, c'est pas des numéros.

Ces propos recueillis auprès d'un dirigeant sont assez significatifs des rapports qu'entretiennent ces professionnels avec les idéologies dont ils témoignent, leur fonction, la posture qu'ils cherchent à construire et les valeurs qu'ils communiquent à cette occasion. Dans cet exemple, ce que le dirigeant nomme « *les règles* » (séquence 3) à faire respecter au sein de l'entreprise, est en réalité un moyen qui lui permet d'énoncer ses propres valeurs, une représentation personnelle du souhaitable dans le fonctionnement de l'entreprise.

Dans le tableau ci-après, il est possible de faire apparaître ce processus en mettant en lien les valeurs signifiées par le dirigeant avec ce qu'il désigne comme actuel puis comme souhaitable dans son activité :

Tableau 1 : Des valeurs signifiées face à des tensions perçues

Séquences du dialogue	Ce que le dirigeant désigne comme la réalité de ses actions. **L'actuel**	Ce que le dirigeant désigne comme bien ou juste **Le souhaitable**	Mise en opposition dans le discours **La tension**	Valeurs signifiées par le dirigeant **Les valeurs signifiées**
Séquence 1	« il y a un seul patron, une seule personne bien précise »	« On voudrait pas qu'il y ait à nouveau deux patrons, mais... »	L'indicateur : « ***mais*** », place en opposition l'actuel (être le seul patron) et le souhaitable (une co-élaboration des prises de décisions)	« Mais en même temps, on peut être dirigeant et garder son âme militante » Thématique du militantisme
Séquence 2		« c'est plus intéressant en collectif (...) c'est plus épanouissant de travailler à plusieurs »		« Une certaine égalité de gens... » Thématique de l'égalité entre les personnes
Séquence 3	« J'ai été amené à faire des licenciements (...) on est allé au Prud'homme»		L'indicateur : « ***mais c'est pas ma manière de voir les choses*** », met en opposition sa conception du travail en équipe et les sanctions auxquelles il a recours.	« Je suis là pour faire respecter les règles et donc les gens ». Thématique du respect d'autrui
Séquence 4		« Il faut que les gens le comprennent bien qu'on n'est pas là pour être autoritaire »		

Cette analyse partielle des matériaux que nous avons recueillis nous incite à mettre en lien les différentes stratégies communicationnelles des dirigeants autour des valeurs, avec les facteurs d'exposition et de tensions de leur activité professionnelle. Il est possible de formuler une hypothèse selon laquelle *les valeurs signifiées seraient un des moyens à disposition des dirigeants pour tenter de faire face aux tensions perçues.* Une partie non négligeable de l'activité de ces professionnels consiste sans doute à réguler plusieurs déséquilibres afin de poursuivre leur engagement au sein de leurs actions. Ici, les valeurs du collectif au travail et de l'égalité (« *c'est plus intéressant en collectif* », « *Une certaine égalité de gens* ») viennent atténuer la dissonance existante entre le devoir de se positionner comme l'unique responsable de l'entreprise (« *il faut qu'il y ait un seul patron* » et l'idéologie du dirigeant « *démarche collective* » et « *deux patrons* »). On peut également noter combien l'exercice du pouvoir dans les décisions qui vont à l'encontre des salariés (« *J'ai été amené à faire des licenciements* ») est difficilement compatible avec ce que ce professionnel désigne comme souhaitable. Celui-ci va alors dans son récit réaffirmer de manière plus forte ses valeurs personnelles (« *Et je suis là pour faire respecter les règles et donc les gens* »).

Parmi la pluralité des stratégies dont disposent les dirigeants, la communication de valeurs peut remplir une fonction de régulation de l'activité. Il nous semble, par exemple, possible de mettre en lien les valeurs signifiées à autrui et les tentatives de « *régulation identitaire* » (Bourgeois, 2006, p. 84), entendue ici comme celle que le dirigeant essaye de mettre en œuvre à destination de sa propre activité. Les unités d'analyse correspondant à *l'actuel* et au *souhaitable*, peuvent, en ce sens, être mises en lien avec plusieurs images de soi, un « *soi actuel* » et un « *soi visé* » (Kaddouri, 2002, p. 38) que le dirigeant se façonne et qu'il tenterait ainsi de faire coïncider.

A travers ce classement des séquences du dialogue, on s'aperçoit que l'image d'un *soi visé* (une co-élaboration dans la prise de décisions, dans l'exercice du pouvoir) et l'image qu'il se fait d'un *soi actuel* (être le seul patron) sont non seulement en décalage, mais rentrent en opposition. Dès lors celui-ci va s'engager dans une activité de signification de valeurs en interpellant son interlocuteur (ici le chercheur) sur les thématiques du militantisme (valeurs à portée universelle), puis sur la thématique du respect des personnes au sein de l'entreprise (valeurs à portée contextualisée).

Nous avons, jusqu'à présent, souhaité mettre en évidence trois dynamiques paraissant pertinentes pour approcher l'activité du dirigeant. Tout d'abord, la présence très fréquente des valeurs signifiées au sein de leur discours (les propos qu'ils tiennent), puis l'intention de portée variable (contextualité, généralité) de celles-ci et enfin leur apparition en lien avec un contexte perçu comme en tension par le sujet qui les énonce. Nous souhaitons à présent, questionner l'utilité de ces valeurs mises en discours par le dirigeant, en tentant de comprendre le rôle qu'elles peuvent jouer au sein de l'acte de décision, puis de reconstruction de sens pour le sujet-énonciateur.

2. L'énonciation des valeurs : un discours et une influence doublement adressés

La compréhension de l'activité du dirigeant ne peut se réaliser au sein d'une opposition entre inter et intra subjectivité. Le rapport qu'il entretient avec ses collaborateurs (notamment lors des prises de décisions) participe dans le même temps à sa construction personnelle (positionnement de soi). Aussi, les rapports communicationnels qu'entretiennent ces professionnels avec les autres sujets qui les entourent, sont à l'origine même de leur dynamique de construction de sens pour soi et du positionnement de soi. Nous pensons dès lors que *l'activité discursive est un double moyen pour le dirigeant*. La parole, organisée autour des valeurs, s'inscrit dans une double activité d'influence : engager les autres dans des actions et se positionner soi-même.

Le travail de soi et le travail sur autrui peuvent en ce sens être mis en lien à travers la mise en mots des valeurs. Dans la plupart des situations de communication se situe une intention du locuteur de s'adresser à lui-même. Dans le cadre de l'activité des dirigeants, nous pensons que ce phénomène est particulièrement présent, dans le sens où celui-ci serait indissociablement lié à l'acte de décision.

La mobilisation des valeurs au sein des discours est vraisemblablement un moyen particulièrement adapté à ce double adressage du langage. Avec l'énonciation des valeurs, le professionnel au sein d'un même mouvement tente, en combinant « le dialogue extérieur et le dialogue intérieur » (Clot, 2005, p. 38) d'agir simultanément sur les autres et sur soi-même (image de soi, représentation de la profession ou de leur action...). En ce sens, les valeurs communiquées par le dirigeant sont des significations proposées à autrui qui ont pour intention de « faire agir dans le cadre de » (Barbier, 2009) ; elles représentent également les composantes importantes d'un discours adressé à soi. C'est pourquoi nous parlerons alors d'un discours doublement adressé, pouvant être schématisé ainsi :

**Schéma n°1 :
Le double adressage des valeurs signifiées**

Valeurs de soi pour autrui :
Faire agir autrui

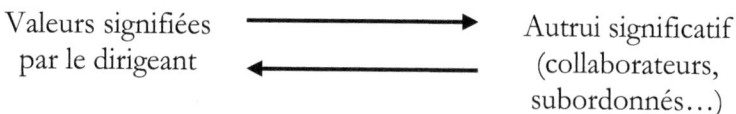

Valeurs signifiées   Autrui significatif
par le dirigeant   (collaborateurs,
                                 subordonnés...)

Valeurs de soi pour soi :
Reconstruire du sens/
se positionner

1) Une première communication à autrui (collaborateurs, groupes de pairs...) afin d'influencer leur activité.

2) Une seconde communication à soi, dans le cadre, cette fois, d'un discours intérieur destiné à influencer ses propres

représentations.

Nous désirons mettre en avant l'idée selon laquelle la signification de valeurs ne remplit pas qu'une seule intention mais plusieurs. D'une part, les valeurs du dirigeant présentées à d'autres acteurs (valeur de soi pour autrui) fonctionnent dans une volonté de les faire agir, de *diriger* leurs actions. Et d'autre part, les valeurs que le dirigeant se communique à lui-même (valeur de soi pour soi) correspondent davantage à une action sur soi.

Nous allons à présent préciser ce phénomène de double adressage des valeurs (correspondant à une double intention d'influence) en distinguant deux dynamiques : « Faire agir », « Reconstruire du sens ». Si pour des raisons de lisibilité, nous distinguons ces dynamiques en trois temps, il nous paraît important de souligner que durant le cours de l'action, celles-ci émergent et se développent de façon concomitante.

2.1 « Faire agir » en énonçant des valeurs (diriger)

Le dirigeant a pour rôle d'influencer, d'orienter, ou de faire émerger l'activité des autres acteurs. Pour cela, et comme il en a été question juste avant, il place fréquemment la communication au centre de sa pratique. Nous pensons que les valeurs signifiées fonctionnent comme des « offres de signification » (Barbier, 2000, 71). Elles ont en effet pour intention de créer des effets de construction de sens chez leur destinataire afin de déclencher leur engagement dans une activité. Au-delà de la mobilisation de signes, « c'est le complexe intentionnel spécifique qui accompagne cette mobilisation qu'il convient de distinguer » (ibid., 72). Si la signification de valeurs n'est pas réservée au dirigeant, elle constitue néanmoins une spécificité de son activité. Ce professionnel organise ses actions autour d'une intention d'influence de l'activité d'autrui, et il est plus que probable que ses actes discursifs soient décisifs dans sa manière d'influer sur son environnement.

Afin de situer ce processus, nous désirons retranscrire une partie d'un échange entre un dirigeant, l'agent d'accueil, le chargé des ressources humaines, lors d'une réunion d'équipe.

L'objectif de cette réunion pour le dirigeant est de s'assurer que les informations « circulent » au sein de son équipe, mais aussi d'assurer l'organisation puis la planification des différentes actions à mener. Parmi les affaires courantes qui seront abordées, le respect de l'interdiction de fumer dans l'enceinte de l'établissement est évoqué :

Extrait n° 1 : Réunion d'équipe dans une entreprise de services

Le dirigeant :   *Nous sommes désormais tenus de faire respecter la loi. C'est de ma responsabilité de faire appliquer cette règle, c'est ma bataille. J'ai déjà fait commander du matériel, et mettre des panneaux à ce sujet.*
L'agent d'accueil :   *Oui mais, nous ne sommes pas là pour faire du contrôle ou de la répression !*
Le dirigeant :   *C'est une responsabilité juridique.*
R.H :   *Je ne voudrais pas que l'on fasse le procès des fumeurs…*
Le dirigeant :   *Moi, je fais confiance aux personnes. Je suis pour le respect de tous, mais il y a des temps de pause et des espaces réservés aux fumeurs ! Je fais confiance aux gens pour savoir se gérer, je prône le respect de chacun et il est de notre devoir de faire appliquer la loi. C'est à nous de faire cela.*

   Ce court extrait de dialogue nous parait significatif de la manière dont un dirigeant va signifier des valeurs à d'autres sujets afin d'influencer leur conduite, leur engagement dans une action. Ici les valeurs du « *respect de tous* », de la « *confiance* », et du « *devoir de faire appliquer la loi* », accompagnent le processus intentionnel qui consiste à agir sur les représentations des collaborateurs afin qu'ils intègrent l'idée selon laquelle il leur revient de s'assurer que personne ne fume dans les locaux. Dans ce cas particulier, le dirigeant tente d'influer sur l'engagement des membres de son équipe (« *faire respecter la loi* »), et pour cela il va signifier des valeurs en faisant l'hypothèse que du sens sera construit autour d'elles par ces collaborateurs. Toujours dans cette idée, il est intéressant de noter le type de valeurs qui sont ici signifiées en le rapportant au contexte d'énonciation ainsi qu'à l'intention poursuivie par le sujet. Le dirigeant a ici pour intention de *faire respecter la loi*, or celui-ci rencontre un obstacle quand il s'aperçoit que les réactions de l'équipe ne vont pas dans son sens : « *nous ne sommes pas là pour faire du contrôle* », « *Je ne voudrais pas que l'on fasse le procès des fumeurs* ». Aussi, afin de poursuivre son objectif qui est de modifier leur perception du problème, leur rapport à la règle, le dirigeant va énoncer dans cet ordre : d'abord une *valeur à portée spécifique*, puis des *valeurs contextualisées et universelles* et enfin une mise en lien de ces différents types dans une séquence qui lui permet de reformuler et d'insister sur son discours (cf. Tableau 2)

Tableau 2 :
Signifier des valeurs pour agir sur autrui

Ordre d'apparition des valeurs au sein du discours	Valeurs signifiées par le dirigeant	Portée intentionnelle de la valeur	Positionnement discursif
T.1	Nous sommes désormais tenus de faire respecter la loi / C'est de ma responsabilité de faire appliquer cette règle, c'est ma bataille	spécifique	« Nous » puis « je »
T.2	C'est une responsabilité juridique	Contextualisée	(Il)
T.3	Moi, je fais confiance aux personnes. Je suis pour le respect de tous	universelle	« Je »
T.4	Je fais confiance aux gens pour savoir se gérer/ il est de notre devoir de faire appliquer la loi/ je prône le respect de chacun	Mise en lien de valeurs universelles	« Je » puis « nous »
T.5	Apparition de la consigne / acte de direction : *C'est à nous de faire cela*		« nous »

La portée intentionnelle ainsi que l'ordre d'apparition des valeurs au sein du discours donnent un bon exemple de la manière dont le dirigeant souhaite agir sur les autres sujets. Nous pensons en effet, qu'une partie de l'acte de décision relève de la création de ce que nous appellerons un espace *valorisé pour l'action* destinée aux différents collaborateurs. Cette analyse des significations nous permet d'entrevoir les valeurs mises en mots comme intégrant la mobilisation des signes langagiers qui participent à une « pré-écriture » (Béguin 2007, 172) du travail d'autrui. Ici, en énonçant dans un premier lieu des valeurs spécifiques (T.1) « *Nous sommes désormais tenus de faire respecter la loi* », puis en élargissant progressivement la portée de celles-ci (T.2, T.3, T.4) « *C'est une responsabilité juridique // Moi, je fais confiance aux personnes…* », le dirigeant parvient à les mettre en lien au sein du discours et donc à faire coïncider l'idée d'un souhaitable très général avec son application beaucoup plus spécifique et située que représente pour lui le respect de cette loi.

Enfin, l'alternance des pronoms au sein du discours, représente un indicateur précieux de cette dynamique d'influence. On observe que lorsque le dirigeant désigne ce qu'il attend comme comportement de la part des autres sujets, c'est en utilisant le « *nous* » : les valeurs signifiées sont alors *spécifiques*, proches d'une action précise. Puis lorsqu'il signifie des valeurs personnelles, à intention plus *universelle*, c'est à travers le « *je* » qu'il choisit de s'exprimer. Enfin il fait cohabiter « *je* » et « *nous* » / *valeurs spécifiques* et *valeurs universelles*, au sein d'une mise en lien (T.5) : « *C'est à nous de faire cela* » qui lui permet de donner un ordre, en même temps qu'une vision du souhaitable qui vient en quelque sorte légitimer cette direction.

2.2 Reconstruire du sens pour soi (se diriger)

L'intention d'agir sur les représentations d'autrui pour orienter son action est à mettre en lien avec une activité d'influence sur ses propres représentations. En ce sens, les valeurs signifiées à autrui sont également adressées à celui qui les énonce.

C'est le cas semble-t-il, au sein de l'extrait n° 3 ci-après, entre un dirigeant et le responsable des ressources humaines de l'entreprise (R.H). Ici, l'objectif du dialogue est d'aborder la question d'un futur et hypothétique recrutement :

Extrait n°2 :
Echange entre un dirigeant
et le responsable des ressources humaines

R.H : Tant qu'on n'aura pas une nouvelle personne dans l'équipe, cela va poser un problème, j'ai demandé un budget supplémentaire pour ça…
Dirigeant : Oui il y a un poste à pourvoir, il le faut. Même si la période n'est pas propice, il ne faut pas qu'on lâche… ce serait catastrophique.
R.H : J'ai rencontré une personne très bien, j'ai eu le coup de cœur !
Dirigeant : J'ai décidé de prendre mon temps. Je vais la recevoir et lui demander quelles sont ses compétences. Mais je veux aussi connaître son positionnement… voir si elle partage les valeurs de l'entreprise. Nous on touche à de l'humain et on met la personne au centre, je veux voir cela (…) il ne faut jamais oublier que l'on est au service d'une mission, ce n'est pas la gestion qui doit prendre le dessus !

On peut entendre dans les réponses que formule ce dirigeant, l'existence d'un « petit dialogue » tourné vers soi et les valeurs qu'ils énoncent comme « des questions et des réponses au sur-destinataire et au sub-destinataire » (Clot, 2005, 40) participant au dialogue intérieur du sujet-dirigeant. Cette dynamique communicationnelle peut s'entendre comme un processus d'interactions discursives qui sont simultanément adressées au « destinataire du dialogue » (ici le responsable des ressources humaines R.H), mais également au « sub-destinataire » (le dirigeant lui même). En ce sens le rapport qu'entretient le dirigeant avec la signification des valeurs est à entrevoir au sein d'une relation étroite entre un dialogue réalisé, tourné vers l'extérieur et celui tourné vers l'intérieur dans sa fonction de sub-destinataire. En considérant que ce processus participe au « processus d'internalisation de certaines formes langagières du dialogue » (Vergnaud, 2002, 58), nous pensons que les valeurs mises en mots ont pour fonction d'être internalisées par le sujet qui les énonce afin de reconstruire du sens pour lui-même dans son activité. Dans cet exemple, ce responsable d'entreprise indique bien sûr à son collaborateur qu'il a besoin de plus d'informations « *je veux aussi connaître son positionnement* », « *je veux voir cela* », mais il s'appuie également sur cette thématique pour énoncer un certain nombre de valeurs à portée *contextualisée* puis *universelle* : « *elle partage les valeurs de l'entreprise // Nous on touche à de l'humain // on met la personne au centre* ». Lorsque le dirigeant signifie ces valeurs, c'est sans doute dans une intention auto-adressée de se confirmer d'une manière valorisante, son image, le rôle qu'il occupe au sein du collectif de travail.

Si, comme nous l'avons évoqué plus haut, les valeurs sont énoncées dans des contextes en tension, il est probable que ce dirigeant face à ce problème de recrutement du personnel lié à des contraintes budgétaires éprouve le besoin à la fois de signifier à l'autre mais aussi à soi que ce ne sont pas les contraintes financières ou matérielles qui priment, mais bel et bien les valeurs que l'on poursuit. C'est en tout cas ce que laissent supposer des énoncés tels que « *il ne faut jamais oublier que l'on est au service d'une mission, ce n'est pas la gestion qui doit prendre le dessus* ».

Il est également intéressant de constater combien ces valeurs mises en mots, pour être internalisées ont besoin d'être adressées, de se réaliser à travers un « autrui significatif » (Barbier, 2006, 36) afin d'être médiatisées. En d'autres termes, le dirigeant n'intervient pas uniquement sur les autres, mais aussi sur lui-même avec les autres et grâce à eux ; en ce sens celui-ci « ne parle pas de lui-même et des autres mais avec lui-même et avec les autres » (Clot, 2005, 37). Les collaborateurs proches de ce dirigeant peuvent représenter cet autrui significatif *à qui* des valeurs sont adressées et *avec qui* le dirigeant pourrait se parler à lui-même.

2.2.1 Se positionner au sein d'une culture discursive

Les valeurs communiquées renvoient à des cultures, des mondes sociaux-discursifs qui participent aux « *habitus* » (Bourdieu, 1980, 87) professionnels au sein desquels elles sont construites et/ou transmises. Nous pouvons réaliser une comparaison entre des valeurs énoncées par un dirigeant de l'Economie Sociale : « Je suis le représentant d'une entreprise citoyenne // Pour moi l'entreprise, c'est un outil de la modification sociale » et celui d'un établissement de santé : « assurer la permanence des soins, mais respecter les normes et règles de la comptabilité publique.

Derrière le vocable employé, se situent à la fois des préférences individuelles, mais également une intention de se positionner ; de se représenter soi-même, ausein d'une culture discursive.

Dans cet exemple, on peut observer combien les mots ou expressions signifiés en référence à la culture discursive de l'Economie Sociale et Solidaire « entreprise citoyenne// pensée collective //outil de la modification sociale » relèvent d'un affichage sensiblement différent de la culture des établissements de santé : « respecter les normes et règles de la comptabilité publique// vous voulez payer quelqu'un, plus que ne vous y autorise la réglementation ».

2.2.2 Se construire une posture professionnelle

Après la question du positionnement du dirigeant au sein d'une culture discursive et donc de l'affichage du groupe d'appartenance, nous pouvons investir le processus à travers lequel ce dirigeant assurerait un affichage de soi comme figure singulière et irréductible. Les sujets que nous avons rencontrés nous ont signifié à plusieurs reprises combien leur « posture de dirigeant », leur « manière personnelle d'exercer le pouvoir » n'étaient pas instituées de façon définitive. Ces professionnels de l'exercice du pouvoir ont besoin pour cela de se créer une « parole singulière construisant une figure de soi irréductible à toute autre » et ceci au sein de ce que l'on peut nommer un processus d'« invention de soi » (Delory-Momberger, 2004, 9). La formation d'un soi-dirigeant ne peut se réaliser qu'à travers le social, et notamment au sein d'un pluri-adressage des valeurs de soi. Lorsque le dirigeant tente d'influer sur les constructions mentales de ses collaborateurs, sa « figure de soi-dirigeant » s'en trouve dès lors réinterrogée et donc potentiellement transformée. Si, par exemple, la recherche de reconnaissance et de légitimité mobilise régulièrement l'activité de ces professionnels, cette recherche s'effectue en grande partie au sein de la communication.

A travers les phénomènes d'auto-adressage et au sein des stratégies : *valeurs de soi pour autrui* et *valeurs de soi pour soi*, nous pensons que le dirigeant s'engage dans une démarche de projet ou de « *technique de soi* » (Foucault, 2001).

A côté, et simultanément à l'exercice du pouvoir, nous observons chez celui-ci une intention de se construire une posture, une légitimité, et qui participe à la construction de son identité professionnelle. Nous pensons enfin que ces trois fonctions émergent de façons simultanées au sein de l'activité du dirigeant, qu'elles sont liées entre elles et que la mise en mots des valeurs leur confère un espace partagé.

Conclusion

Dans ce chapitre, nous avons tenté de questionner les énoncés de valeurs présents dans l'activité professionnelle du dirigeant. Après une tentative de définition et plusieurs observations sur la place que pouvaient occuper les valeurs au sein des activités en situation de travail, nous avons essayé de comprendre les différentes fonctions qu'elles remplissent. L'hypothèse est faite ici que, derrière la communication de valeurs, se situent plusieurs adressages possibles (aux collaborateurs, mais aussi à soi-même) et que celle-ci occupe donc une fonction sociale et formative. L'énonciation de valeurs par les dirigeants semble donc, relever de deux mécanismes : « faire agir », mais également influencer ses propres représentations : « se faire ». Les moments où sont exprimées ces valeurs constituent le moyen d'influencer les représentations d'autrui (collaborateurs, pairs, politiques…). C'est aussi un des moyens de se positionner et donc de se produire comme dirigeant.

Chapitre 11

L'ÉPREUVE DU POUVOIR ET DE L'INCERTITUDE

Anne Lise Ulmann, Jean-Yves Robin

Privilégier la figure du sujet pour comprendre l'activité quotidienne d'un dirigeant engagé dans des actions de gestion, d'animation, d'administration, de régulation, d'arbitrage, d'évaluation ou de prospective ne va pas de soi. L'activité concrète, visible, observable n'épuise pas le sens que revêt un comportement adopté par un professionnel, et comme nous le rappelle « la clinique de l'activité » (Clot, 2008), les gestes professionnels réalisés par un homme de métier révèlent une part tout à fait minime de ce qu'il ressent, comprend ou analyse. Dès lors, recourir au langage pour tenter de saisir ce qui affecte, inhibe, mobilise un sujet au travail, qu'il soit ou non dirigeant, est inéluctable. Dans ce chapitre, nous prenons pour hypothèse que ce recours au verbe permet de lever le voile sur l'activité des dirigeants que nous avons fréquemment vus mobilisés par des tensions ou des contradictions à résoudre.

Nous privilégions un angle de vue qui s'inspire en grande partie de la tradition psychosociologique défendue notamment par Eugène Enriquez, André Lévy, Max Pagès ou Vincent de Gaulejac. Il est possible d'entrevoir à la faveur de cette posture épistémologique combien le sujet évoqué dans ce texte reste limité, barré, mal barré, voire rembarré en faisant l'expérience de l'altérité.

Les témoignages recueillis ou les observations faites par les chercheurs impliqués dans ce programme de recherche confirment à de multiples reprises la légitimité de ce diagnostic. Certes le dirigeant dirige, décide, administre, organise ou sanctionne. Mais ses paroles, son discours, ses conduites laissent apparaître un homme traversé par des questions, des contradictions... L'image trompeuse du *big boss*, du chef, du *number one* ou du capitaine d'industrie ne leurre qu'un temps car par delà ces premières apparences il reste « un dirigeant-dirigé[18] », bel oxymore pour rendre compte de toute la complexité d'une tâche emprunte d'ambiguïté. Comme tout sujet le dirigeant est agi par des forces inconscientes, des désirs, des envies, des projets, des valeurs, des émotions, des passions. Cet « irréductible psychique » (De Gaulejac, 2009) se heurte sans cesse au cadre institutionnel et « socio-politique » et s'en nourrit également.

Le collectif organisationnel, les contraintes budgétaires et comptables exercent notamment une fonction de veille et de contrôle. Certes les dirigeants contrôlent en permanence les chiffres et les indicateurs de leurs activités, mais ils n'en sont pas moins contrôlés par ces chiffres qui indirectement leur signalent comment orienter ou réorienter leurs actions. Le dirigeant peut alors apparaître comme un sujet marqué du sceau de son appartenance organisationnelle. Présider aux destinées d'une TPE ou d'un CHU, c'est prendre en charge un projet qui ne relève pas des mêmes finalités et ne s'apparente pas à des objectifs identiques. C'est pourquoi les dirigeants rencontrés même s'ils ont en commun d'exercer un métier apparemment semblable n'investissent pas tout à fait de la même manière leur activité respective. Les enjeux dans chaque cas ne sont pas identiques et de ce fait les visées des actions conduites ne peuvent être interprétées sous le même angle. On comprendra dès lors que les modes de fonctionnement des dirigeants de ces structures puissent varier.

Enfin, le sujet décrit dans cette contribution n'est pas assigné à résidence dans une catégorie bien délimitée. Il appartient certes à « la caste des puissants » mais il est aussi régulièrement confronté à son impuissance. C'est pourquoi nous avons privilégié tout au long de ce texte la figure du paradoxe. Un dirigeant est souvent combatif, il use même d'un

---

[18] AL. Ulmann ref. recherche INTEFP

discours guerrier pour décrire certaines situations mais il peut aussi privilégier des attitudes beaucoup moins belliqueuses comme celles de l'écoute, de la négociation, de l'empathie. Il laisse parfois voir son découragement, sa déception, même ses écœurements. Il sera donc bien question ici d'un sujet énigmatique, paradoxal et ambivalent qui, par delà ses déchirements internes donne à entrevoir toute la complexité de l'activité de diriger.

1. Une position socio-institutionnelle qui oriente la manière de diriger

Le dirigeant inscrit son activité dans des contextes bien particuliers. Diriger une TPE de dix salariés, un établissement public de santé, une entreprise de trois mille deux cents employés, assurer la direction d'un service dans la fonction publique territoriale, dans une unité déconcentrée du ministère du Travail ou dans le secteur de l'économie sociale, sont autant de cas de figure fort différents qui ne sont pas sans exercer des influences non négligeables sur le mode de fonctionnement du dirigeant. La taille de ces structures, leur ampleur, leur statut juridique, leur histoire participent donc à la construction de la figure du sujet qui reste situé socialement.

Il est d'ailleurs intéressant de constater que les établissements publics de santé remplissent à cet égard une fonction d'analyseur ou de révélateur. L'histoire de l'hôpital évoquée notamment par François Steudler (1974) est à cet égard fort instructive, à la fois pour comprendre les évolutions des hôpitaux mais aussi pour décrypter les logiques à l'oeuvre tant dans les institutions publiques que dans les structures relevant de l'économie sociale. Depuis une vingtaine d'années, les gestionnaires imposent leurs objectifs et les principes de rentabilité, performance, coûts, retour sur investissement envahissent désormais le champ hospitalier (De Gaulejac, 2005). L'institution passe donc d'une culture bureaucratique à un mode de fonctionnement technocratique (Enriquez, 1997). Si dans le premier cas, la règle constituait un repère clair , dans le second, la frontière entre ce qui est légal ou ce qui ne l'est pas devient plus floue. L'essentiel est de ne pas se faire prendre.

Cette attitude, plus souple n'est visiblement pas à l'ordre du jour dans la fonction publique territoriale, dans les services déconcentrés du ministère du Travail ou dans le secteur de l'économie sociale. Un Directeur Général des Services d'une collectivité territoriale peut rappeler à l'ordre l'élu s'il estime que certaines règles ne sont pas respectées. Il se dit même prêt à saisir le tribunal administratif s'il n'est pas entendu. Quant au dirigeant œuvrant dans le champ de l'économie sociale, il résistera fortement à ce que les contraintes budgétaires, comptables ou financières viennent galvauder les valeurs auxquelles il croit. Ces combats sur les retours à la règle ne sont pas l'apanage des secteurs publics ou de l'économie sociale. Dans certaines sociétés privées, les bras de fer avec les actionnaires nécessitent parfois de reprendre la main afin de ne pas être dépossédé d'un pouvoir d'initiative qui permet de défendre une conception de l'entreprise enracinée sur un territoire comme le laisse entendre ce slogan : « l'usine à la campagne ».

L'orientation de l'action liée au cadrage socio institutionnel peut éclairer les choix de ces dirigeants qui ne sont pas à la tête de ces organisations par hasard, mais souvent par conviction comme le confirme ces propos de directeurs qui, même « militants » n'en sont pas moins dirigeants :

« Je suis né dans la colle, celle pour coller les affiches »

« J'ai toujours aimé être dans la négociation et avant d'être directeur régional j'ai occupé toutes les places autour de la table »

« On a une mission – j'ai la passion pas en dehors mais en dedans – j'éprouve un grand attachement pour les valeurs du service public – il y a une noblesse dans l'action publique, c'est un ciment fondamental. »

Il semble alors que ces dirigeants fassent « corps » avec les traditions de leur organisation, soit pour les prolonger soit pour les modifier. Ils portent donc le poids de l'histoire, parfois à leur corps défendant, et doivent d'abord se situer par rapport à cette tradition dont ils sont les prolongements et les représentants symboliques.

2. Une activité fébrile entre risque et incertitude

La crainte d'un incident, d'un accident fâcheux, d'un faux pas, d'une maladresse est fréquente chez les dirigeants observés. Ils évoquent cette épée de Damoclès suspendue au-dessus de leur tête, qui justifie en permanence l'application du principe de précaution. Il s'en suit le développement de procédures bureaucratiques caractérisées par le culte de l'écrit, de la vérification ou de la contre-vérification.

C'est vrai pour tout responsable d'une industrie agro-alimentaire qui se doit de mettre en place des procédures afin que la traçabilité de tous les ingrédients qui participent à la fabrication des produits soit systématiquement assurée. C'est également vrai pour les directeurs d'hôpitaux qui ne peuvent éternellement pratiquer la politique du déni en ignorant l'état de vétusté de certains plateaux techniques, pour les dirigeants du ministère du Travail ou de l'Économie sociale qui doivent justifier leurs actes tant auprès des instances supérieures que des syndicats, des collègues, des salariés.

Au-delà des problèmes posés qui seront à traiter, l'appréhension du dirigeant semble souvent résulter des conséquences provoquées par tel ou tel incident. Si les médias viennent à s'emparer de tel ou tel dossier, de telle ou telle affaire, le dirigeant craint d'être fragilisé. Anticipant le pire (un conflit violent avec les syndicats, un bras de fer avec les médias), il peut éprouver le sentiment qu'il est désormais pieds et poings liés, empêché, muselé en quelque sorte par la perception qu'auront les Autres de son action. Car ils ne sont pas sans savoir que toutes décisions prises comportent leur revers : sanctionner un salarié peut aussi aboutir à la faveur d'un mouvement social de protestation, à un procès auprès des Prud'hommes ou à une campagne de presse... Nombre de situations révèlent donc des dirigeants sous contrôle qui s'acharnent à garder la main sur des situations où ils se sentent vulnérables, pris dans l'entre-deux des salariés et des injonctions des tutelles ou des actionnaires.

Ces situations sont alors « euphémisées » dans leur langage

pour être qualifiées de « dossiers sensibles ». Cette personnification du dossier, qui d'objet inerte devient un « dossier sensible » vient ici révéler l'identification du dirigeant à son travail. Ne serait-ce pas le dirigeant qui se perçoit ici comme sensible, versus fragile, dans la manière dont il traitera le dossier ? Le terme lui-même de dossier, synecdoque d'une situation professionnelle, n'est-il pas illustratif d'une manière de se percevoir comme sujet pris en tenaille dans une « pile » de questions multiples et souvent disparates ? Devant ces craintes et ces appréhensions, le dirigeant est parfois obligé de privilégier des anticipations défensives ou phobiques (Boutinet, 2008) où rien n'est à négliger, surtout pas les plus petits détails, les éléments apparemment anodins. Ces attentions aux détails servent de remparts pour préserver ce qu'ils pensent être l'essentiel, mais les mobilisent subjectivement la plus grande partie de leur temps, au point parfois de le perdre.

« Je passe mon temps à régler des problèmes quotidiens, et le soir bien souvent je n'ai rien fait et bien, j'emmène tout sous le bras à la maison et là je peux faire ce que je ne peux pas faire ici au bureau »

« Je travaille en temps caché », dira un directeur à propos de l'organisation de sa journée.

Ces appréhensions peuvent par exemple être illustrées par un dirigeant dans le secteur des TPE. Le dimanche est pour certains dirigeants le jour le plus délicat de la semaine. Là encore, celui-ci en vient à penser la veille au soir ou durant la nuit à tout ce qui reste à faire sur les chantiers en cours, à tout ce qui n'a pas été fait, à tout ce qui pourrait être réalisé mais surtout aux éventuels « pépins » qui seraient susceptibles de survenir durant la semaine qui s'annonce. Si le dimanche est un jour « off », sans travail ou du moins sans présence longue au bureau, il ne l'est pas souvent subjectivement pour les dirigeants. Téléphones portables, ordinateurs et dossiers « papiers » transportés signalent l'effacement des frontières entre le monde professionnel et le monde personnel. Ces fonctionnements que l'on pourrait qualifier de quasi « obsessionnels » traduisent alors peut-être un sentiment d'invasion par des questions multiples qui empêchent une assise plus sereine de leur posture. Cette inquiétude parfois lancinante éclaire une part de leur activité qui consiste à multiplier les informations, les contrôles et à développer un réseau relationnel étendu pour s'assurer que rien n'échappe et que tout se déroule comme prévu.

Dès lors, le scénario de l'impuissance n'est pas loin. Plutôt surseoir, différer, attendre, voire s'interdire de rentrer dans cette logique tant les risques de dérapage sont nombreux. C'est sans doute ce qui permet de comprendre pourquoi les verbes *« décider, guider, pousser, tirer, imposer »* sont quasiment absents du vocabulaire de ces managers. Ils préfèrent les termes *« aider, écouter, conseiller, composer ou accompagner »*. Il ne serait pas de bon ton d'exercer un pouvoir d'une façon trop frontale. Il serait préférable d'y mettre les formes ce qui se traduit par des incitations verbales plus douces, moins brutales et plus aseptisées : *« j'aimerais mieux, si tu peux, j'aimerais bien, ce serait mieux. »* Ces formes plus avenantes ne sont pas seulement des exercices de style, simple substitution de mots durs par des mots doux, elles révèlent la nécessité de prendre l'autre en compte pour asseoir sa posture de dirigeant. Les dirigeants ne dirigent pas seuls, mais avec leurs collaborateurs et à partir d'eux. Nous faisons nôtre ici l'idée de E. Lévinas (1971, 153) selon laquelle « être attentif, c'est reconnaître la maîtrise de l'Autre, recevoir son commandement ou plus exactement recevoir de lui le commandement de commander ».

Cette manière douce n'exclut pas pour autant la manière forte. Le dirigeant oscille en effet entre des procédés qui pourraient être qualifiés d'obliques et des tactiques qui sont plus frontales. Il s'agit en quelque sorte d'exploiter le potentiel de la situation (Jullien, 1999, 2000, 2007), de s'emparer des opportunités, d'attendre le moment propice pour engager une action. Mais tout ceci se fait en douceur.

Parfois la situation contraste fortement avec ces formes policées. Loin d'une autorité feutrée qui n'a pas recours à « la contrainte par force et à la persuasion par arguments » (H. Arendt, 1972, 2007), il s'agit cette fois de recevoir des coups, d'en donner ou de les encaisser. En témoignent ces propos plus guerriers où le dirigeant apparaît comme un combattant qui monte au front.

« Il y a des chocs, c'est un métier très dur ! par exemple, l'élu a pris un arrêté illégal, alors j'ai dit à son directeur de cabinet avec qui je m'entendais bien, « écoutez, vous demandez à votre président de déchirer cet arrêté, sinon moi je le mets au tribunal administratif, j'irai même au-delà, dites-lui que je l'attaquerai au pénal. » Le président m'a convoqué et il a déclaré : « vous savez moi je ne changerai pas d'avis parce que vous me menacez, et j'ai rétorqué : vous faites ce que vous voulez, je ne vous demande pas de changer d'avis, mais comme vous ferez et bien moi aussi je ferai ».

3. Une activité en tension entre innovation et déviance

Pour autant, les dirigeants ne sont pas systématiquement sur la défensive ou dans le doute, ils sont aussi en situation de veille permanente pour capter les occasions qui s'offrent à eux, même de façon très inopinée.

C'est le cas, par exemple, de ce chef d'entreprise qui surprend une conversation téléphonique à bord d'un TGV. Il comprend très vite qu'un projet de recherche risque d'être abandonné car la société est sur le point de déposer son bilan. Or il se trouve que ce travail présente un indéniable intérêt pour ce dirigeant. Il n'en faut guère plus pour solliciter ce voisin trop bavard, l'interroger, prendre contact avec le directeur de la société fragilisée pour embaucher le chef de projet. Ce genre d'initiative a de quoi surprendre : le lieu, un wagon de TGV, qui a priori n'est pas l'espace de travail le plus habituel pour engager une négociation, mais aussi la capacité à capter une bribe de conversation pour en transformer le contenu en collaboration potentielle. Rien n'est ici vraiment programmé, calculé, réfléchi. Aucun budget prévisionnel n'est annoncé. Aucune étude de marché n'est engagée. Beaucoup de choses se jouent dans l'instant et révèlent la part du travail intérieur qui habite constamment un dirigeant, surtout quand le devenir de l'organisation dépend principalement de ses choix.

Si la décision se prend sur-le-champ, son idée est sans doute en gestation inconsciente depuis longtemps. Il est en effet peu probable que ce dirigeant agisse sans avoir au préalable réfléchi à cette question, voire sans avoir déjà eu quelques informations sur la situation mais même s'il n'improvise pas tout sur l'instant, il sait capter les occasions et s'en servir à des fins professionnelles. Sur le plan de la rationalité, de tels exemples montrent qu'elle est limitée, et que les outils comptables ou économiques en dépit de leur puissance et de leur efficacité, ne suffisent pas pour instruire une décision, fut-elle éminemment stratégique. L'un d'entre eux va même jusqu'à utiliser un néologisme, *« la paranalyse »*, c'est-à-dire une analyse tellement fine et poussée que le décideur ne finit plus par discerner l'orientation qui devrait être privilégiée. Cette expertise finit donc par paralyser toute initiative, perçue au regard d'une conception rationnelle de la décision comme un acte d'indiscipline. Sans doute le contexte particulier d'une PME favorise-t-il ici le développement de telles anticipations désidératives, mais il n'en demeure pas moins que diriger c'est donc aussi faire feu de tout bois, faire confiance à son inconscient pour garder en mémoire l'inutile et le remobiliser au moment opportun.

Ces fulgurances se produisent selon d'autres modalités dans le secteur public où la loi, le règlement, le cadre juridique, les règles de la comptabilité publique s'imposent plus fortement. Par exemple, les directeurs d'hôpitaux oscillent entre deux profils qui sont en tension. Les premiers sont tenus par une rationalité juridique et axiologique à laquelle ils tiennent et dont ils ne veulent pas déroger. Ils insistent pour que l'offre de soins réponde aux demandes d'un maximum de personnes sur un territoire donné. Dans une logique institutionnelle, ils cherchent à défendre la santé, sans donner la priorité aux coûts. Les seconds, quant à eux, en se débarrassant d'activités trop onéreuses, en fermant certains services peu rentables se réfèrent à une logique entreprenariale. Cette tension entre ces deux logiques contraint le dirigeant à assumer un choix, à construire une stratégie. Ces choix sont d'autant plus délicats à établir qu'ils sont portés par des acteurs différents dont les marges de pouvoir peuvent mettre en difficulté le dirigeant.

S'affrontent, par exemple à l'hôpital le pouvoir médical, qui fonde en grande partie la renommée de l'établissement et le pouvoir administratif, qui répond à des attentes gestionnaires de la tutelle. Satisfaire l'un c'est toujours se mettre en difficulté avec l'autre et au passage risquer sa propre place. La tension entre ces logiques souvent antagonistes fait alors courir le risque au dirigeant du découragement, expliquant parfois qu'il décide de « *jeter l'éponge* » et attend sa libération avec l'heure de la retraite. Il semble que le recours à ses valeurs, son idéologie soit la seule issue possible pour tenir (voire se tenir) dans la place. C'est alors qu'il oriente son action dans une fonction de *passeur*[19], pour faire cheminer chaque protagoniste vers la logique qu'il veut privilégier.

« *N'importe comment ici, il ne faut pas brusquer pour faire passer ses idées… C'est souvent par le travail qu'on fait avec les partenaires extérieurs d'ailleurs qu'on arrive à faire bouger l'interne. Ca finit par passer petit à petit…* »

Un autre dirigeant ressemble à s'y méprendre à cet individu par excès qui, tel le cheval de Troie, distille progressivement dans les établissements publics de santé des modes de fonctionnement, des règles et des valeurs empruntées au secteur privé.

Ce passage à une culture technocratique ne se fait pas sans remous (Enriquez, 1997). Il participe à ces conflits d'orientation décrits par Mispelblom-Beyer (2006). Mais cette métamorphose est en marche et rien ne saurait l'arrêter sauf si des incidents majeurs venaient perturber le cours de l'histoire car ces managers d'un nouveau genre entretiennent une relation ambiguë à la loi.

« *On transgresse mais au moindre coût disent-ils - on joue tout de même avec les règles, on est toujours sur le fil du rasoir.* »

---

[19] Dans *l'Odyssée* le passeur Charon, est celui qui fait traverser le fleuve de l'Achéron aux âmes des morts pour rejoindre l'Empire des Morts. Vieillard autoritaire Charon, (dirigeant avant l'heure !), a la particularité de diriger la barque, mais il ne rame pas, laissant cette tâche subalterne aux âmes qu'il transporte.

Il s'agit donc de jouer avec la loi tout en essayant de l'appliquer tant bien que mal.

« *Pour assurer la permanence des soins, soit on embauche du personnel que l'on paie à un tarif qui n'est pas prévu, soit on fait de fausses déclarations en allongeant la durée de la présence.* »

Et que dire de ce directeur qui annonce qu'en janvier 2008 « *la réanimation ne sera toujours pas réglementaire [...] monsieur le directeur vous aviez 5 ans pour mettre votre maison en conformité, vous ne l'avez pas fait me dira-t-on. Si je ne l'ai pas fait rétorquerai-je, cela dépend de vous puisque depuis 2005, j'ai demandé de l'argent – et l'on me répondra : ce n'est pas mon problème – c'est vous le responsable – constamment c'est cela – constamment on prend des risques* » d'où la réaction d'un dirigeant qui en arrive à la conclusion suivante : « *On nous met au fond d'un four et on nous dit : débrouillez vous maintenant pour climatiser.* »

Il est possible d'être créatif, dès lors que l'on sait prendre des initiatives au profit de la structure que l'on préside. Mais la prise de risques résultant de cette initiative n'est pas à négliger. Tant que celle-ci ne se traduit par aucune difficulté, la tutelle ministérielle par exemple pour ce qui est des hôpitaux, fait comme si elle ne savait pas. Le message implicite est clair : pas vu – pas pris. Mais il suffit du moindre incident pour que la logique de l'organisation se remette à fonctionner. Elle sanctionnera celui qui fut un temps considéré comme un novateur alors que désormais, il est devenu un déviant. C'est sans doute pourquoi Norbert Alter (2000) estime que les innovateurs utilisent des moyens illégitimes à des fins légitimes alors que les déviants mobilisent des moyens illégitimes à des fins illégitimes. Il ajoute : « *la frontière entre les deux reste bien minime et ne dépasse guère l'épaisseur d'une feuille de papier à cigarettes.* »

4. Porter et être porté par le sens de l'activité

Ces profils révèlent deux conceptions managériales bien différentes. La relation que le dirigeant entretient avec sa structure d'appartenance n'est pas de même nature dans chacun des cas. A l'hôpital par exemple, un premier scénario consiste à défendre l'excellence et la performance sans se soucier du coût que cette politique représente. Un deuxième va au contraire privilégier une offre de soins la plus large possible sur un territoire donné.

Cette problématique se retrouve également dans le secteur privé. Par exemple, les dirigeants de la vallée de l'Arve à la tête des industries du décolletage n'ont pu éviter les politiques de délocalisation et de rachat par les fonds de pension américains. Et pourtant bien des managers qui président aux destinées de TPE ou de PME sont parvenus jusqu'à présent à éviter cette forme de déterritorialisation. Ils sont restés attachés au territoire auquel ils appartiennent. Ils ont fait le choix de l'enracinement. La conviction qu'ils exercent une responsabilité sur un territoire donné et qu'ils participent au développement et à l'enrichissement de celui-ci tient ces dirigeants et leur permet d'opérer de tels choix. Décider de créer quinze sites de production à la campagne alors qu'il serait possible d'en bâtir seulement deux, constitue un choix politique qui n'est pas forcément rentable du point de vue strictement comptable en raison des économies d'échelle qui peuvent être réalisées à la faveur de ces procédures de concentration.

De tels choix reposent sur des convictions, une vision, une visée, des finalités qui ne se confondent guère avec des objectifs strictement définis, mesurables et quantifiables. Mais au-delà de ce discours qui trouve sa justification dans les valeurs portées par le dirigeant, les cartes de l'intérêt et de la proximité ne sont pas complètement absentes. Développer et maintenir son unité de production dans un village où tout le monde se connaît est un choix qui comporte bien d'autres avantages que le dirigeant garde sous silence. Ces mobilisations multiples montrent combien les dirigeants sont des fabricants de sens, voire des idéologues. Ils défendent une orientation, une direction. Ils définissent un cap au risque de se heurter aux oppositions de certains car leurs offres de signification ne sont pas systématiquement retenues ou entendues. C'est tout du moins en ces termes qu'il est possible de comprendre le long témoignage qui va suivre.

Il s'agit d'un dirigeant qui a créé sa société en 1970 avec seulement 7 salariés. Elle en compte aujourd'hui 3200 répartis sur 15 sites en France et en Europe exclusivement situés en zone rurale. *« Pour en arriver à ce résultat, il a fallu investir sans compter, accepter un surendettement qui devenait de plus en plus inquiétant. Et puis la gauche arrive au pouvoir en 1981. C'est elle qui va en quelque sorte nous sauver. Elle vote une loi qui permet aux PME d'entrer sur le second marché boursier. C'était pour nous une occasion inespérée de nous désendetter, de jouer la carte de la participation auprès de tous les salariés. Ils acceptent les termes du contrat. Les 250 employés y compris le délégué syndical CGT investissent leurs primes pour devenir actionnaires du groupe. Et puis 15 ans plus tard, la catastrophe est arrivée, je pèse mes mots. Ce fut la constitution de la bulle autour d'internet [...] on s'est aperçu que tous les analystes financiers qui nous suivaient sur le second marché, non seulement commençaient à exercer une pression déplacée par rapport à la gestion de l'entreprise, pression du tout, tout de suite et toujours plus [...] Mon frère monte à Paris pour présenter ces données dans un grand hôtel parisien. Le soir, il prenait le train de 17 h 50. Sur son portable, il appelle notre assistante-comptable plus particulièrement chargée des cours. En ayant publié des bénéfices exceptionnels, dans la journée, l'action avait perdu 4 % [...] On était devenu les bouseux, les merdeux, les culs terreux, les paysans du système avec les petites brioches et machin [...] les valeurs de fonds qui avaient présidé à cette démarche étaient donc en train de déraper et cela nous a conduits il y a deux ans à faire une OPRa, une Offre Publique de Rachat. On s'est endetté pour racheter ce que nous avions en bourse. Or les employés qui étaient actionnaires n'ont pas compris au début. Ils ne voyaient pas ce qui était en train de pourrir [...] Certains partaient à la retraite avec un capital extraordinaire [...] une part de tristesse et d'incompréhension s'est installée. Il était alors vital de présenter au personnel les menaces qui pesaient sur l'entreprise et c'est ce que nous avons fait. »*

Quelle analyse faire de ce témoignage ? Il apparaît que le dirigeant dans le cas présent n'est ni « un comptable, ni un ergonome » mais un interprète du réel en tension entre mort, survie et développement. Sa position paraît principalement fondée sur des valeurs constitutives de l'identité collective de l'entreprise dont il est l'un des fondateurs. Direction, valeurs, signification et sensibilité sont par conséquent les quatre termes qui participent à l'identification du mot « sens ». Il parvient à définir auprès de son public interne des horizons de sens d'autant plus capitaux que les défauts de signalisation symbolique ne cessent de s'accroître dans les organisations de sorte que l'on parle à juste titre de chaos institutionnel (Robin, 2006) ou référentiel comme si les acteurs étaient de plus en plus en difficulté pour pouvoir se situer.

Nous faisons nôtre ici le point de vue d'André Lévy (1997, 9) qui remarque que « les graves difficultés conduisant les organisations à solliciter une aide traduisent surtout des divisions internes concernant le système symbolique donnant [...] sens à l'organisation, ses visées, son utilité sociale. La rupture des relations de coopération, la paralysie constatée dans les rapports de travail *sont* une conséquence directe de ce *vide référentiel*, et des conflits qui s'y nouent. Ce qui était vécu comme une crise de l'organisation *est* en fait *une crise du sens* ».

Cette crise participe à l'inflation des procédures de contrôle tant sur les plans comptable – qualité – financier que juridique. Comme l'indique un dirigeant de la fonction publique,

« Il y a des jours où ça tient du cauchemar, on se donne bonne conscience avec tous ces chiffres, on y travaille dur car cela prend un temps fou à plein de gens mais ce que cela produit, vraiment on s'en moque. »

Les procédures de plus en plus lourdes et élaborées ne finissent – elles pas par tuer le sens de l'activité dirigeante ? L'hypothèse d'une corrélation entre le développement inflationniste des protocoles de contrôle et les difficultés, voire les incapacités des politiques à définir un cap, semble se vérifier souvent. Soumis à la statistique, « l'art de préciser les choses que l'on ignore » (Sauvy, 1965, 39), dépourvus d'un sens politique, les dirigeants paraissent ne plus disposer que d'une seule alternative : le repli derrière des protocoles, des tableaux de bord et des procédures évaluatives. Valeureux soldats des chiffres, ils se trouvent soumis par les outils avec lesquels ils cherchent à soumettre.

5. Conserver son unité malgré la diversité

Pour donner le cap à une action, le dirigeant a aussi besoin de partager son point de vue et d'en débattre avec des collaborateurs. Mais ces échanges s'effectuent par petites touches, l'air de rien et avec des collaborateurs de confiance. Ce fonctionnement par petits essais ciblés confirme que la conceptualisation de l'action ne s'élabore pas en pensée avant l'action mais qu'elle se structure progressivement dans le cours des échanges avec les autres. « L'ouverture aux autres » ou le « sens de l'écoute » n'ont pas pour seule fonction de se montrer attentifs aux autres, ils sont constitutifs de l'acte de diriger.

Les prévisions sont toujours revues comme le révèlent de nombreuses ratures, gommages, post-it et versions multiples d'une même semaine d'agenda. Certains d'entre eux démarrent leur journée très tôt, dès quatre ou cinq heures du matin avant que les ouvriers n'arrivent pour l'embauche afin de bénéficier d'une plage horaire suffisamment calme pour se consacrer à l'instruction de dossiers laissés en jachère. D'autres exigent de leur secrétariat que les demandes de rendez-vous soient filtrées d'une manière ou d'une autre.

Ce temps de solitude, préservé de haute lutte, semble plus souvent consacré à des tâches opérationnelles par exemple rattraper des dossiers en retard qu'à penser la stratégie à venir. Portant seuls des responsabilités qui les engagent fortement, ces dirigeants semblent avoir besoin de combler cette solitude subjective par les échanges avec leurs collaborateurs de manière à tester ou structurer leurs idées. Les temps contraints, entre-deux, à distance des collaborateurs sont alors parfois mis à profit pour formaliser des réflexions qui se sont élaborées dans l'interaction avec les collaborateurs. Il en ainsi d'un directeur d'une PME qui évoque le plaisir qu'il éprouve à prendre le train en première classe pour enfin conduire tout un travail de réflexion consacré au devenir de son entreprise et tient d'ailleurs régulièrement un petit carnet où sont répertoriées ses réflexions et ses analyses. Ces temps sont manifestement très courts au regard des enjeux qu'ils recouvrent mais ne correspondent pas au temps réel de l'élaboration stratégique qui se structure en continu dans l'interaction avec les autres collaborateurs. Pour être dirigeant il faut donc des collaborateurs qui indirectement orientent et d'une certaine manière vous font dirigeant.

Pourtant, face à cette saturation liée à l'impératif d'être disponible et réactif, le dirigeant essaie de se protéger en créant des occasions au cours desquelles, il sera enfin seul. Ainsi, le dirigeant à l'image de ses contemporains est confronté à un enjeu, celui de maintenir une unité malgré la diversité à laquelle il est confronté. Cette diversité peut d'ailleurs se décliner sous la forme d'un clivage. Comment concilier les valeurs auxquelles on adhère et les impératifs économiques qui sont de plus en prégnants ? Les équilibres trouvés sont toujours précaires et bien vite menacés car ils s'apparentent parfois à des compromissions, d'où la crainte des dirigeants dans le secteur de l'économie sociale d'être en certaines circonstances assimilés à « *des traîtres.* »

Ces diversités éprouvantes expliquent en partie pourquoi tous les rapports de recherche évoquent de façon explicite la nécessité pour le dirigeant de constituer autour de lui « une garde rapprochée », qu'il s'agisse de quelques collaborateurs proches ou d'une personne unique. C'est avec eux que le dirigeant refait le monde, divulgue des informations confidentielles, teste ses idées, ou s'épanche parfois. En d'autres termes, ces hommes et ces femmes de l'ombre remplissent auprès du dirigeant une fonction d'étayage psychique dans le but de calmer les éventuelles angoisses ou inquiétudes de ce dernier. Notre analyse fait ici écho aux travaux de C. Dejours sur la « rationalité pathique des conduites ou de l'agir » qui constituent des stratégies de défenses utiles pour faire « bénéficier l'organisation de sa contribution zélée au procès de travail et au système ». Il est à noter que c'est souvent lors de périodes liminaires ou informelles que ces échanges entre le manager et sa garde rapprochée ont lieu. C'est donc au moment où tous les agents et tous les employés ont quitté l'entreprise que sont initiées des discussions à bâtons rompus, tout particulièrement le soir, au seuil de la nuit. Il serait possible de poser l'hypothèse que cette garde rapprochée remplisse en quelque sorte une fonction transitionnelle, autorisant un passage, une décision, une orientation, une transformation.

L'enjeu consiste donc bien dans un premier temps à s'assurer que l'équipe sur laquelle il est possible de compter partage la même analyse, défend les mêmes visées. Ces collaborateurs jouent donc aussi une fonction de réassurance. Ces tensions et ces contradictions laissent entrevoir du côté du dirigeant une personnalité clivée, voire dissociée, qui somme toute, n'est pas sans procurer de plaisirs face aux épreuves de la prise de responsabilité. Ces symptômes ne relèvent pas de la pathologie. Ils sont l'expression de ce sujet liquide dont parle Zygmunt Bauman (2006). Or la liquidité peut être la première étape de la liquidation pure et simple, c'est sans doute pourquoi le dirigeant déploie tant d'efforts pour définir un axe et s'y tenir en s'assurant que sa garde rapprochée ne lui fera pas défaut.

« Une équipe de direction qui se déchire face au corps médical et c'est la paralysie ! »

Ainsi, entre la « description subjective et la description rationnelle » du travail, pour reprendre les termes de C. Dejours, nous notons de nombreux « conflits de rationalité » qui, s'ils sont sources manifestes de « souffrance au travail », révèlent aussi une dimension plurielle de l'activité de dirigeant qui doit « régler de la bonne manière le désir et la raison dans la situation d'action. » (P. Ladrière, 2000)[20]

La figure du sujet prend la forme du Dieu Janus. Elle révèle un agent qui déploie systématiquement son action sur fond de passivité. Certes le sujet est en mesure de dire « je », de dire « non » mais il se trouve en maintes circonstances dans l'impossibilité de le faire et le dirigeant n'échappe pas à cette règle. Ce dominant reste soumis, attentif aux autres, assujetti à des règles, un contexte, une histoire qui infléchissent et

---

[19] « Je suis *Bac plus quarante* » comme se plaît à rappeler celui qui est à la tête d'une société de plus de 3200 salariés.

déterminent en grande partie son activité. Il est certes le big boss mais il reste subordonné à de nombreux impératifs et de nombreuses lois auxquels il ne peut déroger… Par ailleurs, il fait aussi l'apprentissage de la solitude même si son activité ne cesse de s'exercer en contact avec les autres ce qui laisse entrevoir que l'exercice solitaire du pouvoir ne se traduit pas systématiquement par l'isolement. Enfin, entrer dans la fonction dirigeante induit de nombreux apprentissages qui relèvent de l'épreuve. C'est tout du moins en ces termes qu'il est possible d'interpréter le témoignage qui va suivre :

« Au début je suis devenu DGS sans y être préparé, c'était terrible, j'ai travaillé le samedi, le dimanche comme un fou pendant un an pour prendre la relève de mon prédécesseur qui était mon modèle de référence. »

Alors que ces dirigeants ont bénéficié d'une formation relativement prestigieuse, force est de constater que leur parcours professionnel et tout particulièrement leurs études ne les ont pas systématiquement préparés à l'exercice du pouvoir. Ils sont même quelque peu désorientés quand ils prennent leur fonction. Ce constat vient interroger le rôle de l'éducation formelle. Est-elle pertinente lacunaire ou limitée pour tenir une fonction de dirigeant ? Questions d'autant plus importantes que les dirigeants de PME ou de TPE pour beaucoup peu diplômés, comme les dirigeants très diplômés, semblent en proie aux mêmes difficultés d'être. A méditer…

PORTRAITS
Anne-Lise Ulmann

« C'est parce que j'y crois que je tiens… »

Mme D. n'est pas là par hasard mais parce qu'elle s'intéresse au travail depuis toujours. Après une double formation en droit et en ergonomie, elle s'engage dans la fonction publique et gravit rapidement les échelons. Adjointe d'un directeur régional qui remarque ses nombreuses qualités, elle est nommée, au départ en retraite de celui-ci, directrice d'un département de moyenne importance.

La promotion n'est évidemment pas à dédaigner mais elle a son revers : Mme D. doit choisir entre s'installer avec sa famille dans ce nouveau département (à environ deux heures de route de son domicile) ou garder son domicile et faire les déplacements quotidiennement. Pour limiter les perturbations dans sa vie familiale, d'autant qu'elle devra changer de poste d'ici trois à cinq ans, Mme D. fait le choix de prendre sur elle les déplacements. L'enthousiasme pour ce nouveau poste lui fait sous-estimer la fatigue de ces allers/retours. Après plusieurs semaines de ce nouveau rythme, Mme D. opte, non sans éprouver une certaine culpabilité à l'égard de sa famille, pour une solution intermédiaire : ne rentrer qu'une fois en milieu de semaine et trouver une chambre chez l'habitant pour les trois nuits où elle reste sur place.

Ce nouveau rythme lui permet de se consacrer pleinement à son travail. Mme D. ne quitte pas le bureau avant 20 heures30, voire 21 heures et arrive le matin à 7h30. Elle emporte systématiquement dans sa chambre des dossiers à lire ou rédigent différentes notes qu'elle n'a pas eu le temps de faire à son bureau. Le mercredi en revanche, elle s'autorise à partir tôt, vers 19 heures, et ne revient le jeudi qu'aux alentours de 8h30.

Ces bouleversements dans sa vie personnelle n'entament pas son dynamisme professionnel. En tant que Directeur départemental, Mme D. nourrit de nombreux projets qui lui tiennent à cœur et qu'elle estime socialement importants ; parmi eux, les conditions de travail et les risques professionnels. Pourtant, Mme D. doit répondre à d'autres objectifs de sa tutelle et se mobiliser principalement sur les mesures liées à l'emploi. Certes le travail a son importance, mais la tutelle lui enjoint de s'investir prioritairement sur l'emploi : aujourd'hui les contrats aidés, demain l'apprentissage, après les contrats en alternance, l'insertion par l'économique, les aides à la création d'entreprises… Seuls « de bons chiffres » sur son département lui permettront de poursuivre sa carrière et peut-être de se rapprocher de son domicile. Les journées de Mme D sont donc principalement prises par la mobilisation des acteurs clés de l'emploi et le suivi attentif des tableaux de bord, se réjouissant quand les chiffres s'améliorent mais s'inquiétant s'ils stagnent ou baissent. A ces enjeux sur l'emploi, s'ajoutent l'ordinaire d'une organisation (les mutations, les avancements, les déménagements, les transformations...), les réunions internes sur les divers dossiers, les comptes-rendus à relire pour la tutelle mais aussi la vie sociale sur le département : la prévision de licenciements dans une entreprise voisine, la surveillance de conflits sociaux susceptibles de menacer l'ordre public, les invitations de personnalités à honorer, les relations avec le préfet...Prise dans une spirale d'affaires à traiter, organiser, modifier, préparer, surveiller, réguler, contrôler..., Mme D., après deux ans dans la fonction de directeur départemental, sait mais peine à se l'avouer, que ses projets d'envergure sur le travail, [ces projets mêmes qui l'ont tant mobilisée en acceptant ce poste loin de chez elle], s'éloignent chaque jour un peu plus de son champ d'action. Ils se transforment progressivement en un horizon lointain, inaccessible peut-être, et pourtant Mme D. ne les perd pas de vue pour tenir un cap et investir d'espoir et de sens son travail quotidien.

« *C'est parce que j'y crois que je tiens* », dira Mme D, à la fin de notre entretien.

« Ne pas abattre toutes ses cartes en même temps »

Contrairement à nombre de ses collègues directeurs, M. A n'est pas « du sérail ». Il n'a pas tenu de fonctions de directeur adjoint ni de directeur départemental. Cette originalité dans sa carrière lui permet une certaine liberté de parole qui le différencie de ses collègues.

Après avoir tenu différents postes de direction dans le secteur privé, M. A a pris, voici à peine trois ans, la direction d'une petite région dans l'est de la France. Il se retrouve aujourd'hui muté en cours d'année sur une région beaucoup plus importante de l'ouest. La différence de taille entre ces deux régions signifie que M. A n'est pas seulement muté, il est promu.

Il est prévu que sa femme, qui, suite aux différentes mutations de son mari a arrêté son travail, le rejoigne plus tard pour éviter à leurs enfants un changement d'établissement scolaire en cours d'année. Ils chercheront alors un logement sur place, mais pour l'heure, M. A s'arrange d'un habitat provisoire à l'hôtel et ne retourne chez lui que le week-end.

M. A est un homme de changement. Il hait la routine, qu'il appelle *« le ronron quotidien »*, aime construire des projets, fédérer des acteurs, impulser des groupes de travail. Il déplore que ses collaborateurs et parfois même ses collègues soient aussi frileux pour changer et comprend mal qu'à l'aube du vingt et unième siècle les agents soient autant fixés à leur port d'attache. De son point de vue la mobilité est un formidable levier pour développer la compétence et lutter contre la sclérose dans les organisations. Son parcours personnel exemplifie ses théories sur le changement.

Tirant le bilan de son action dans son ancienne région, M. A convient que l'ampleur des projets qu'il a impulsés ne lui permet pas dès à présent d'en apprécier concrètement les résultats. Pour autant, il pense qu'il a semé d'innombrables graines qui feront bouger tous ses anciens collaborateurs dans leurs pratiques. L'enjeu, pour lui, ne réside d'ailleurs pas dans les résultats mais dans la dynamique qu'il a créé et qui se perpétuera, il en est persuadé, avec son successeur.

A l'égard de la tutelle, M. A se veut également « *proactif* ». Toujours prompt à expérimenter des projets il n'attend surtout pas qu'on le sollicite mais anticipe de lui-même les demandes, faisant ainsi astucieusement barrage aux injonctions à faire pour garder la maîtrise de ce qu'il veut faire dans sa région. Pour cela, M. A quitte souvent sa région pour aller à Paris et « *sentir ce qui se prépare* ». M. A est donc aussi un homme de réseau.

A l'occasion de la mise en œuvre d'un changement sur les nouveaux modes de budgétisation, M.A se propose pour l'expérimentation de ce projet, qu'il considère pourtant dans son fort intérieur comme une « *révolution interne bien trop hâtive* ». Contrairement aux apparences, son engagement volontaire dans cette expérimentation n'est ici aucunement synonyme de son adhésion au changement escompté. Tout au contraire, M.A s'y oppose. Son empressement à tester le système constitue un moyen d'action qui lui confère auprès de la tutelle une certaine crédibilité dont il saura se servir pour peser sur des transformations qu'il estime mal pensées, en modifier le cours et empêcher ce qu'il considère comme « des erreurs graves ». Fervent promoteur du Changement, M.A. sait aussi engager les modes de résistance qui conviennent quand il n'adhère pas aux transformations qui se profilent. Derrière ses rhétoriques sur le changement, la mise en dynamique et l'implication, M.A laisse entrevoir en filigrane des stratégies d'action pour empêcher le changement sans jamais s'afficher comme un opposant. Il soulignera à ce propos, que pour diriger, il faut « *faire comme en politique, jouer au plus fin et ne pas abattre toutes ses cartes en même temps* ».

BIBLIOGRAPHIE

Agamben G., 2007, *Qu'est-ce qu'un dispositif*, Paris, Rivages-Poche, Petite Bibliothèque.
Alter N., 2000, *L'innovation ordinaire*, Paris, PUF.
Arendt H., 1972-2007, *La crise de la culture. Huit exercices de pensée politique*. Patrick Lévy, Coll Folio/essais. Paris Gallimard.
Austin J.-L., 1970, *Quand dire, c'est faire*. Trad. fr. Paris : Seuil (1° éd. 1962, *How to do Things with Words*).
Babeau O., Chanlat J.-F., 2008, « La transgression : une dimension oubliée de l'organisation », *Revue Française de Gestion* 34 (183), p. 201-219.
Bachrach P., Baratz M.S., 1962, Two faces of power, *American Political Science Review*, 56, 947-952.
Barabel M., 2006, Le métier de PDG dans les grandes entreprises : une approche par l'analyse du travail quotidien, in Kalika, M., Romelaer, P. (dir.) : *Recherches en management et organisation*, Paris, Economica.
Barbier J-M., 2000-1, *L'analyse de la singularité de l'action*, Paris, PUF, Education et Formation.
Barbier J-M., 2000-2, *Rapports établis, sens construit, signification donnée* in : Barbier J-M. Galatanu O. *Signification, sens, formation*. Paris, PUF, Education et Formation.
Barbier J-M., 2003, Préférences d'engagement, représentations finalisantes et valeurs signifiées in J-M. Barbier *Valeurs et activités professionnelles*. Paris, L'Harmattan. 208 pages.
Barbier J-M., 2006, *Les rapports entre sujets au sein des activités,* In : Barbier J-M. Durand M., *Sujet, activité, environnement*, Paris, PUF, Education et formation.
Barbier J-M., 2006, Problématique identitaire et engagement des sujets dans les activités in Barbier J-M., Bourgeois E., de Villiers G., Kaddouri M. (Eds) *Constructions identitaires et mobilisation des sujets en formation*. Paris. L'Harmattan, 301 p.

Barbier J.-M., 1993, *La evaluación en los procesos de formación*. Ediciones Paidós Ibérica, S.A. Trad. es. Madrid 2ème ed. de 1990, L'Évaluation en Formation).

Barbier J.-M., 2003, L'analyse des actions en formation et dans le travail social. Editions Slask.

Barbier R., 1997, *L'approche transversale. L'écoute sensible en sciences humaines*, Paris, Anthropos.

Bauman Z., 2006, *La vie liquide*, Ed. Le Rouergue sous Chambon, Traduction.

Beauvois J.-L., 1994, *Traité de la servitude libérale*, Paris : Dunod.

Betton E., Cros F., Largenton F., Rodriguez, D., Thievenaz J., 2008, *Activité des dirigeants de l'économie sociale*, Rapport de recherche du programme de recherche coordonné sur les dirigeants MRRP/CNAM.

Betton E., Cros F., Rodriguez D., Thievenaz J., 2008, *L'activité des dirigeants en économie sociale*, Paris, Cnam, MRPP. Doc ronéoté. 120 p.

Bierstedt R., 1950, Analysis of social power. *American Sociological Review*, 15 p.

Blau P., 1964, *Exchange and Power in Social Life*, New York : Wiley Ed.

Bourdieu P., 1980, *Le sens pratique*. Paris. Les Editions de minuit. 475 p.

Bourdieu P., 1982, *Ce que parler veut dire, l'économie des échanges linguistiques*. Fayard, 243 p.

Bourdieu P., 1994, *Raisons pratiques. Sur la théorie de l'action*, Paris : Seuil.

Bourgeois E., Tensions identitaires et rapports en formation in Barbier J-M, Bourgeois E., De Villiers G., Kaddouri M. (Eds), 2006, *Constructions identitaires et mobilisation des sujets en formation*. Paris : L'Harmattan, 301 p.

Boutinet J-P. (dir), 2008 « Peut-on ré-apprendre à anticiper ? » *Education Permanente* n°3.

Brabet J., 1993, « La gestion des ressources humaines en trois modèles » in Bournois F., Livian Y.-F., Thomas J., *Les nouvelles perspectives de la recherche*.

Brizais R., Chauvigné C., 1994, Typologie des méthodes d'intervention dans une séquence interactionnelle, *Bulletin de psychologie*, Tome XLVII- n° 417.

Bruner J., 1966, Realidad mental y mundos posibles. Los actos de la imaginación que dan sentido a la experiencia. Editorial Gedisa, S.A. Trad.es. Barcelona (1° ed. 1986, Actual Minds, Posible Worlds).

Bruner J., 1991, *Car la culture donne forme à l'esprit*, Genève : Eshel.

Bruner J., 1992, *Hacia una teoría de la instrucción, Ediciones Revolucionarias,* Cuba, Trad. esp. (1° éd. 1972).

Carlson S., 1951, *Executive behaviour : a study of work load and working methods of managing directors*, Stockholm : Strömbergs.

Charue-Duroc F. (dir.), 1995, *Des savoirs en action : contributions de la recherche en gestion,* Paris : L'Harmattan.

Chazel F., 1974, Pouvoir, Cause et Force, *Revue Française de Sociologie*, XV, oct-déc, 440-459.

Clausewitz K. von, 2006, *De la guerre,* Rivages-Poches, Petite Bibliothèque.

Cléro J.-P., 2007, *Qu'est-ce que l'autorité ?* Chemins philosophiques, Vrin : Paris

Clot Y., 1999, *La fonction psychologique du travail*, Paris, PUF.

Clot Y., 2005, L'auto-confrontation croisée en situation de travail : l'apport bakhtinienne du dialogue. In *L'analyse des actions et des discours en situation de travail.* Louvain-la-Neuve : Peeters.

Clot Y., 2008, *Travail et pouvoir d'agir*, Paris : PUF

Cohen S. (dir.), 1999, *L'art d'interviewer les dirigeants*, Paris : PUF.

Crozier M., Friedberg E., 1977, *L'acteur et le système*, Paris : Éditions du seuil.

Dahl R. A, 1957, The Concept of Power, *Behavioral Science*, 2.

Davezies, 2007, « Intensification. Danger : le travail rétréci » *Santé et Travail* (n°57, janvier, p. 30-33).

De Gaulejac V., 2009, *Qui est « je »* ? Paris : Erès.

De Gaulejac, V., 2009, *La société malade de gestion. Idéologie gestionnaire, pouvoir managérial et harcèlement social*. Paris : Seuil.

Delory–Momberger C., 2005, *Les histoires de vie, de l'invention de soi au projet de formation.* Paris : Anthropos.
Devereux G., 1980, *De l'angoisse à la méthode dans les sciences du comportement,* Paris : Aubier.
Dewey J., 1967, *Logique : la théorie de l'enquête,* Paris : PUF.
Durat L., 2007, *Activité des dirigeants de la fonction publique territoriale,* Rapport de recherche du programme de recherche coordonné sur les dirigeants MRRP/CNAM.
Durat L., 2008, *L'activité des dirigeants de la fonction publique territoriale,* Université de Strasbourg, Paris, Cnam, MRPP.
Easton D., 1953, *The Political System,* New York : Knopf.
Elias N., 1983, *Engagement et distanciation. Contribution à la sociologie de la connaissance,* Paris : Fayard.
Emerson R. M, 1962, Power-dependence relations. *American sociological review,* 27 – 1, 31-41.
Enriquez E., 1997, *Les jeux du désir et du pouvoir dans l'entreprise,* Paris : DDB.
Favret-Saada J, 1985, *Les mots, la mort, les sorts,* Paris : « Folio essai ».
Foucault M., 2001, *Dits et écrits II 1976-1988,* Paris : Gallimard 1735 p.
French J., 1956, A formal Theory of Social Power. *Psychological Review,* 63.
French J., Raven B., 1959, The Basis of Social Power, in D. Cartwright, *Studies of Social Power,* Institut of Social Research. Ann Arbor, Michigan.
Freud S., 1939, *Analyse terminée, analyse interminable, Revue française de psychanalyse.*
Grice H.-P., 1975, *Logic and conversation.* In : Cole P. and Morgan.
Hoc J.-M., 1990, Les activités de diagnostic, in Richard, J.-F. Bonnet C., Ghiglione R. (dir), *Traité de psychologie cognitive 2,* Paris : Bordas.
Holton G., 1982, *L'invention scientifique. Themata et interprétation,* Paris : PUF.

Husserl E., éd. 1995, *Leçons sur la théorie de la signification*, Intr. par U. Panzer, Trad. par English, Paris, Vrin, Bibliothèque des textes philosophiques.
Ibanez T., 1981, Pour une nouvelle lecture des relations de pouvoir, *Recherches de Psychologie Sociale*, 3, 81-95.
Jullien F., 1999, *Traité de l'efficacité*, Paris : Grasset.
Jullien F., Marchaise T, 2000, *Penser d'un dehors* (la Chine), Paris : Seuil,
Jullien F., 2007, « Repérer les impensés de notre pensée pour penser l'accompagnement » in *L'accompagnement adulte*, Paris : PUF.
Ladrière P., 2000, « Durkheim lecteur de Kant » in *Raison pratique et sociologie de l'éthique. Autour des travaux de Paul Ladrière*. Coordonné par S. Bateman-Novaes, R. Ogien, P. Pharo. CNRS éditions, Paris, p. 25-59.
Lalande, 1926, 2002, *Vocabulaire technique et critique de la philosophie*, Paris, PUF : Quadrige.
Langa P., 1997, *L'activité des cadres : un objet d'étude,* Performances humaines et technique, 91, 25-31.
Laswell H., Kaplan A., 1950, *Power and Society*. New Haven : Yale University Press.
Laude L., 2008, *L'activité des dirigeants des établissements publics de santé*, Paris, MRPP, Cnam. Doc ronéoté.
Laude L., Chauvigné C., Tourmen C., Mayen P., Samrany L., Masson C., 2008, *L'activité des dirigeants des établissements publics de santé*, Rapport de recherche du programme de recherche coordonné sur les dirigeants MRRP/CNAM et EHESP, décembre 2008.
Leplat J., 1985, Les représentations fonctionnelles dans le travail, *Psychologie française, n°30-314*, p. 269-275.
Lévinas E, 1971, *Totalité et Infini. Essai sur l'extériorité*. Ed. Martinus Nijhoff.
Levy A., 1997, *Sciences cliniques et organisations sociales*, Paris : PUF.
Livian, Y.-F. (dir.), 2006, *Etre cadre, quel travail ?* , Lyon : Anact.
March J., Simon H.-A., 1965, *Les organisations,* Paris : Dunod.

Meyer J.-W., Rowan, B., 1977, « Institutionalized Organizations: Formal Structure as Myth and Ceremony », *American Journal of Sociology*, 83(2) : 340-63.

Mintzberg H., 1973, *The nature of managerial work*, New York : Harper and Row.

Mintzberg H., 1984, *Le Manager au quotidien, Les 10 rôles du cadre*, Paris : Editions d'Organisation.

Mintzberg H., 1986, *Le pouvoir dans les organisations*, Paris : Les Editions d'Organisation.

Mintzberg H., 1994, *Rounding out the manager's job*. Sloan Management Review, 36-1, 11-26.

Mintzberg H., 1996, *Une journée avec un dirigeant*, Revue Française de Gestion, 111, 106-114.

Mispelblom Beyer F., 2007, *Travailler c'est lutter*, Paris : L'Harmattan, Coll. Logiques Sociales.

Mispelblom Beyer, F., 2006, *Encadrer, un métier impossible*. Paris : Armand Colin.

Montmollin M. de, 1986, L'*intelligence de la tâche, Eléments d'ergonomie cognitive*, Berne : Peter Lang.

Ochanine D., 1969, *Rôle de l'image opérative dans la saisie du contenu informationnel des signaux,* Questions de psychologie, 4.

Oppenheim F. E., 1961, *Dimensions of freedom*, New-York : St Martin Press.

Pages R., 1973, L'inégalité des systèmes d'emprise à différents niveaux et leur interaction. *Épistémologie Scientifique*, 15-16, p. 97-117.

Parsons T., 1969, On the concept of political power, in Parsons T., *Political and social structure,* New-York : Free Press.

Pastré P., Mayen P., Vergnaud, G., 2006, Note de synthèse sur la didactique professionnelle, *Revue Française de Pédagogie*, n° 154.

Reynaud J.-D., 1995, *Le conflit, la négociation et la règle,* Toulouse : Editions Octarès.

Ridgway, 2003, *Le rapport subjectif du dirigeant d'entreprise à son travail ; étude exploratoire et proposition de recherche en psychodynamique du travail,* DEA sous la direction de C. Dejours, Cnam, Paris.

Robin J-Y., 2006, *Un tournant épistémologique – Des récits de vie aux entretiens carriérologiques*. Paris : L'Harmattan.

Robin J.-Y., Raveleau B., Prouteau F., Rozel Cl.-M., 2008, *L'activité des dirigeants de PME*, Paris, Angers, La ref. de l'UCO, Cnam, MRPP, 139 p., Doc. ronéoté.

Rogalski J., Langa P., 1997, *Activités des cadres et propriétés des situations : comparaison de deux sites en France et au Zaïre*, Le Travail Humain, 60-3, 273-297.

Sauvy A., 1965, *Mythologie de notre temps*. Paris : Payot

Segrestin, D., 2004, *Les chantiers du manager. L'innovation en entreprise, où en sommes-nous ? Comment piloter les changements et les maîtriser ?* Paris : Armand Colin.

Simon H. A, 1957, Notes on the Observation and Measurement of Power, in Simon H.A, *Models of Man*, New York : Wiley ed.

Simon, 1946, *The proverbs of administration,* Public administration Review.

Sperber D., Wilson D.,1983, *La pertinence,* Paris, Editions de Minuit.

Steudler F., 1974, *L'hôpital en observation,* Paris, A. Colin.

Stewart R., 1967, *Managers and their jobs*, New York, Macmillan.

Tersac G. de, Cambon L., 1998, Le travail d'encadrement, relation entre cadre et avtion, in : Hubault F. *Ergonomie de l'encadrement,* Revue Performances humaines et techniques, Hors Série.

Theron J-M., 2008, *Le pouvoir magique*, Editions Pearson Village Mondial.

Thévenot L., 1990, L'action qui convient, in *Raisons pratiques, Les formes de l'action, Paris,* Éditions de l'EHESS.

Thibaut J., Kelley H., 1967, *The Social Psychology of Groups*, New York, John Wiley and Sons.

Tourmen C., Durat L., 2006, Quels instruments de régulation/pilotage les dirigeants publics utilisent-ils dans leur activité de travail ? *Actes du 3e colloque du Réseau Travail et Action Publique*, Aix-en-Provence, 4 et 5 septembre.

Trognon A., 1999, *Eléments d'analyse interlocutoire. Apprendre dans l'interaction*, Nancy, Presses Universitaires de Nancy.

Ulmann A.-L. (2005). Thèse de Doctorat. Le contrôle-traçage et la transmission. L'analyse de l'activité des contrôleurs des

Caisses d'Allocations Familiales, sous la direction de G. Brougere. *Doctorat en Sciences de l'éducation, Université de Liège, Université Paris-Nord*, Paris.

Ulmann A.-L., 2008, *L'activité des dirigeants des services déconcentrés de l'état*, Rapport de recherche du programme de recherche coordonné sur les dirigeants MRRP/CNAM.

Ulmann A.-L., 2008, *L'analyse de l'activité des dirigeants des services déconcentrés du Ministère du travail*, Paris, Cnam, MRPP, 90 p. Doc ronéoté.

Vendries, 1998, *De la probabilité en histoire*, Paris, Economica.

Vergnaud G., 1996, Au fond de l'action, la conceptualisation, in Barbier J.M. (dir), *Savoirs théoriques et savoirs d'action*, Paris, PUF.

Vergnaud G., 2002, On n'a jamais fini de relire Vygotski et Piaget, in Clot Y., *avec Vygotski,* Paris, La dispute.

Vidaillet B., 1996, L'agenda décisionnel du dirigeant, *Revue Française de Gestion Numéro spécial.* Nov-Décembre p. 171-182

Vidal-Rosset J., 2004, *Qu'est-ce qu'un paradoxe ?* Paris, Vrin

Vincent G., 2005, « Les réformes hospitalières », *Revue française d'administration publique* 1/ 113, p. 49-63.

Watzlawick P., Beavin J.H., Jackson Don D., 1972, *Une logique de la communication.* Trad. fr. París, Seuil ($1^{\text{ère}}$ ed. 1967, Pragmatics of Human Communication).

Weale A., 1976, Power, Inequalities. *Theory and Décisions,* 7, 297-314.

Weber M., 1922, *Economie et société*, Paris : Librairie Plon.

Weick K.-E., 1995, *Sensemaking in organizations*, Londres, Sage.

Weill-Fassina A., Rabardel P., Dubois D., 1993, *Représentations pour l'action*, Toulouse, Octarès.

Wrong D., 1968, Some Problems in Defining Social Power, *American Journal of Sociology*, vol. 73, 673-681.

Zeitler A., 2007, *Apprentissage et interprétation des situations ; le cas d'apprentis enseignants de voile,* Thèse du Cnam, Formation des Adultes, sous la direction de Jean-Marie Barbier.

L'HARMATTAN, ITALIA
Via Degli Artisti 15; 10124 Torino

L'HARMATTAN HONGRIE
Könyvesbolt ; Kossuth L. u. 14-16
1053 Budapest

L'HARMATTAN BURKINA FASO
Rue 15.167 Route du Pô Patte d'oie
12 BP 226 Ouagadougou 12
(00226) 76 59 79 86

ESPACE L'HARMATTAN KINSHASA
Faculté des Sciences sociales,
politiques et administratives
BP243, KIN XI
Université de Kinshasa

L'HARMATTAN CONGO
67, av. E. P. Lumumba
Bât. – Congo Pharmacie (Bib. Nat.)
BP2874 Brazzaville
harmattan.congo@yahoo.fr

L'HARMATTAN GUINÉE
Almamya Rue KA 028, en face du restaurant Le Cèdre
OKB agency BP 3470 Conakry
(00224) 60 20 85 08
harmattanguinee@yahoo.fr

L'HARMATTAN CÔTE D'IVOIRE
M. Etien N'dah Ahmon
Résidence Karl / cité des arts
Abidjan-Cocody 03 BP 1588 Abidjan 03
(00225) 05 77 87 31

L'HARMATTAN MAURITANIE
Espace El Kettab du livre francophone
N° 472 avenue du Palais des Congrès
BP 316 Nouakchott
(00222) 63 25 980

L'HARMATTAN CAMEROUN
BP 11486
Face à la SNI, immeuble Don Bosco
Yaoundé
(00237) 99 76 61 66
harmattancam@yahoo.fr

L'HARMATTAN SÉNÉGAL
« Villa Rose », rue de Diourbel X G, Point E
BP 45034 Dakar FANN
(00221) 33 825 98 58 / 77 242 25 08
senharmattan@gmail.com

648929 - Avril 2016
Achevé d'imprimer par